凤凰文库
PHOENIX LIBRARY

凤凰出版传媒集团
PHOENIX PUBLISHING & MEDIA GROUP

凤凰文库·历史研究系列

主　　编　钱乘旦
项目执行　王保顶

凤凰文库·历史研究系列

艰难的转变
冷战的初次缓和

葛腾飞 著

江苏人民出版社

图书在版编目(CIP)数据

艰难的转变:冷战的初次缓和/葛腾飞著.--南京:江苏人民出版社,2017.5
(凤凰文库.历史研究系列)
ISBN 978-7-214-20614-5

Ⅰ.①艰… Ⅱ.①葛… Ⅲ.①冷战-国际关系史-研究 Ⅳ.①D819

中国版本图书馆 CIP 数据核字(2017)第 098956 号

书　　　名	艰难的转变:冷战的初次缓和
著　　　者	葛腾飞
责 任 编 辑	史雪莲
装 帧 设 计	姜　嵩
出 版 发 行	江苏人民出版社
出版社地址	南京市湖南路 1 号 A 楼,邮编:210009
出版社网址	http://www.jspph.com
照　　　排	江苏凤凰制版有限公司
印　　　刷	江苏凤凰扬州鑫华印刷有限公司
开　　　本	652 毫米×960 毫米　1/16
印　　　张	19.25　插页 4
字　　　数	241 千字
版　　　次	2017 年 7 月第 1 版　2017 年 7 月第 1 次印刷
标 准 书 号	ISBN 978-7-214-20614-5
定　　　价	42.00 元

(江苏人民出版社图书凡印装错误可向承印厂调换)

目 录

绪 论 1
   一 课题的提出与研究价值 1
   二 国内外研究现状 3

第一章 冷战初期的美苏对抗僵局和面临的紧迫问题 15
   第一节 渐入高潮的东西方冷战 17
   第二节 麦卡锡主义运动与美国的极端反共主义 26
   第三节 美国推动西德重新武装与《欧洲防务共同体条约》 29
   第四节 苏联的德国政策与主动外交攻势 35
   第五节 国际社会对冷战紧张对抗的疑问 40

第二章 苏美领导更迭与相互政策的初步调整 46
   第一节 斯大林去世与苏联新领导集体的缓和攻势 47
   第二节 美国新政府的对外新战略 54
   第三节 美英对苏联新政府缓和政策的最初反应 56
   第四节 NSC162/2号文件与美国对与苏谈判的消极态度 63
   第五节 苏联新领导的对外政策争论与传统立场重申 72

第三章 西德重新武装与美国"实力地位"政策 83
   第一节 美欧分歧与《欧洲防务共同体条约》遇阻 83
   第二节 美英协调与《巴黎协定》签订 91
   第三节 核武库建设与美国军事实力的增长 102

第四章 赫鲁晓夫掌权与苏联对美国实力政策的应对 109
    第一节 苏共高层斗争与赫鲁晓夫政治领导地位的确立 110
    第二节 赫鲁晓夫访华与中苏协调 117
    第三节 第一次台海危机的缓解 136
    第四节 核力量、核政治与苏联"火箭核武器"战略 147

第五章 走向日内瓦：美国的决策 162
    第一节 NSC5501号文件出台与美国对苏"演变战略" 162
    第二节 美国政府确保《巴黎协定》生效 170
    第三节 伦敦工作组会议及美英法外长协调 176
    第四节 美国对四国首脑会议的基本政策 183

第六章 走向日内瓦：苏联的决策 196
    第一节 欧洲集体安全体系倡议与华约组织建立 196
    第二节 奥地利国家条约：扫清四国首脑谈判障碍 203
    第三节 改善苏南关系与赫鲁晓夫确立外交主导权 209
    第四节 苏联参加首脑会议的基本政策立场 217

第七章 日内瓦首脑会议：议题、争执与结果 230
    第一节 谈判的氛围 230
    第二节 欧洲安全与德国问题 238
    第三节 裁军问题与"开放天空" 242
    第四节 最后的妥协 248
    第五节 共同的遗产 251

第八章 转变的逻辑 257
    第一节 初次缓和实现的条件 257
    第二节 缓和与转变的限度 269
    第三节 日内瓦首脑会议的冷战史意义 275

参考文献 286

后　记 293

绪　论

一　课题的提出与研究价值

第二次世界大战后不久,美苏之间开启的长达近半个世纪的冷战是国际关系史上破天荒的新现象,也是国际关系运行的前所未有的新方式。冷战开始后,美苏双方迅即进入持续紧张激烈的对抗,冷战中还爆发了局部性"热战"。但其时,美苏双方实际上对于国际形势的发展演变,对于冷战中的目标、战略策略行动以及冷战的长期过程,都没有深思熟虑的共识性谋划和周密的考虑,基本上沿用了传统的斗争手段和方式,没有认真去研究认知冷战的特殊性质和独特的行为方式,尤其是核因素在国际形势以及在双方关系上的影响。经历近十年只紧张对抗不对话的状况之后,冷战终于出现了某种转机。

20世纪50年代中期是冷战初期国际关系中的一段令人注意的"解冻"时期,形成了美苏之间的第一次缓和,而日内瓦首脑会议则是这次缓和的高潮。这次缓和不同于冷战中后期美苏之间几次缓和的尝试。当时,美苏是从持续尖锐对抗的40年代末50年代初逐渐转变立场,在1955年双方最高领导人终于走到谈判桌旁,举行了冷战开始后的第一次东西方首脑会晤。通过对这一段时期的冷战进程研究,将有助于揭示美苏之间冷战关系上的一些基本立场和策略手段的艰难转变过程。同时更重要的是,通过揭示尖锐对立的、处于明显安全困境之中的两大国家怎样一步步走向高峰会晤,从而为现实国际关系的和平运行提供一些有益的经验和启示。

当时,在远东,朝鲜战争和印度支那战争等远东热点问题已通过1953年7月签署的朝鲜战争停战协定和在1954年夏日内瓦会议上签订的相关协定而得到暂时解决。在欧洲,《奥地利国家条约》签订后,德国问题则成为此时期美苏双方争夺势力范围的最后一个关键问题。1955年5月《巴黎条约》生效,西德被重新武装并加入北约,这标志着美国为首的西方政治军事集团的扩张目标基本完成。两大阵营的分裂对峙形态更为显然。两大阵营之间以政治和军事对抗为内容的冷战明显地构成当时国际关系的基本特征,同时,威力巨大的热核武器在美苏相继试验成功又使核大战的阴影直接地笼罩全世界。面对核战争的可怕前景,广泛的热爱和平的中立主义国家,和西方国家内的"维持现状派"英国、法国等均倾向于缓和国际紧张局势,并且都采取了推动缓和的政策和立场。在1953年初实现了政府更替的美苏两国新决策者,也都不希望因冷战持续紧张对抗而导致核大战的发生。鉴于现实的战略考虑、世界范围内广泛公众舆论形成的压力,以及来自盟友国家政府层面的缓和力量推动,美国和苏联政府都不得不进行认真的政策考量,改变冷战初期的尖锐对抗立场及其行为方式,并制定出新的政策。然而,对于冷战初期持续尖锐对抗的双方来说,这种立场和政策的改变确实是一个极其艰难的过程。

20世纪90年代以来,冷战国际关系史的研究越来越成为国际学术界的热点,学者们利用新近解密的各种档案材料对冷战各个时期进行力求真实的重新考察,给现实各国的政府决策提供了极具价值的历史经验和现实启示。但需要指出的是,虽然20世纪50年代中期这段冷战的第一次缓和尝试在冷战史中具有非常重要的意义,然而国内外冷战史学界以及国际关系学界对此的专题研究并不多见,更谈不上系统深入的探讨。

本书希望通过冷战史的研究方法,分析出美国和苏联从50年代初期显然绝对式的安全困境状态中一步步走向相互对话和举行首脑会议的条件及动力,进而揭示出国际关系运行的某种一般性规律。通过历史的分析揭示出的这些条件和动力,有助于进一步分析国际关系历史和现实中的其他处于安全困境中的国家相互关系问题。

本书还试图从美苏政府决策层面进行对比研究,即通过美苏两大国政府决策的互动、对比研究来展现出一段特定时期的冷战国际关系。关于1955年日内瓦首脑会议的研究本身在国际学术界也并不多,在国内学术界还没有就这一问题进行系统性研究的学术专著。关于这次首脑会议的特殊性意义,本人也作了一些探索性的分析,指出这是冷战当中唯一一次集体性的东西方缓和,而且是冷战史上从僵化的两极结构走向松散的两极结构的标志性事件,它为此后的美苏关系缓和打下了必要的基础。

总之,本书希望通过档案研究、对比研究等多种研究方法,力求全面展示冷战初期美苏之间第一次缓和的过程,并揭示其中蕴含的丰富内涵,以填补国内国际关系史学界以及冷战史学界对此问题的研究欠缺,同时也希望通过研究,为现实的大国对外决策提供一些具有参考意义的看法。

二 国内外研究现状

从中文著作来看,南京大学教授石斌的著作《杜勒斯与美国对苏战略(1952—1959)》,对50年代中期美国对苏战略以及杜勒斯国务卿在其中的作用作了非常有见地的、细致的分析,该书是国内学者研究50年代美国对苏政策的一本代表作。① 作者以对新近公布的外交档案文献的研读,和对西方学者尤其是美国学者的相关著作的精细批判为基础,通过对杜勒斯的研究,进一步深入考察了50年代的美国对外政策,揭示艾森豪威尔政府对苏战略的基本轮廓及杜勒斯在其中的作用。在与苏联进行谈判这一问题上,作者对杜勒斯的态度进行了有力的分析,指出杜勒斯在这一问题态度上的两重性和复杂性。对于最终得以召开的1955年日内瓦首脑会议,作者也认为具有相当广泛的积极意义。② 但是,该著作的研究重点在于美国政府的对苏政策,尤其是杜勒斯国务卿在其中的决策作用,因此对日内瓦首脑会议本身不可能作出全面而详尽的研究。

国外学术界对1955年日内瓦首脑会议的专题研究也并不多见。③ 其中,Günter Bischof 和 Saki Dockrill 主编的《冷战的喘息:1955年日内瓦首脑会晤》(*Cold War Respite: the Geneva Summit of 1955*),是一本专门研究1955年7月召开的日内瓦首脑会议的论文集。该书就1955年日内瓦首脑会议的召开背景、过程及美、苏、英、法等各方的态度作了比

---

① 此外,刘同舜、姚椿龄主编的《战后世界历史长编(1952—1955)》第7—10册(上海人民出版社1989,1992,1994,1997年版),对20世纪50年代中前期的国际关系主要问题分专题进行了简要的概述,尤以资料性见长,其中第10册(1955年卷)有关于1955年日内瓦首脑会议的专题研究,但篇幅有限。另外必须要提到英国学者撰写的同类著作(有中文译本),分别是:彼得·卡尔沃科雷西的《国际事务概览:1953》(上海译文出版社1989年版)、科拉尔·贝尔的《国际事务概览:1954》(上海译文出版社1984年版)和杰弗里·巴勒克拉夫的《国际事务概览:1955—1956》(上海译文出版社1985年版)。以1950年代作为研究对象,但从其他角度进行研究的国内学者的著作还有:蔡佳禾《双重的遏制——艾森豪威尔政府的东亚政策》,南京大学出版社1998年版;郑羽《从对抗到对话:赫鲁晓夫执政时期的苏美关系》,中国社会科学出版社1998年版;唐朱昌等《寻求美苏力量均势的努力:论赫鲁晓夫的对美政策》,上海社会科学出版社1999年版。
② 石斌《杜勒斯与美国对苏战略(1952—1959)》,中国社会科学出版社2004年版,第283—302页。
③ 国外有学者围绕冷战时期的首脑会议这一主题作过专题性研究,例如:Gordon R. Weihmiller with Dusko Doder, *U.S-Soviet Summits: An Account of East-West Diplomacy at the Top, 1955—1985*, Washington, D. C.: Institute for the Study of Diplomacy, 1986; David H. Dunn, ed., *Diplomacy at the Highest Level: The Evolution of International Summitry*, Basingstoke, U.K.: Macmillan Publishers Limited, 1996.

较细致的分析，揭示了日内瓦首脑会议为什么没能实现实质性缓和的原因。其中，Ernest May 分析了首脑会议召开的背景，并且谈到了美国国务卿约翰·福斯特·杜勒斯和美国总统艾森豪威尔之间围绕首脑会议的关系。Ronald Pruessen 用专门一章谈到杜勒斯在首脑会议过程中的作用。其他各章则分别谈到了苏联、英国、法国、西德等国对首脑会议的态度和政策。但是，由于该书为会议论文集，因此所涉国家广泛，每一篇侧重于从一个国家或一个专门角度来进行分析，就全书而言较缺乏对首脑会议的系统探究，难于了解首脑会议得以召开的较长时间的演进过程（实际上首脑会议的酝酿、准备到召开经历了一个很长的过程），全书也没有对会议的成果意义和影响进行分析。① 另外还要提到 Ronald Pruessen 发表在 1993 年《政治科学季刊》春季号的论文"Beyond the Cold War—Again: 1955 and the 1990s"，该文从多种角度，并依据最新解密的档案材料对 1955 年和 90 年代的国际关系作了比较性研究，其中涉及美英等国围绕 1955 年日内瓦首脑会议的外交政策及其互动关系。但该文作为比较性研究，其视角和选材上都存在一定的取向性，而且出于篇幅原因，涉及 1955 年日内瓦首脑会议的研究内容是有限的，远未能充分揭示这段国际关系历史的前因后果。②

由艾森豪威尔政府时期任国务院政策计划室主任的 Robert R. Bowie 和艾森豪威尔研究权威 Richard H. Immerman 合著的《维持和平：艾森豪威尔如何形成一种持久的冷战战略》(*Waging Peace: How Eisenhower Shaped an Enduring Cold War Strategy*) 是一本非常权威的著作。作者通过切身的经历和大量丰富的档案资料，研究分析了艾森豪威尔总统及其国家安全委员会在 1953 年夏秋讨论并最后制订美国基

---

① Günter Bischof & Saki Dockrill, *Cold War Respite: the Geneva Summit of 1955*, Louisiana State University Press 2000.
② Ronald W. Pruessen, "Beyond the Cold War—Again: 1955 and the 1990s," *Political Science Quarterly*, Spring 1993, vol. 108, no. 1.

本国家安全政策(NSC162/2号文件)的过程。该书的研究成果有助于深入理解美国参加日内瓦首脑会议的基本过程和态度的变化。[①] Raymond L. Garthoff撰写的《评估对手：艾森豪威尔政府对苏联意图和能力的估计》(Assessing the Adversary: Estimates by the Eisenhower Administration of Soviet Intentions and Capabilities)一书的第一部分,分析了美国艾森豪威尔政府对苏联意图及能力的判断,并揭示出美国政府的基本意图及其相应采取的对苏政策。但本书篇幅单薄,是一种比较概要性的分析。[②]

还有一些重要的研究冷战时期的著作涉及对此时期国际关系、美国对外战略的分析。冷战史研究的权威学者约翰·加迪斯的《遏制战略：战后美国国家安全政策评析》,分析了艾森豪威尔政府的对苏遏制战略的具体运行情况,指出了该时期遏制战略之不同于凯南所设计的遏制战略,分析了艾森豪威尔总统和杜勒斯国务卿在具体运作对苏遏制时不同的政策环境和决策考虑。约翰·加迪斯的另外一本冷战史著作《我们现在知道了：重新思考冷战史》(We Now Know: Rethinking Cold War History)对50年代的冷战历史也作出了独到的分析,主要涉及核问题以及德国问题的分析。对于核武器在冷战初期美苏政策中的作用,作者作了比较客观冷静的评价。而对于50年代前期的美苏一系列互动,作者主要通过德国问题的分析,说明这一时期的互动虽然频繁,并最终召开了冷战期间的第一次美苏首脑会议,但是并没有解决导致冷战的各个问题,包括打破美苏在欧洲各自的势力范围,减缓美苏之间的核军备竞

---

① Robert R. Bowie & Richard H. Immerman, *Waging Peace: How Eisenhower Shaped an Enduring Cold War Strategy*, N. Y.: Oxford Univ. Press, 2000.

② Raymond L. Garthoff, *Assessing the Adversary: Estimates by the Eisenhower Administration of Soviet Intentions and Capabilities*, The Brookings Occasional Papers, Washington, D. C.: The Brookings Institution, 1991. 该书作为布鲁金斯非定期报告的一本,由布鲁金斯学会出版,是为了1990年11月在莫斯科召开的一次有关艾森豪威尔对世界事务影响的学术会议而准备的。作者曾经于1957—1961年在美国中情局任职。

赛,限制双方在第三世界的竞争等等。①

另外,有关艾森豪威尔、杜勒斯个人的一些研究著作对该时期国际关系的研究提供了难得的研究材料和珍贵视角。与早期传统的艾森豪威尔研究批判性态度不同的是,艾森豪威尔研究的修正派对艾森豪威尔总统的领导才能作出了正面的评价。② Elmo Richardson 在其著作《德怀特·D. 艾森豪威尔总统》(*The Presidency of Dwight D. Eisenhower*)中写道,艾森豪威尔总统对外政策的信条包括三个方面:第一,他将国际事务的性质界定为"自由世界"和国际共产主义的竞争。他认为,在 50 年代,国际共产主义不会从军事上攻击西方"自由世界",因为这会有导致其自身灭亡的危险,但其会努力通过武力颠覆或危害经济稳定来破坏其他国家的安全。第二,他认为,要确保"自由世界"的集体安全,除了要依靠优势的物质力量,还要依靠道义的力量来应对国际共产主义。整个世界围绕这两种力量分成了两个阵营。第三,他认为,外交政策的目标不是从事战争而是追求和平。当然,随着更多有关美国政府档案材料在 80 年代的解密,对艾森豪威尔的人物研究也越来越深入和复杂。Richard A. Melanson 和 David Mayers 主编的《重新评价艾森豪威尔:20 世纪 50 年代的美国对外政策》(*Reevaluating Eisenhower: American Foreign Policy in the 1950s*)中,对艾森豪威尔的内政外交进行了一系列有益的重新探讨和评价。其中,Kenneth W. Thompson 对艾森豪威尔总统领导方式的长处和弱点进行分析后认为,艾森豪威尔是一位非常自信和具有精明判断能力的领导人。Richard A. Melanson 对艾森豪威

---

① John Lewis Gaddis, *We Now Know: Rethinking Cold War History*, Oxford University Press, 1997, part four, part five.
② 经常被称为艾森豪威尔修正主义的一些重要著作有:Elmo Richardson, *The Presidency of Dwight D. Eisenhower*, Lawrence: The Regents Press of Kansas, 1979; Stephen E. Ambrose, *Eisenhower: The President*, New York: Simon & Schuster, 1984; Robert A. Divine, *Eisenhower and the Cold War*, New York: Oxford University Press, 1981; Fred I. Greenstein, *The Hidden-Hand Presidency: Eisenhower as Leader*, New York: Basic Books, 1982.

尔对外政策的基础进行了分析,强调了艾森豪威尔对于美国因为冷战而成为一个军事化国家(garrison state)的担心。①

相比起研究艾森豪威尔的著作,专门研究杜勒斯的著作似乎要少一些,其中 Richard Immerman 主编的《约翰·福斯特·杜勒斯与冷战外交》(John Foster Dulles and The Diplomacy of the Cold War)(Princeton, NJ: Princeton Univ. Press, 1990)以及 Frederick W. Marks Ⅲ 所著的《权力与和平:约翰·福斯特·杜勒斯的外交》(Power and Peace: The Diplomacy of John Foster Dulles),都是重新评价杜勒斯的代表性著作。Frederick W. Marks Ⅲ 写道,在签订奥地利国家条约和建立西欧联盟上面,对杜勒斯所作贡献的承认甚至连他应得的一半都不到。他说,传统上,杜勒斯国务卿得到展现的总是他那僵硬的一面,而他的灵活性,他对促成苏美缓和在背后所使用的一些手段,却很少或根本没有被提及。作者利用一些鲜为人知的大量细节性的档案材料对杜勒斯在包括《奥地利国家条约》的签订、《西欧联盟条约》的通过、日内瓦首脑会议的召开等一系列关键问题上的作用进行了分析,认为很大程度上由于杜勒斯的运作,使得美国政府这时期的对外政策呈现主动性特点,在美苏关系一系列重要事项的演进中起到了决定性作用。②

关于苏联该时期对外政策的研究是日内瓦首脑会议研究的一个重要资料来源。③ 冷战结束后,随着俄罗斯解密了大批的苏联档案材料,关

---

① Richard A. Melanson, David Mayers, eds., *Reevaluating Eisenhower: American Foreign Policy in the 1950s*, Urbana and Chicago: University of Illinois Press, 1987, pp. 13-66.
② Frederick W. Marks Ⅲ, *Power and Peace: The Diplomacy of John Foster Dulles*, Westport: Praeger Publishers, 1993.
③ 例如:H. Hanak, *Soviet Foreign Policy since the Death of Stalin*, Routledge & Kegan Paul Ltd., 1972; Joseph L. Nogee, Robert H. Donaldson, *Soviet Foreign Policy since World War Ⅱ*, Pregamon Press, 1984; Peter Zwick, *Soviet Foreign Relations: Process and Policy*, Prentice Hall, 1990; Adam B. Ulam, *Expansion and Coexistence: Soviet Foreign Policy, 1917—1973*, Thomson Learning, 1994.

于苏联对外政策的研究越来越深入。祖波克(Vladislav Zubok)和康斯坦丁·普里沙科夫(Constantine Pleshakov)在《克里姆林宫内的冷战：从斯大林到赫鲁晓夫》(*Inside the Kremlin's Cold War: From Stalin to Khrushchev*)一书中，依据掌握的新解密档案材料，从苏联国内决策的角度，从斯大林及其主要助手和继承者的行为及其背景当中，分析斯大林到赫鲁晓夫时期的苏联对外政策。关于20世纪50年代中期日内瓦首脑会议前后的苏联对外政策决策，该书没有专门进行论述，但该书关于斯大林去世后苏联政局及其对外政策的变化，关于贝利亚、马林科夫、莫洛托夫、赫鲁晓夫等主要领导人的政策主张及其矛盾斗争，均有助于分析苏联此时期对于西方的基本政策和态度。① 祖波克的另外一本著作《一个失败的帝国：冷战中的苏联——从斯大林到戈尔巴乔夫》(*A Failed Empire: The Soviet Union in the Cold War from Stalin to Gorbachev*)也是关于冷战历史的一本权威之作，该书对20世纪后半期的苏联对外政策进行了充分的解析，并且发掘了影响苏联对外政策的各种要素，包括政党和外交政策精英的态度、观点，以及政治局成员间的传统争论等等。② William Taubman在其新著《赫鲁晓夫及其时代》(*Khrushchev: The Man and His Era*)一书中，以赫鲁晓夫的政治沉浮为线索，展现了赫鲁晓夫的一生及其所处的时代，揭示了赫鲁晓夫时期的苏联政策。其中有一章讲到1953—1955年赫鲁晓夫怎样一步步走向当权执政的过程，有助于分析当时的苏联政策，理解美国对苏联的战略判断。③ Melvyn P. Leffler的著作《为了人类的灵魂：美国，苏联与冷战》(*For the Soul of Mankind: the United States, the Soviet Union, and*

---

① Vladislav Zubok, Constantine Pleshakov, *Inside the Kremlin's Cold War: From Stalin to Khrushchev*, Cambridge, Mass: Harvard University Press, 1996.
② Vladislav Zubok, *A Failed Empire: The Soviet Union in the Cold War from Stalin to Gorbachev*, Chapel Hill: University Of North Carolina Press, 2007.
③ William Taubman, *Khrushchev: The Man and His Era*, W. W. Norton & Company, 2003, part 10.

the Cold War)则从内外政策的多重角度分析了冷战时期的双方互动,说明了冷战为何没有早点停止的原因。对于 20 世纪 50 年代中期的日内瓦首脑会议,该书没有过多的篇幅去涉及,书中的第二章只是专门谈到了 1953—1954 年,即斯大林去世后马林科夫任苏联部长会议主席期间与艾森豪威尔刚刚履任总统时期的苏美之间存在的所谓"和平的机会"。作者通过对苏联国内新领导人在斯大林去世后对国际事务的态度变化,以及对美国新总统艾森豪威尔的决策分析,展现出冷战的互动以及缓和没有能够真正实现的原因。作者在全书贯彻的一个总的观点是,除戈尔巴乔夫和里根、布什以外,由于客观环境以及意识形态和历史的制约,拥有巨大权力的两个超级大国的领导人都失去了机会去改写历史,结束冷战。[1] 亚历山大·佩日科夫所著的《"解冻"的赫鲁晓夫》则分析了 1953 到 1964 年间的苏联的历史发展和社会政治现实。该书对此时期苏联国内基本社会政治环境和意识形态的分析有助于更好地去理解苏联该时期的对外政策决策。[2]

核武器是 20 世纪 50 年代中期国际关系中的一个非常重要的因素,它对美苏双方的国家安全政策都发生了重要的影响。由 Sean M. Lynn-Jones 和 Steven E. Miller 主编的《冷战及其以后:和平的前景》(*The Cold War and After: Prospects for Peace*)(Expanded edition)一书中,除了加迪斯的著名论文《长和平》,还有多篇论文从不同的角度论述了核武器在冷战时期扮演的作用,提出了一些针锋相对的观点。这些观点有利于我们冷静地看待核武器在 50 年代国际关系中的作用。[3] David

---

[1] Melvyn P. Leffler, *For the Soul of Mankind: the United States, the Soviet Union, and the Cold War*, New York: Hill and Wang, A division of Farrar, Straus and Giroux, 2007.

[2] 亚历山大·佩日科夫:《"解冻"的赫鲁晓夫》,刘明等译,新华出版社 2006 年版。该书指出,赫鲁晓夫之所以发动"和平攻势",一是在于他对苏联社会主义发展必然胜过资本主义发展的高度自信,二是为展现苏联社会主义制度的优越性而采取加强与资本主义和第三世界国家联系的政策。

[3] Sean M. Lynn-Jones & Steven E. Miller, eds., *The Cold War and After: Prospects for Peace*, Cambridge, Mass.: The MIT Press, Expanded edition, 1993.

Holloway 的名著《斯大林与原子弹》(*Stalin and the Bomb*)则以翔实、系统的资料分析了苏联早期的核武器发展情况，并且涉及斯大林去世之后的苏联核武情况，有助于分析斯大林去世之后苏联领导人的对外决策。① 威尔逊国际学者中心的 CWIHR Bulletin issue 4 (Fall 1994)依据新解密的档案材料专门介绍了苏联核政策的发展变化，尤其是冷战初期的苏联核历史，其中涉及很多对当时国际形势中的核因素的分析，也对研究该时期苏联及美国对外政策决策具有非常重要的帮助作用。

除了以上研究资料，还有该时期美国、苏联主要政治家们撰写的回忆录为本研究提供了相当有益的佐证，例如《艾森豪威尔回忆录》《赫鲁晓夫回忆录》。但由于当事人本身在较近历史时段上面临的敏感性，以及必然存在的程度不等的自我美化与对自身过失的掩饰，很多问题并没有详尽地予以解释，对1955年日内瓦首脑会议两者均着墨不多，且主要是一种就事论事式的说明。

另外随着美国档案的解密，如美国对外关系文件(FRUS)、解密文件参考系统(DDRS)、数字国家安全档案(DNSA)，以及艾森豪威尔时期的缩微胶卷等档案资料，也为我们揭示了美国外交政策运行的一些内幕情况。在最新解密的 DNSA 数据库文件中，50年代中期的有关总统指令，包括美国对日内瓦首脑会晤的基本政策等美国国家安全委员会文件，以及有关美国对裁军问题的政策文件，都是珍贵的历史资料。在苏联方面，沈志华编译的《苏联历史档案选编》提供了该时期苏联有关裁军问题、核武器问题等方面的史料。另外，美国威尔逊国际学者中心依据最新解密的档案材料发表了不少有关50年代中期前后的研究报告，涉及

---

① David Holloway, *Stalin and the Bomb*, Yale University Press, 1994, 尤其是第14、15、16章。

苏联政策、裁军问题、中苏关系、苏联东欧关系等方面,对本研究帮助甚大。①

中国外交部新近解密的新中国成立初期外交档案对于研究五六十年代的中苏关系、中国外交政策甚有帮助。通过对这段时期中国外交政策指导思想及其实践的初步把握,可以更好地理解当时远东问题的走向及其对整个国际和地区形势的影响。

事实上,50年代中前期这段国际关系实际上呈现远比美苏两极的遏制和反遏制更为复杂、更多形态的画面。这是以美苏两极之间的斗争为主体,以复杂的多种力量互动予以补充而呈现的结果。在对50年代国际关系的研究中,有不少便是从美国和苏联以外的其他国家或地区的角度来进行研究的。

尤其需要提到的是对英国丘吉尔首相50年代中前期外交政策的研究。Klaus Larres 和 Kenneth Osgood 在其主编的《斯大林去世之后的冷战》(The Cold War after Stalin's Death)一书中,有专门一章(Klaus Larres 撰写的第七章:the Road to Geneva 1955: Churchill's Summit Diplomacy and Anglo-American Tension after Stalin's Death)分析了斯大林去世后丘吉尔对首脑会议的寻求,以及在此过程中的英美关系,分析了首脑外交在缓和冷战过程中所起到的地位和作用。虽然丘吉尔对

---

① 例如:James Richter, "Reexamining Soviet Policy towards Germany during the Beria Interregnum"(Woodrow Wilson International Center for Scholars, Cold war international history project(CWIHP), Working paper no. 3),分析了斯大林去世后贝利亚当权时苏联对德国的政策;Vladimir O. Pichatnov, "The Big Three after World War Ⅱ: New Documents on Soviet Thinking about Post-War Relations with the United States and Great Brtain"(CWIHP Working Paper No. 13),则从传统的现实主义大国政治的角度分析了苏联的战后对外政策设计,提供了从非意识形态角度分析苏联对外政策的宝贵视角和史料;Vojtech Mastny, "Nato in the Beholder's Eye: Soviet Perceptions and Policies, 1949—1956"(CWIHP Working Paper No. 35),分析了此时期苏联对北约的政策和立场;Matthew Evangelista, "Why Keep such an Army? Khrushchev's Troop Reductions"(CWIHP Working Paper No. 39),则分析了赫鲁晓夫时期有关裁军问题的政策立场和实际行动,并且就其动因作出了分析,指出赫鲁晓夫的大规模裁军虽然有着其他方面的动因,但毫无疑问是有着缓和国际局势和美苏关系的实质性考虑的。

召开首脑会议的不停敦促对于四国峰会的最后召开功不可没,但作者似乎有些夸大了丘吉尔的作用。作者指出,如果不是丘吉尔不停地要求与苏联进行谈判以及召开大国首脑会议,1955年日内瓦首脑会议以及因此而产生的东西方冷战历史上的第一次"解冻"可能不会发生。实际上,如果不单单从英国的角度来进行考虑,从美国的角度或者从多国的角度来研究,就可以发现丘吉尔的召开首脑会议的提议最后之所以实现,主要还在于美国、苏联方面的政策及其政策互动。① 另外,在 Klaus Larres 和 Ann Lane 主编的《冷战:必读材料》(*The Cold War: The Essential Readings*)一书中,Klaus Larres 在 "Integrating Europe or Ending the Cold War? Churchill's Post-war Foreign Policy"一文中通过对丘吉尔战后外交政策的分析,部分揭示了西方和苏联政策之间的互动过程。② 而早前 O. Harries 在 60 年代撰写的一篇论文 "Faith in the Summit"则以较近的时间视角分析了当时英国方面对于首脑会议的认识。③ 以色列 Bar-Ilan 大学历史学者 Uri. Bar-Noi 在其新著《冷战与苏联对丘吉尔寻求缓和的不信任(1951—1955)》(*The Cold War and Soviet mistrust of Churchill's Pursuit of Détente*,1951—1955)中指出,虽然许多著作已经关注到温斯顿·丘吉尔在战后的外交活动,及其在 1951—1955 年任首相期间对东西方缓和的追求,但大多数著作强调的是其缓和政策的局限性,或其缓和政策失败的原因,而没有从苏联对丘吉尔建议的反应这个角度去对丘吉尔的缓和政策进行评价。作者依据冷战后俄国方面新解密的档案材料,对这个方面进行了研究。作者的主要论点是,不管是苏联还是美国,都没有在巩固其自身的军事力量和提升其谈判地位之前就

---

① Klaus Larres & Kenneth Osgood, *The Cold War after Stalin's Death*, Lanham: Rowman & Littlefield Publishers, Inc., 2006.
② Klaus Larres & Ann Lane, eds., *The Cold War: The Essential Readings*, Blackwell Publishers Ltd, 2001.
③ Harries, O., "Faith in the Summit," *Foreign Affairs*, Oct. 1961, vol. 40, Issue 1, pp. 58-70.

双方的分歧进行认真的谈判。在苏联方面,这种态度主要反映在斯大林以及其继任者对外敌入侵的担忧,这使他们把避免战争,维护苏联政权,维持苏联在东欧的霸权当成首要的外交目标。① 另外,象 Dennis L. Bark 和 David R. Gress 主编的《从虚幻走向实质(1945—1963)》(*From Shadow to Substance* 1945—1963)则从西德的角度揭示了西德走向重新武装的过程及其内部各方面的政策争论,还有美欧各方面的政策。②

此外,该时期美国和苏联以外的其他各国的一些重要外交决策者们,如英国首相艾登撰写的《艾登回忆录》、英国外交大臣麦克米伦撰写的《麦克米伦回忆录》、德国总理阿登纳撰写的《阿登纳回忆录》,等等,都是研究 50 年代中期国际关系的重要资料。③

---

① Uri. Bar-Noi, *The Cold War and Soviet mistrust of Churchill's Pursuit of Détente*, 1951—1955, Sussex Academic Press, 2008.
② Dennis L. Bark & David R. Gress, *From Shadow to Substance* 1945—1963, Cambridge: Blackwell Publishers, 1993.
③ 德怀特·艾森豪威尔:《艾森豪威尔回忆录》,樊迪等译,东方出版社 2007 年版;赫鲁晓夫:《赫鲁晓夫回忆录》,述弢等译,社会科学文献出版社 2006 年版;赫鲁晓夫:《最后的遗言——赫鲁晓夫回忆录续集》,中译本,东方出版社 1988 年版;Anthony Eden, *Memoirs*, The Times Publishing Co. Ltd., 1960;康拉德·阿登纳:《阿登纳回忆录》(1953—1955),上海人民出版社 1975 年版;哈罗德·麦克米伦:《麦克米伦回忆录》(三·时来运转),中译本,商务印书馆 1980 年版。

第一章　冷战初期的美苏对抗僵局和面临的紧迫问题

　　一场重大的国际性战争之后,胜利者很容易滋生绝对安全的幻想,或者滋长绝对权力的欲望。当作为胜利者的国家数量较多并在政治制度上性质类同时,多国相互制衡趋于均势的潜在机理发挥作用,有可能使胜利者间达成妥协性的安排。而当胜利后的强有力国家唯有两大雄心勃勃的巨头且在政治制度上存在显著差异和竞争之时,追求绝对化安全或权力的两大胜利者之间必然会陷入新的竞争,并且直接陷入"安全两难"的困境,也就很难再有妥协退让的余地。二次大战结束之初,两大胜利者美国和苏联面临的正是这种情况,而且两国在意识形态和社会政治制度上尖锐对立。冷战发生的根源盖在于此。所谓"冷战",它的最初含义即是指苏联和美国之间存在的一种未经宣布的战争状态。早在1945年10月,英国著名作家恩立克·阿瑟·布莱尔(笔名乔治·奥威尔)在一篇题为《你和原子战争》的文章中便写道,"原子战争,可能会剥夺各被剥削阶级和民族进行革命的权利,同时也把原子弹拥有者放到了同样的水平上"。他当时就预见到世界将面临核战争的阴影,并且警告会出现一种"没有和平的和平"状态——他称之为一场长期的"冷战"。[①]

[①] George Orwell, "You and the Atomic Bomb," *Tribune*, October 19, 1945; Odd Arne Westad, *The Global Cold War: Third World Interventions and the Making of Our Times*, Cambridge, N. Y.: Cambridge University Press, 2007, p. 2; Also see "Cold War" in Wikipedia, http://en.wikipedia.org/wiki/Cold_War.

到20世纪50年代初,中国领导人常常用"冷战"一词来指责美国对苏联的战争政策,即没有战争状态的一种强劲遏制。美国和西欧国家领导人则常常用"冷战"来形容苏联的威胁。而苏联方面直到戈尔巴乔夫之前,官方从未正式使用过这一概念,苏联坚称自己奉行的是和平外交政策。①

1950年,美苏之间的力量对比依然悬殊,但差距已经缩小。该年美国国民生产总值为3810亿美元,人均2536美元;苏联国民生产总值为1260亿美元,位居世界第二位,人均699美元。在兵员和军费开支上,1950年美国的军费开支是145亿美元,拥有138万军事人员;苏联的军费开支是155亿美元,拥有武装力量430万人。美苏的军费开支和兵员规模远远超过英国(23亿美元、68万人),法国(14亿美元、59万人),意大利(5亿美元、23万人)。朝鲜战争后,美国军费开支提高到333亿美元,苏联也达到201亿美元。欧洲国家1951年也大幅提高了防务开支,但英、法、意三国军费开支的总和还不到美国的1/5,苏联的1/3;军事人员总数也不到美国的一半,苏联的1/3。②

力量的分布已经清晰地呈现两极世界的现实。而在这样的世界中,意识形态的作用从杜鲁门时期开始再次得到加强。艾森豪威尔说:"正义力量和邪恶力量在历史上很少像现在这样聚集一堂、全副武装、相互抗争。以自由反对奴役,以光明反对黑暗。"当美国、英国、意大利、法国等西方国家的资产阶级政治人物在使用这些语言时,主要是为了彰显自身的意识形态,推动强化西方联盟,同时对对手进行攻击。而这必然加深了斯大林对西方的怀疑与敌意。苏联也针锋相对地攻击西方。斯大林在他生前最后一次公开发表的谈话中说道,丘吉尔和他的美国盟友是苏联的顽固死敌。他们"与希特勒及其同伴们惊人的相似"。"美国的亿万富翁们也是好战分子,他们把战争当成利润的来源。这些侵略力量控

---

① Odd Arne Westad, *The Global Cold War*, p.2.
② 保罗·肯尼迪:《大国的兴衰》,陈景彪、王保存等译,国际文化出版公司2005年版,第363页。

制并引导着他们的反动政府。"① 如此,在你来我往的指责和攻击中,双方都在日益加剧着冷战,对抗的危机频频发生,局部性的热战也随之出现。

第一节 渐入高潮的东西方冷战

从二战结束到 20 世纪 50 年代初,美国和苏联的相互政策经历了从大国合作到组建阵营进行对抗的发展轨迹。在 1947 年前,苏联在国际事务中,特别是在处理与西方国家的关系中,基本上保持了既斗争又妥协的立场,甚至主要是采取一种妥协和合作的政策。② 然而,到 1947 年,美苏关系已经清楚地显示出分别以美苏两超为首并有部分欧洲国家参与的两个集团之间的斗争。之后,美国推行马歇尔计划,加紧在经济上重建西欧,同时组建北大西洋公约组织,西方阵营正式出现;在社会主义国家这边,随着 1950 年中苏同盟条约的签订,世界性的社会主义阵营也真正形成。③

在 40 年代末 50 年代初,苏联政府对西方的政策是防御性的,带有应对性。斯大林清醒地看到苏联实力的局限性,以及基于苏联国家战略的基本要求,所以他也一直避免使苏联卷入与美国直接的军事冲突。苏联官员在正式发言中也宣称,资本主义仍然是当代世界的主导性力量。④ 但是战后的苏联对自己的安全环境非常敏感,特别是

---

① 斯大林与《真理报》记者的谈话,1951 年 9 月 2 日。Quoted from Vladislav Zubok and Constantine Pleshakov, *Inside the Kremlin's Cold War: From Stalin to Khrushchev*, Harvard University Press, 1996, p. 76.
② 美国学者沃捷特克·马斯特尼写道:"斯大林更多的是依赖战后出现一个合适的国际环境而不是战争的变幻莫测来实现他所需要的战后秩序。他力图在同他强大的西方盟友合作而不是在同他们作对的情况下得到他要的东西,他认为他们的支持或至少是默认对实现他梦寐以求的那种安全是不可或缺的。"见[美]沃捷特克·马斯特尼:《斯大林时期的冷战与苏联的安全观》,郭懋安译,广西师范大学出版社 2002 年版,第 19 页。另参见关贵海:《冷战时期的苏联对外政策》,牛军主编《冷战时期的美苏关系》,北京大学出版社 2006 年版,第 88 页。
③ 参见沈志华、张盛发:《从大国合作到集团对抗——论战后斯大林对外政策的演变》,《东欧中亚研究》1996 年第 6 期。
④ Klaus Knorr ed., *NATO and American Security*, Princeton University Press, 1959, p. 37.

17

西部边界的安全。鉴于苏联历史上遭受的几次大规模入侵都来自西部，斯大林便力图把东欧这条入侵苏联的危险走廊变成保卫苏联的安全地带。在这一点上斯大林是非常坚决的。直到1952年斯大林还对印度大使说,"苏联只关心自身的安全和建立一条由对苏友好国家组成的缓冲带"①。

在西方看来,1947年3月底到4月初的美苏英法四国莫斯科第四次外长会议之后,任何想继续在战后维持东西方战时联盟的愿望均已破灭。当时美国国务卿马歇尔希望通过四国外长会议达成一个德国重新统一的基础。经过与苏联外长莫洛托夫的43次会谈之后,会议无果而终。②然而在这次会议期间,西方三国却就德国的未来第一次达成了共识,那就是:一个缩小的然而恢复地位的德国的危险要比一个可能在苏联控制下的统一德国的危险小得多。对于这次会议的无果而终,苏联领导人斯大林却似乎平静得多,并称要继续谈判。在4月15日会见马歇尔时,斯大林对马歇尔说:"在这个问题上不过是第一次小小的争论以及双方带有试探性的交锋。在其他问题上分歧早已出现了,通常当人们自己厌倦争论的时候,就会感到有必要进行妥协。这次会谈可能不会有什么成果,但这不应使任何人感到失望。"斯大林还说:"在诸如废除军备、德国政体、赔款及经济一体化等主要问题上,达成协议是有可能的。需

---

① 华庆昭:《从雅尔塔到板门店》,中国社会科学出版社1992年版,第234页。
② 1945年夏,美国政府内在德国问题上存在三种意见:陆军部和财政部内原摩根索计划的支持者们,主张继续惩罚,甚至肢解德国,不管这对与苏联关系会有何种影响,这种观点在当时占领德国的美国官方指令JCS 1067号文件的条文中仍有体现;第二种即是克莱将军所持的观点,主张德国迅速恢复地位和重新统一,认为解决德国问题的最大障碍来自于法国方面;第三种观点是凯南的观点,以国务院为中心,支持恢复德国的地位,但认为重新统一不大可能。凯南说:"我们没有选择,只有带领我们占领的那部分德国……走向独立、繁荣、安全、更优越,以使东方不能够威胁它。"英国政府比美国自身更支持凯南的观点,并积极推动美国按凯南的设想行动。1946年夏,英国外相贝文动员美国国务卿贝尔纳斯建议美英占区合并。1947年初继贝尔纳斯任国务卿的乔治·马歇尔最初仍希望通过四国外长会议找到德国重新统一的基础。在这种情况下莫斯科外长会议得以召开。John Lewis Gaddis, *We Now Know: Rethinking Cold War History*, Oxford Univer. Press, 1997, p. 117.

要的是耐心而不应是悲观。"①斯大林的这一乐观立场让美方甚为怀疑和警惕:既然苏联乐意这样,认为时间在他们那一边,那西方就绝没有理由感到高兴。马歇尔害怕苏联会利用某种策略达到目的而占住先机。在这种情况下,马歇尔急于找到某种计划以阻止现状朝着不利于西方的态势发展。结果便是马歇尔计划的出台。美国主动地提出援助欧洲,这既达到了实际上的后果,也起到了心理上的效果。②

然而,因为强调自身安全,特别是格外关注通过战争所建立起来的西部安全屏障,斯大林也特别不能容忍东欧国家出现被西方国家引诱分化,或滋长靠向西方国家、寻求独立性或摆脱苏联控制的任何事实或者想法。很大程度上,正是因为 1947 年 6 月份美国提出的马歇尔计划使苏联在欧洲基本态势上面临一种根本的威胁,并给东欧国家,尤其是捷克斯洛伐克和波兰等,提出了一种借重美国援助而摆脱经济困境的诱惑性想法,斯大林感受到了来自美国的切实威胁。

正如沈志华教授所提出的,战后斯大林的对外政策有一个从大国合作到集团对抗的逐步变化和发展的过程,其分界线即在于 1947 年 6 月美国提出马歇尔计划以及苏联对马歇尔计划的反应。③ 事实上,即使 1947 年初讨论德国问题的莫斯科外长会议陷入僵局时,斯大林也并没有放弃继续协商解决问题的努力;1947 年 3 月杜鲁门在美国国会提出被称为"杜鲁门主义"的咨文之时,斯大林也并没有从中看到明显的威胁,除

---

① Bohlen memorandum, Marshall-Stalin conversation, 15, Apr. 1947, FRUS (Foreign Relations of the United States) 1947, vol. ii, pp. 343 – 344;沈志华:《共产党情报局的建立及其目标——兼论冷战格局形成的概念界定》,章百家、牛军主编《冷战与中国》,世界知识出版社 2002 年版,第 34—35 页。
② John Lewis Gaddis, *We Now Know*, pp. 117 - 118.
③ 参见沈志华、张盛发:《从大国合作到集团对抗——论战后斯大林对外政策的演变》,《东欧中亚研究》1996 年第 6 期;沈志华:《毛泽东、斯大林与朝鲜战争》,广东人民出版社 2004 年版,第 12、31 页。

了口头谴责外也没有作出其他激烈的反应。① 而6月份这次马歇尔计划的提出,斯大林认为美国实际上是要建立一个真正的欧洲反苏集团,尤其是要以经济援助为诱饵,极力拉拢东欧国家,并准备以援助德国西占区的方式重新武装起一个苏联的宿敌。另外,斯大林还尤为关心的是,马歇尔计划要求接受国必须向美国申报出口产品清单,这实际上是试图通过经济援助来限制德国苏占区和捷克斯洛伐克等向苏联提供浓缩铀等关键的战略物资,从而限制苏联发展核武器的计划。② 为此,苏联开始全面加强对东欧国家的影响和控制,实施"莫洛托夫计划",组建欧洲共产党和工人党情报局,并提出"两个阵营"理论③,走上了与西方进行集团对抗的道路。

马歇尔计划的实施以及当时与其后东西方接连发生的一系列事态,如第一次柏林危机、1948年的捷克斯洛伐克事变等对抗性事态的逐渐发展,又使得美国以及西欧政府对苏联的威胁认知越来越严重,使得东西方迅速进入冷战对抗的高潮。④ 在1946年到第一次柏林危机爆发之前,

---

① [美]沃捷特克·马斯特尼:《斯大林时期的冷战与苏联的安全观》,广西师范大学出版社2002年版,第25页;沈志华:《共产党情报局的建立及其目标——兼论冷战格局形成的概念界定》,章百家主编《冷战与中国》,第34页。
② 当时苏联从其在华盛顿的间谍(唐纳德·麦克林,英国驻华盛顿大使馆一秘及使馆办公室代理主任)那里得到一份重要情报。情报中证实,马歇尔计划的目的是为了确立美国在欧洲的经济统治地位。新的恢复欧洲工业的国际经济组织将在美国资本的控制之下。这份情报还提出,"马歇尔计划"准备停止德国支付对苏联和东欧国家的战争赔款。而当时战争赔款事实上是苏联用于恢复被战争摧毁的国民经济的唯一外部资金来源,苏联用德国赔偿的设备、机床、机器和重、轻型汽车以及建筑材料等工业物资来建立其现代化的化学工业和机械制造工业,并且无需国际监督。而"马歇尔计划"规定新的国际援助以国际监督为基础,事实上是在美国监督之下。这不仅影响到苏联本身的经济建设,而且影响到苏联对东欧国家的控制。据称,斯大林根据这一情报,建议莫洛托夫反对在东欧实行"马歇尔计划"。见[俄]帕维尔·苏多普拉托夫著:《情报机关与克里姆林宫》,魏小明、陆柏春等译,东方出版社2000年版,第265—267页。
③ 1947年9月在成立各国共产党和工人党情报局的华沙会议上,日丹诺夫作了关于国际形势的报告,报告中提出"战后政治力量的新格局——以帝国主义的反民主阵营为一方和以反对帝国主义的民主阵营为一方的两个阵营的建立"。沈志华:《共产党情报局的建立及其目标——兼论冷战格局形成的概念界定》,章百家主编《冷战与中国》,第47页。
④ 参见张盛发:《斯大林与冷战》,中国社会科学出版社2000年版,第三章。

美国也还并没有设想到在苏联攻击西欧的情况下去防卫欧洲大陆,美国的计划制定者们虽然认定苏联正在政治上和外交上扩展其影响,但还不认为苏联会冒险发动战争。当时的美国军方计划设想,如果苏联进攻,美国因为军队复员,将没有军事资源去与苏联在欧洲大陆硬碰硬地对抗,美军以及西方军队将撤往英国以及欧洲以外的基地。然而,第一次柏林危机促使美国战略思想和对苏联威胁的认知发生了某种根本性的变化,美国政府第一次明确宣布在战略上和政治上都不能接受苏联对西欧的控制,决定在军事上和外交上均对欧洲采取积极介入的战略方针。①事实上,1949年春,当时作为美国参谋长联席会议主席以及总统特别助理的艾森豪威尔就已经命令其助手准备防卫欧洲的计划了。此时美军的战略设想不同于此前退守欧陆之外的计划的是,一旦发生战争,美国驻德占领军将在初期的退守后到莱茵河一线组织反击。美国人将承担继续战斗的义务,尽管还会继续退到英国或地中海,但会像一战和二战那样,最终打回欧洲并取得胜利。虽然根据现在解密的苏联档案,没有任何迹象表明苏联当时会发动一场无缘无故的进攻西欧的战争。②

随后美国为首的西方国家正式于1949年4月建立了北大西洋公约组织,美国和西欧之间的政治军事联盟关系正式确立。美国在历史上首次承担起和平时期驻兵海外并保护其盟国的义务,美国的对苏冷战遏制战略从此正式地着重加注了军事内涵,这本是遏制战略的原初设计者乔治·凯南极力避免的,因此北约的建立也招致了凯南的批评,认为是多此一举,甚至是有害的。③ 不过,初期的北约在军事力量上确实是非常空虚的。当时在北约看来,一旦发生战争,苏联具备175个师的兵力,而盟

---

① 转引自 Dennis L. Bark, David R. Gress, *From Shadow to Substance*, 1945—1963, Blackwell Publishers, 1989, p. 273.
② Vojtech Mastny, "Did Nato Win the Cold War," *Foreign Affairs*, May/June 1999, pp. 176 - 177.
③ Ibid.

国方面仅能勉强达到 12 个师,这种形势显然令人气馁。① 当时北约的军事计划者们断定,北约将需要 96 个师(因为师的规模比苏联大)才能进行充分的防御。1952 年 2 月,北约的部长们在里斯本年会上确认了这一估计。② 斯大林当时也清醒地认识到,刚成立的北约只不过是一个空架子,尚不必要成立相应的军事联盟或提升自身的防务开支来作为应对,并且认为美国成立北约的主要目的,是为了控制西欧,避免资本主义体系的崩溃。据此,当时斯大林判断,北约注定不久即将破产。③ 对于北约初期的这种力量状况,美欧自然不能满意。为了改善这种空虚的现状,美国和西欧各国均认为,有必要加强西欧各国的军力,并且提升美国驻欧部队数量,同时补充以新的力量来源。

如果说,苏联在西欧正面临着美国主导的日益加强的经济和军事力量联合态势的话,那么在远东,由于中国革命的胜利,苏联在同美国的力量态势的竞争中处于更为有利的地位。

战后初期,美苏在远东的基本政治军事力量对比的态势是,苏联没有实现占领日本本土并参加对日管制的目标,但却形成以三八线为界与美国共同占领朝鲜半岛的局面。斯大林希望通过与外部力量,主要是通过与美国的合作,在朝鲜半岛建立一个对苏友好或至少是不敌对的朝鲜统一政府。但苏美双方都希望通过各自所扶持的朝鲜政治力量在朝鲜组织普选,进而成立一个有利于己的统一的朝鲜临时政府。到 1946—1947 年,美苏双方虽都已经认识到无法在朝鲜半岛继续合作下去,但还没有在朝鲜半岛的南北方各自成立独立政府的想法。然而随着东西欧

---

① John Lewis Gaddis, *We Now Know*, p. 123.
② [美]罗伯特·S·麦克纳马拉:《论核战略》,军事科学院外国军事研究部译,军事科学出版社 1989 年版,第 17 页。
③ Vojtech Mastny, "Did Nato Win the Cold War," p. 177. 该文指出,当时北约理事会会议内部已经渗入苏联间谍,因此苏联方面应该对于北约刚建立时的虚弱情况了如指掌,虽然多疑的斯大林不可能完全相信西方没有考虑对苏联攻击的计划,但至少可以相信这种攻击暂时不会发生。

分裂态势和美苏冷战局面的形成,远东朝鲜半岛的分裂也已经难以改变。到1948年,南部的大韩民国和北部的朝鲜民主主义人民共和国相继成立。

更重要的是发生在中国的势态变化。本来美苏之间在1945年的雅尔塔会议上就已经针对中国的事态进行了相当程度的利益妥协。依据雅尔塔会议达成的条约,苏联在战后初期对华采取了支持蒋介石国民党政府实现和平统一、劝压中国共产党放弃武装夺权和革命而走和平发展道路的政策。中国内战全面爆发后,苏联对华政策仍然是带有妥协性的,即支持在国共两党之间进行调解,但反对蒋介石以武力消灭中共,并特别强调由苏联参与和谈,从而加强苏联在解决中国问题上的地位,并以此制约美国。但是随着1947年秋中国内战中中共一方逐渐取得军事优势地位,苏联对华政策随之作了相应的调整,特别是到1948年夏天后随着蒋介石国民党政权败象日益显露,苏联开始明确表示支持中国革命取得胜利。当然苏联立场的变化也与整个冷战局势的发展息息相关。苏联与美国在欧洲冷战的加剧,无疑在客观上为中国革命提供了战略掩护,使美国难以放手干预国共内战。1948年3月14日,斯大林在政治局特别会议上提出,"寻找两个阵营和解的办法已经枉然","冲突不可避免的时期将要来临"。为此,斯大林指出,苏联除迅速增强国家的军事和经济实力,准备应付任何不测事件以外,还"应当有力地支持已经走上了民族解放道路"的人民斗争,并特别强调了中国解放运动的新态势。① 到1949年春,亚洲的形势已经发生了根本性的改变,中国共产党已经取得中国的半壁江山,美国扶蒋反共打内战的政策已陷入穷途末路。中国革命的节节胜利引起斯大林的高度关注。1949年初斯大林委派苏共政治局委员米高扬秘密访问中共中央所在地,与毛泽东等中央领导人举行了历时七天的会谈,通过会谈增进了苏联对中国革命形势和中共中央大政

---

① 沈志华:《毛泽东、斯大林与朝鲜战争》,广东人民出版社2004年版,第49—75页。

方针的了解,密切了斯大林与中共领导人的联系,有助于苏联加强对中国革命的支持。而同年6月底至8月中旬刘少奇率中共代表团秘密访苏,则为筹建新中国、建立新型的中苏关系和毛泽东正式访苏做了必要的准备。随着1949年10月中华人民共和国的成立,远东地区发生的有利于社会主义阵营的力量变化已经是举世瞩目。作为毛泽东访苏的最重大成果,1950年2月,中苏签订《友好同盟互助条约》,此举不仅有利于新中国维护独立、巩固新生革命政权和恢复发展经济,也使苏联在远东的主导地位得到了确立和巩固,并大大加强了社会主义阵营的力量。

在苏联国内,几乎与新中国成立同时期发生的一件影响东西方基本态势的大事是,1949年8月29日苏联成功地在哈萨克斯坦的塞米巴拉金斯克(Semipalatinsk)进行了第一次钚弹试验。苏联核试验的成功和中国革命的胜利及中苏同盟条约的缔结,使苏联为首的社会主义阵营的力量得到了明显的加强。

也正是在这个时候,斯大林完全改变了他对朝鲜半岛的政策,即从此前一直坚持的防守战略突然转变为一种进攻性的战略,由阻止金日成武力解放南方转变为支持金日成挥师南下。① 不久之后,1950年6月,朝鲜战争爆发。

朝鲜战争爆发后,杜鲁门政府也正式采纳了一种更具进攻性的战略,即NSC68号文件,以对付苏联的巨大威胁并发展美国的核武库。这份文件也是美国国家安全政策的第一次全面阐述,它本来是美国国务院政策计划室在1950年4月初提出来的。该文件依据的是这样三重含义的假设:国际事务的决定性斗争是在美国和苏联各自代表的两种制度、两种力量之间进行的;这一斗争是自始至终的;战争不久将会发生。文

---

① 在此以前,斯大林一直反对朝鲜北方为统一朝鲜半岛进行军事行动的想法。至于斯大林这时为什么改变对朝鲜半岛的政策,沈志华认为,与中苏同盟缔结过程中关于旅顺、大连等中苏新协定使苏联在不远的将来会失去在中国东北的海军港口有关。见沈志华:《毛泽东、斯大林与朝鲜战争》,第150页。

件的作者声称,苏联正为"一种与我们对立的新的狂热信仰所驱使",它积极寻求"向其余世界施加其绝对的权威",美国面临自由和奴役两种理念之间的根本冲突。由此,对美国来说,要生存就必须取得胜利,而要取胜就必须加强自己的武器库。该文件鼓吹迅速进行大规模的军事建设,并且回到一种战时准备的状态。这样一种军事建设无疑将耗费巨大,而且因为可能激发苏联的预防性进攻而显得尤其危险。但文件声称,"半打子措施可能代价会更大,也更危险,因为不足以预防战争反而实际上会招来战争"。所以,文件强调,不要再计算成本了。"预算的考虑需要让位于这样一种严酷的事实,即作为一个民族,我们的独立本身正处于危急之中。"①NSC68号文件的目标是在苏联获得核充足之前通过军事主导以强制"推回"苏联力量。美国情报机构估计,苏联获得核充足的时间可能在1954年,这一年被认为是"极其危险的"一年。② 文件特别指出,"美国目前面对着这样一种可能性,那就是,在以后的四到五年内,苏联将拥有发起突然核打击的军事能力,这种打击具有很大的分量,以致美国必须届时大大地增加其总的空军、地面部队和海军力量,增强核打击能力、空防和民防能力以阻止战争,并且在战争爆发的情况下,提供合理的保障,从而使它能够承受住最初的打击,并继续达到其目标"。NSC68号文件提出以后,最初曾遭到当时诸如美国国防部长路易斯·约翰逊以及乔治·凯南、查尔斯·波伦等高级外交官员的反对。然而,紧接着爆发的朝鲜战争使杜鲁门政府最终打定主意,采纳了这份计划。美国开始了急剧的军事扩张,其防务开支占国内生产总值的比例在1950到1953年从5％上升到14.2％(见图1-1)。为此,武装反共构成了美国战略计划的基石。在西欧,美国增派军队,建立北约一体化部队,任命

---

① "国家安全委员会第68号文件",见周建明、王成至主编:《美国国家安全战略解密文件选编(1945—1972)》(第一册),社会科学文献出版社2010年版,第51—103页;关于该份文件的分析可参见: H. W. Brands, "The Age of Vulnerability: Eisenhower and the National Insecurity State," *The American Historical Review*, Vol. 94, No. 4 (October 1989), p. 965.
② Robert R. Bowie & Richard H. Immerman, *Waging Peace*, p. 3.

艾森豪威尔为北约最高司令,并且决心要重新武装西德。

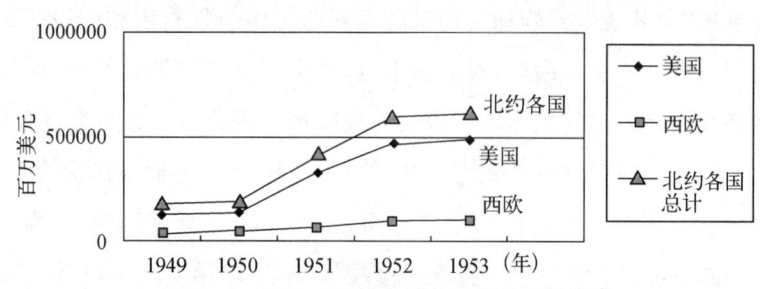

图 1-1　1949—1953 年美国军费开支增长①

第二节　麦卡锡主义运动与美国的极端反共主义

冷战对抗的开启加剧了美国国内政治上的反共主义意识形态,而反共主义又进一步加剧了冷战。对苏冷战与美国国内反共主义成了相互支撑和印证的一对孪生怪物。在分析 20 世纪 50 年代初美国对苏政策时,必须考虑到美国国内的政治形势。50 年代初的美国正经历着朝鲜战争和国内政治上的纷争。一场愈益不受美国国内民众欢迎的朝鲜战争,加上麦卡锡主义带来的政治动乱,使美国杜鲁门总统面临复杂的国内分裂态势。1953 年共和党人艾森豪威尔上台后,也仍然不得不面对麦卡锡主义运动造成的极端反共的政治氛围。

以威斯康星州参议员约瑟夫·R. 麦卡锡得名的麦卡锡主义运动在 20 世纪 50 年代初的美国大行其道,该时期成为人人自危的"猜疑的年代"。1951 至 1954 年间,麦卡锡一度操纵参议院常设调查小组委员会,搜集黑名单,进行非法审讯,采取法西斯手段迫害民主和进步力量,影响波及美国人生活的各个方面。② 此时在美国联邦、州及地方政府甚至许

---

① 资料来源:《资本主义国家经济情况(1955)》,第 292 页;《资本主义国家 1950—1955 年经济发展统计资料》,第 72 页。
② 参见威廉·曼彻斯特:《光荣与梦想:1932—1972 年美国叙事史(1951—1960)》,四川外国语大学翻译学院翻译组译,中信出版社 2015 年版,第 200—230 页。

多私人机构中,还存在诸多的反共委员会、调查小组和"忠诚审查委员会"。众议院非美活动委员会、参议院国内安全小组委员会等机构也在猖獗的麦卡锡主义运动中扮演了重要角色。

1950年2月,麦卡锡公开指责有205名共产党人混入美国国务院。在俄亥俄县的共和党妇女俱乐部发表的题为《国务院里的共产党》的演讲中,他声称手上有"一份205人的名单","这些人全都是共产党和间谍网的成员"。"国务卿知道名单上这些人都是共产党员,但这些人至今仍在草拟和制定国务院的政策。"麦卡锡的演说令美国全国哗然。乔治·马歇尔、欧文·拉铁摩尔、费正清、谢伟思、柯乐布以及国务卿艾奇逊等政府官员和雇员均成为麦卡锡攻击的目标。

麦卡锡主义分子还将矛头对准电影娱乐业、教育界、工会等社会各界。一时间开列黑名单成为寻常做法,出于恐惧和怯懦,做忠诚宣誓之风盛行一时,甚至影响到了大学校园。同时,《时代》《生活》《芝加哥论坛报》以及赫斯特报系的一些报刊也大肆鼓吹"赤色"问题。

1953年共和党人艾森豪威尔担任总统后,麦卡锡主义运动一度达到最为猖獗的顶峰,并造成了美国的白色恐怖。在广播电视、电影和广告业内,很多人屈于压力同意将某些作家、演员、制片人和导演列入黑名单,只因有人指称他们跟共产主义有某种关联。从该年起,麦卡锡还将魔掌伸向外交领域。美国国务院、国防部、重要的国防工厂、美国之音、美国政府印刷局等要害部门都未能逃脱麦卡锡主义分子的清查。在麦卡锡主义运动之下,美国的左翼力量受到空前打击,"反共"成了美国的唯一政策选择。当时国务卿约翰·福斯特·杜勒斯甚至向艾森豪威尔总统表达了这样的忧虑:"许多欧洲领导人似乎认为我们正在麦卡锡的领导下走向美国式的法西斯主义。"英国工党领袖艾德礼发出这样的疑问:在美国外交政策方面,究竟是艾森豪威尔的权力大,还是麦卡锡的权力大? 在美国国内有人感慨地说,共和党已经是"一半属于麦卡锡,一半属于艾森豪威尔"了。

1953年,麦卡锡的助手马修斯公开发表文章称,新教徒的神职人员是"当今美国支持共产主义运动的最大的一个群体"。该指控引起美国基督教徒强烈和广泛的抗议。一封由普林斯顿神学院的约翰·A.麦凯(John A. Mackay)起草、由美国长老会全体会议于1953年10月21日发表的信件公开地表达了这样一种质疑。① 这封信说,虽然对于共产主义的威胁及其领导人决心要颠覆美国人观念和生活的目标,要给予认真的关注,但同时美国人也有理由严肃地看待由于心理上几乎是唯一地关注共产主义威胁所造成的形势。

1954年春,麦卡锡还指控军队和政府官员从事颠覆活动,为此举行了长达36天的听证会,同时向全国进行电视直播。但在此时,通过这些电视直播的听证会,美国民众也对麦卡锡惯用的危言耸听、造谣惑众伎俩了然于胸。麦卡锡的政治生涯也行将结束。美国国内外的舆论也开始指责他是"蛊惑民心的煽动家"。11月中期选举中,共和党失去参议院的多数,麦卡锡也失去了参议院常设调查小组委员会主席的职务。12月2日,参议院以67票对22票通过决议,正式谴责麦卡锡"违背参议院传统"的行为。② 然而,麦卡锡主义运动所造成的令美国人恐慌的反苏反共的政治氛围,却难以在短时间内肃清,一直到50年代末60年代初,仍深刻地影响着该时期美国的政治与对外政策。尤其是在50年代中前期,这种影响广泛的恐怖氛围特别严重地制约着美国政府对苏联以及对中国等社会主义国家的政策空间。当时,"每个政治和社会组织都必须与反共主义达成某种默契,否则将面临灭顶之灾"③。从这个角度看,该时期美国对苏联为首的共产主义国家的政策,显然地带有这种因担心政策

---

① "A Letter to Presbyterians Concerning the Present Situation in Our Country and in the World," October 21, 1953, ＜http://america.eb.com/america/article?articleId=387164＞[Accessed December 29, 2008].
② "Resolution of Condemnation of Senator McCarthy," *Annals of American History*. http://america.eb.com/america/article?articleId=387171 [Accessed December 29, 2008].
③ [美]埃里克·方纳:《美国自由的故事》,王希译,商务印书馆2003年版,第362页。

遭遇国内政治反冲而呈现犹豫、疑惧、消极的特征。

第三节 美国推动西德重新武装与《欧洲防务共同体条约》

早在 1947 年,美国马歇尔计划扶持的一个重要对象就是西德。美、英、法、苏在 1947 年 11 月 25 日到 12 月 15 日四国外长伦敦第五次会议上,再次讨论了德国问题。但单为程序问题就吵了 10 天,最后美国国务卿马歇尔提出:已没有必要继续开会。外长会议遂无限期休会。12 月 19 日,马歇尔发表声明称,"我们现在不可能希望德国统一,我们只能够在我们影响所及的地区里尽力而为"①。美英法开始公开计划巩固德国西占区,并建立西德临时政府。美国伙同英国竭力推动西德的经济统一政策。在 1948 年 6 月的伦敦会议上,美、英、法以及比、荷、卢允许西德具备"与最低限度的控制需要相适应的政府责任……并且最终使他们能担当全部的政府责任"②。这就是后来通常所称的"伦敦会议计划",旨在促进德国经济的恢复,并且保持以后重新统一的可能性。该计划具有明显的地缘政治含义,其一是表明西方三国放弃了任何与苏联进一步合作的主张;其二在于从根本上否定斯大林的设想,即以经济贫困诱发西德的阶级意识,再结合其民族意识,从而寻求与东德统一,并选举莫斯科控制下的左翼政党上台。③ 据此计划,1948 年 6 月西方三国在西德进行货币改革,这使苏联和西方的紧张关系更加恶化,并触发第一次柏林危机。苏联进行柏林封锁的目的,也就是要"采取措施,不仅仅限制美、英、法在德国的单独行动,而且要有效地阻止他们仓促建立一个西方集团并将德

---

① [法]让-巴蒂斯特·迪罗塞尔:《外交史(1919—1978)》,下册,李仓人等译,上海译文出版社 1982 年版,第 65 页。
② London Conference communique, 7 June 1948, FRUS, 1948, v. ⅱ, pp. 314 - 315.
③ John Lewis Gaddis, *We Now Know*, p. 119.

国合并进去的计划"①。而1949年初苏联在柏林封锁上的让步,使得西方分裂德国的意图得以实现,也最终使东西方在德国问题上分道扬镳。1949年5月西德临时宪法生效,德意志联邦共和国建立。同年10月德意志民主共和国成立。而柏林依旧四国共管。一方面,战后的临时安排变成了一种暂时难以改变的现状,但各方——包括柏林人,西德或东德人,美国或其盟友,苏联——都没有把这当成是一种长期的解决方式。②但是,另一方面,重新统一只是停留在宣称的目标层面,无论美国还是其盟友其实都不愿去实现这一目标。正如保罗·尼采(Paul Nitze)所回忆,"即使那些害怕重新统一的德国力量的人,因为看到这一目标不可能实现,也宣称支持这一目标"③。

随着西德国家的成立,美国也开始考虑从战略上对西德在西方阵营中的地位作出安排。尤其是1949年8月苏联核试验成功后,苏联对北约的态度发生了一些变化,表现为苏联领导人自信的加强。④ 苏联认为,苏联制衡美国发动大战的能力在提高。苏联政府官员经常强调说,即使就核武器而言,地广人稀的苏联在核战争中所受的损害远比人口稠密的西方工业城市所受的破坏要少。这些都大大增添了西方对苏联的战略

---

① A. Smirnov to Molotov, 12 Mar. 1948, quoted from John Lewis Gaddis, *We Now Know*, p. 120.
② John Lewis Gaddis, *We Now Know*, p. 121.
③ Paul H. Nitze, with Ann M. Smith and Steven L. Rearden, *From Hiroshima to Glasnost: At the Center of Decision: A Memoir*, New York: Grove Weidenfeld, 1989, p. 70. quoted from John Lewis Gaddis, *We Now Know*, p. 123.
④ 美国国务院政策计划室主任保罗·尼采在1950年2月8日的研究报告中写道:"克里姆林宫有充足的理由来解释这种有所增强的自信。它制造出了原子弹;它恢复到战前生产水平,取得了巨大的经济成就;它在巩固对其欧洲卫星国的控制上取得了进展;同时它使共产党在苏联人民心中的威信显著增长。同样对其自信的增长有所助益的是莫斯科的一条明确信念,即一场经济危机事实上已在欧洲初现端倪,而这一情况以及随后的经济危机将有助于苏联的最终胜利。"周建明、王成至主编:《美国国家安全战略解密文献选编(1945—1972)》(第一册),社会科学文献出版社2010年版,第49—50页。

怀疑。① 而北约成立初期军事力量的虚弱状况迫使美国和西欧国家越来越急切地考虑德国的防务贡献问题。美国人认识到，只有改变美国对西德的政策，让德国人为西方的防务作出贡献，才能够有效地加强北约的军事力量。1949年末到1950年间，西方国家开始考虑对西德政策与欧洲安全的关系问题。1949年11月，当时美国国务卿艾奇逊在巴黎会议期间对英国外相贝文和法国外长舒曼的谈话中提到，美国把西德当成一个对抗苏联的盟友，这已经反映出美国的战略设想的变化。但到1950年初，西方还很少有政治领导人敢于公开提出这种可能性。1950年5月9日法国外长舒曼提出的"舒曼计划"，隐含了西德作为一个拥有主权的"联邦共和国"与法国的伙伴关系，但该计划没有直接涉及安全问题。随后西方国家1950年5月11日至13日召开的伦敦外长会议在会后发表的公报中指出，西方国家准备考虑"德国人民要求减轻管制和重新恢复主权的自然愿望"②。

朝鲜战争的爆发则提供了一个最具决定性的动力，促成西方国家要建立一个包括西德在内的防务共同体。朝战爆发后，西欧国家感受到日益紧迫的苏联攻击欧洲的危险，这极大地改变了西方的战略观念和公众舆论。③ 麦克米伦在回忆录中指出，欧洲各国在1950年整个夏季感到他们赤手空拳，处在一种真正的危险之中。如何保证有足够且能应急的防御，成为首要的问题。④ 盟国方面，特别是美国，认为在面对苏联威胁的情况下，如果不能依赖德国人的能力和经验，西欧将难以防卫。这时几乎西欧各国领导人都认为，对西德的占领政策必须停止，其安全将不能只依靠外国军队，西德必须成为西方国家的盟友。在德国，由于其形势

---

① 美国国家安全委员会第68号文件(1950年4月14日)指出，"假定1950年会爆发战争，参谋长联席会议认为，苏联和它的卫星国已处于有充分准备的地位"。周建明、王成至主编：《美国国家安全战略解密文献选编(1945—1972)》(第一册)，第64页。
② 《阿登纳回忆录》(一)，第378—382,409页。
③ Dennis L. Bark, David R. Gress, *From Shadow to Substance*, 1945—1963, p. 274.
④ 麦克米伦：《麦克米伦回忆录》(三·时来运转)，第206页。

与朝鲜有类似之处,因此,据阿登纳回忆,当时西德的居民极为不安。阿登纳也正式提出要建立一支联邦警察部队以适应朝鲜危机爆发后西德安全上的需要。

在阿登纳政府的积极要求之下,1950年9月6日,美国国务卿艾奇逊就德国参加西方防务问题发表声明,他说,重要的是找出一条适当的途径,使德国有可能在西欧防务中占有席位。1950年9月9日,在即将召开的美英法纽约外长会议之前三天,杜鲁门总统正式批准西德阿登纳政府在北约框架内组建军队的请求。同时,杜鲁门总统还公开宣布,第一次柏林危机以来美国在欧洲战略思想的改变已经结束,美国将会强化其驻欧军队。① 美国的主张无疑造成了对此时仍对西德重新武装持怀疑态度的英法的压力。

在9月12日纽约三国外长会议的第一天,美国国务卿艾奇逊正式提议在北大西洋公约组织内建立10个联邦德国师的计划。该计划令英法外长贝文和舒曼大吃一惊。在美国的坚持之下,9月19日,美英法三国纽约外长会议发表公报指出,以前关于禁止与限制德国工业的决定将重新加以审查;除西德现有的警察部队之外,允许设立机动警察部队;此外还规定德国参加一支统一的部队。当然公报也反映了英法的疑虑,指出美英法三国将在西德增加与加强它们的军队,其权利和地位也继续按照占领法规的规定而不受影响。② 在英法的要求下,这次外长会议还决定把西欧防务问题提交给一个军事专家委员会进行讨论。

确实,1950年夏末陡然升起的西德重新武装问题让英法,尤其是法国,对德国军事力量的再起感到担忧。1950年9月12日,英国外相贝文在参加纽约外长会议时表示,必须让德国回到国际集体中来,但却不相信德国部队加入西欧武装力量是这方面的正确途径,反对建立德国部队

---

① Dennis L. Bark, David R. Gress, *From Shadow to Substance*, 1945—1963, p. 282.
② 参见"苏阿保捷波罗匈德八国外长布拉格会议对美英法三国纽约外长会议关于德国问题的单独决定的声明",1950年10月22日,《德国问题文件汇编》,第76—80页。

作为西欧防务力量的一部分的想法。但美国的压力和形势的发展却使他们不得不改变态度。英国声称赞成加强西德警察部队。法国方面则希望把西德重新武装纳入到自己能够控制的轨道。为此,法国政府高层开始酝酿提出具体的计划。1950年10月24日,法国国民议会原则通过了普利文总理提出的关于有德国参加的共同欧洲军的建议,即所谓"普利文计划"。按照该计划,法国政府将不会同意西德有一支自己的军队,但可能同意接受德国部队加入欧洲军。欧洲军由参加国派出部队组成,但组成时各国部队编制不得超过一个营,这就意味着不会有一支德国军队,而只有一些德国人组成的营,分别编入欧洲军各旅;欧洲军归北大西洋公约组织统率,但是直接归一个欧洲防务部长统一指挥,即"为了共同的防务建立一支与统一的欧洲政治机构有联系的欧洲军"①。普利文计划构成了随后名为《欧洲防务共同体条约》的基础。

纽约外长会议后,军事专家委员会对西欧防务问题作了进一步讨论,确信西德承担防务份额对西欧防务必不可少。12月13日发表的关于北大西洋公约外长助理会议与北大西洋军事委员会联席会议结果的声明中说,在联席会议上已就德国参加欧洲统一军队的政治、军事方面的建议达成了完全协议。12月18日,北约理事会召开布鲁塞尔会议。此次会议决定,将1948年成立的由英、法、荷、比、卢五国组成的布鲁塞尔条约组织的军事机构并入北约组织。会议一致同意,西德要在西欧防务中承担一定的防务份额。但是,对于西德在多大程度上扮演防务角色,这次会议仍然有保留,只决定局限于作用较小的作战单位。12月19日发表的北大西洋公约理事会会议公报称,北大西洋公约理事会就关于德国在欧洲共同防务中可能担负的任务已经达成一致的协议,并邀请法

---

① 汤季芳:《冷战的起源与战后欧洲》,兰州大学出版社1987年版,第311页;《阿登纳回忆录》(一),上海人民出版社1976年版,第433页。

国、英国和美国政府来与德意志联邦共和国政府进一步讨论这一问题。①

在西德方面,尽管其内部围绕西德是否参加西方共同防御阵线问题存在激烈的争论,但阿登纳总理一直在力推实现西方共同防务框架之下的西德重新武装。② 为了获得西方国家的支持,阿登纳还提出了日后被称为西方"实力地位"的思想。

"西方世界处于极大的危险之中。德意志联邦共和国是这个西方世界的一部分,由于它的地理位置,它比其他国家处于更大的危险之中。共同的危险性建立起一种命运与共的集体,当发生侵略时,就会打击到这个集体的所有成员。这种危险不是不可避免的,德国人民永远不能放弃希望,和平是能够保持的。我们务必作出一切努力以维护和平。从最近几年的经验中得出这样的结论:在某种情况下,例如在目前进行的旨在使关系正常化的谈判中,只有当苏联充分认识到,谈判对手是如此强大,如果进行侵略,就得冒真正的风险,这样谈判才有成功的希望。只有当西方世界把它们的防务组织成一种统一的防务,它的力量才能得到保证。"③

在阿登纳的极力推动之下,西德随后参加了西方国家关于欧洲军以及欧洲防务共同体问题的谈判和讨论。1951 年 2 月 15 日,法国、西德、意大利、比利时、卢森堡五国讨论欧洲军的会议在法国巴黎正式开幕。以欧洲军建议为基础,西方国家开始就欧洲防务共同体进行谈判。美国政府直接参加谈判,并对这一计划表示完全支持。正如艾奇逊所说,如果欧洲国家团结在一起,那么这种团结将会提供一个巩固的基地,能够于此建立军事与经济力量,这样就会形成一个中心,一个自由的欧洲能由此发挥其力量,成功地保卫它的信仰和历史传统;要在大西洋集团范

---

① 参见"苏联政府为指责武装西德破坏法苏条约再致法国政府的照会",1951 年 1 月 20 日,《德国问题文件汇编》,第 96 页。
②《阿登纳回忆录》(一),第 437—438 页。
③《阿登纳回忆录》(一),第 438—439 页;Dennis L. Bark, David R. Gress, *From Shadow to Substance*, 1945—1963, p. 286.

围内促进自由世界的建立和实现普遍的安全,一个强大的欧洲是必不可少的。①而在美国加强欧洲力量的计划中,西德的地位非常关键。在进一步的谈判中,德国对欧洲的防务贡献也逐渐加大,其部队编制由营改为团,后又改为师。1951年6月,美国驻德高级专员麦克洛伊告诉阿登纳,美国共和党和民主党在执行对德政策上已广泛地达成一致意见。②1951年11月21日,艾奇逊和阿登纳在巴黎的一次会谈中指出,为了避免1952年春开始的美国大选给《欧洲防务共同体条约》增添麻烦,美国必须在未来三个月内完成条约的缔结。③但由于受法德之间的萨尔问题以及英国不愿参加欧洲防务共同体这种超国家组织等条件制约,最后拖到1952年5月27日,才由法国、西德、意大利、比利时、荷兰和卢森堡六国在巴黎签署了《欧洲防务共同体条约》。其核心内容是,由法、西德、意、比、荷、卢六国组成一个欧洲防务共同体,西德的部队编入一支由西欧各国军队混编而成的"欧洲军",作为北约组织的核心力量。此前一天,美英法与西德在波恩签订一个关于西德地位的"一般性条约",或称"波恩条约",取代了1949年4月的《占领法规》。条约规定,美英法三国向西德派遣大使,代替此前的高级专员,由此表明,西德开始作为一个与其他西欧国家平等的伙伴参加欧洲防务共同体,享有充分主权。

可以说,阿登纳在促成西德重新武装并加入西方阵营方面,很大程度上担任了美国在欧洲政策的有力代言人。这样,在欧洲东西方对抗的最后一个前沿问题和焦点问题,即德国问题上,美国在西德阿登纳政府的坚定支持下,正在有步骤地展开自己的战略部署。

第四节 苏联的德国政策与主动外交攻势

朝鲜战争爆发后,由于美英法等国加快进行西德重新武装,尤其是

---

① 《阿登纳回忆录》(一),第505—510页。
② 同上,第520页。
③ 同上,第588页。

1950年9月份美英法三国在纽约召开秘密外长会议策划重新武装西德问题,使得苏联对欧的外交政策攻势也随之逐渐强化。苏联也希望借远东进行朝鲜战争之机,加强对欧洲的政治攻势,探寻欧洲问题的外交解决办法。1950年10月21日,苏联与阿尔巴尼亚、保加利亚、捷克斯洛伐克、波兰、罗马尼亚、匈牙利以及东德的外长们通过了一份决议,即布拉格决议。决议要求:由东西德对等代表组成全德制宪委员会。这个委员会必须着手准备成立一个"全德国的、享有主权的、民主和爱好和平的"临时政府,并且就共同的活动向苏、美、英、法四国提出适当的建议。在成立全德政府之前,应当吸收制宪委员会参加制定和约的协商工作。此项决议构成了此后苏联有关德国问题主张的基础,毫无疑问,它与美国关于建立一个纳入西方阵营的德国、坚决反对在苏联政治影响下建立统一德国的主张是完全对立的。

从1950年11月开始到1951年初,苏联政府就"肃清德国军国主义问题"连续三次向美、英、法三国政府发出照会,要求召开有关德国问题的四国外长会议,讨论实现波茨坦协定中所规定的关于德国非军事化问题,探讨解决德国重新统一问题的方案。①

西方三国对苏联的建议进行了讨论。显然,苏联提出的探讨德国统一方案的建议,对包括西德在内的德国民众是有很大影响力的,西方三国也不能不作出象征性的应和的姿态。据美国驻西德高级专员麦克洛伊的副手雷伯报告说,西方的大使们起初表示犹豫,后来决定建议他们的政府接受邀请。不过西方建议,讨论的基础不要局限于德国问题,而是要把会议建立在较为广泛的基础上,要讨论西方国家和苏联之间所有悬而未决的欧洲问题,其中包括讨论德国问题和奥地利问题。②

---

① "苏联政府关于肃清德国军国主义问题致美英法三国政府的照会",1950年11月3日,《德国问题文件汇编》,第82—83页;"苏联政府关于肃清德国军国主义问题再致美英法三国政府的照会",1950年12月30日,同上书,第90—92页;"苏联政府关于肃清德国军国主义问题第三次致美英法三国政府的照会",1951年2月5日,同上书,第111—113页。
② 参见"法国政府1950年12月22日致苏联政府的照会",《德国问题文件汇编》,第93—94页。

这样，从1951年3月5日开始，苏、美、英、法四国代表在巴黎举行预备性会议，讨论准备召开的外长会议的议程问题。这次预备性会议一直持续到1951年6月底。在巴黎预备会议上，苏联方面提出希望外长会议讨论的议程有：第一，履行关于肃清德国军国主义和防止德国重新军国主义化的波茨坦协定；第二，加速缔结对德和约，从德国撤退占领军；第三，改善欧洲局势，裁减苏、美、英、法四国军备和军队；第四，北大西洋公约和美国在欧洲及近东建立的军事基地等问题。

而西方三国则针锋相对地提出另外一份议程：第一，研究欧洲目前国际紧张局势的原因以及改进苏联与西方关系的措施；第二，奥地利条约；第三，恢复德国统一及准备和约；第四，对罗马尼亚、保加利亚、匈牙利和约等。

在会议中，西方三国的代表团结一致，坚决反对苏联提出的有关波茨坦协定和防止德国重新军国主义化的说法，并且公开告诉苏联，他们准备采取措施在西德恢复德国军队。在裁减军备问题上，西方也只同意讨论普遍性裁军，而不同意苏联提出的四大国裁减军备。西方的这些反对意见以及西方三国提出的议程，都明显反映出他们并不愿意与苏联进行实质性讨论的立场。关键的争论出现在苏联提出的北大西洋公约和美国的境外军事基地问题上，西方三国坚决反对将这一问题列入外长会议讨论议程。由于四国代表未能就随后的外长会议议程取得最低程度的协议，后续的外长会议也就没能如期举行。而在这期间，西方国家则就欧洲军以及欧洲防务共同体问题进行了紧张的讨论和磋商。显然，预备性会议只是西方国家对苏联的要求予以敷衍和拖延的一种手段，尤其是美国，一开始就不希望与苏联召开外长会议。

在此期间，从1950年12月到1951年底，苏联政府还分别向法国政府发出四份照会、向英国政府发出三份照会，向英法政府施加压力，指责其武装西德破坏与苏关系，反对西方正在讨论的欧洲军计划，反对英法签订《欧洲防务共同体条约》。苏联照会并称,法、英两国同意重新武装西德是与1944年12月签订的法苏条约、1942年5月签订的英苏条约相违背的。① 这也说明,这段时间苏联外交政策的一个重点目标是通过英法政府,尤其是法国政府来阻止西德的重新武装。苏联希望,一是通过英法,尤其是法国对西德重新武装的担忧,来阻止西方在重新武装西德问题上形成一致意见;二是通过向英法施加压力,迫其重视苏联的意见,放弃重新武装西德。

然而到1952年初,当美、英、法、西德等国政府就签订《欧洲防务共同体条约》进行密集的外交磋商并即将成功签约之际,苏联力阻西德重新武装和《欧洲防务共同体条约》签订的活动面临很大的困难。苏联对英法政府的"照会外交"也鲜见成效,西方三国在关键问题上仍然立场一致共同对苏。在这种情况下苏联政府遂改变立场,转而诉诸德国舆论,提出对德和约问题,向德国民众进一步提出建立一个统一的德国的建议,希望以此阻止西方分裂德国,将西德重新武装并纳入西方阵营的计划。② 1952年3月10日,苏联政府向法、英、美三国递交关于缔结对德和约问题的照会,建议召开四大国会议讨论对德和约及德国的统一问

---

① 1944年12月10日签订的《苏联与法兰西共和国同盟互助条约》第三条称:缔约双方并约定,在目前对德战争结束后,联合采取一切必要措施,以消除来自德国的任何新威胁,并且防止使德国可能作任何新的侵略企图的那种行动。该约第五条称:缔约双方约定不缔结或参加反对缔约国另一方的任何同盟或联合。1942年5月26日签订的英苏条约,全称是《战时同盟反对希特勒德国及其欧洲与国并在战后合作互助条约》,其中第三条第二款规定:缔约双方在战争结束后,将采取力所能及的一切措施,以使德国或任何其他与之勾结从事侵略欧洲行为的国家不可能再事侵略与破坏和平。该约第七条称:缔约国双方保证,不缔结也不参加旨在反对缔约国另一方的任何同盟或联合。"苏联政府为指责武装西德破坏法苏条约致法国政府的照会",1950年12月15日,《德国问题文件汇编》,第84—86页;"苏联政府为指责武装西德破坏英苏条约致英国政府的照会",1950年12月15日,同上书,第87—89页。
② 西德内部也确实存在相当强大的阻止重新武装的势力,正如阿登纳在回忆录中所承认,"在德国重新武装这个问题上,可以估计在政治上会遭到反对党方面的反对,在心理上会遭到和平主义者、民族主义者和某些教会阶层的反对,以及一些因某种条件而未能参加建设德国部队的前国防军阶层的反对"。《阿登纳回忆录》(一),第439页。

题。在这份照会中,苏联提出了建立一个统一德国的具体详细的建议。①在随后1952年4月9日、5月24日、8月23日苏联政府就对德和约与成立全德政府问题答复美英法政府的三次照会中,苏联进一步阐述了希望尽快就成立全德政府,建立一个统一、独立、和平的德国的问题进行谈判的意愿。②

照会中,苏联强调了德国人民要求建立一个统一、和平的德国的根本利益③,在关于对德和约的原则上,苏联提出首先是让"德国恢复成为

---

① 苏联1952年3月10日照会主要内容如下:"苏联政府建议,立即考虑对德和约问题,以便在最近期间准备好一致同意的和约草案,并提交所有有关国家参加的相应国际会议进行审议。……草拟这样的和约,必须有德国直接参加,也就是说,必须有一个代表德国的全德政府参加。因此,苏联、美国、英国和法国这几个对德国执行管制权的国家,还必须审议促使尽早建立一个表达德国人民意志的全德政府的条件问题。为了使拟议和约草案的工作得以顺利进行,苏联政府方面建议……把附在本照会内的草案,作为审议对德和约的基础。苏联政府建议讨论这项草案,同时表示,对于可能提出有关这个问题的其他方案愿意加以研究。"照会所附对德和约草案总论的主要内容为:"……对德和约必须保证消除德国军国主义复活和德国侵略的可能性。缔结对德和约,将为德国人民确立持久和平的条件,将有助于德国按照波茨坦决议发展成为一个统一、独立、民主与爱好和平的国家,并将保证德国人民有机会和其他国家和平合作。据此,苏联、美国、英国和法国政府决定立即开始草拟对德和约。"和约草案包括政治、领土、经济、军事等条款,其中政治条款有:"1. 德国恢复成为统一的国家,从而结束德国的分裂状态。统一的德国应该有机会发展成为独立、民主与爱好和平的国家。2. 各占领国的一切武装部队至迟必须在和约生效后一年内撤离德国。同时,也必须全部撤除外国在德国领土上的一切军事基地。3. 必须保证德国人民享有民主权利,使受德国法律管辖的一切人民,不分种族、性别、语言或宗教信仰,一律享有人权和基本自由,包括言论、出版、宗教信仰、政治主张和集会的自由。……7. 德国有义务保证不参加旨在反对任何一个曾以自己的武装部队参与对德作战的国家的任何集团或军事联盟。"草案的经济条款写道:"德国的和平经济应该用来增进德国人民的福利,对这种经济的发展不得加以任何限制。对德国与其他国家的贸易、航运以及加入世界市场,亦不得加以任何形式的限制。"草案的军事条款写道:"1. 德国可以拥有为了保卫国土所必需的、自己国家的武装部队(陆军、空军和海军)。2. 德国可以生产军需物资和军事装备,但生产的数量和种类仅以满足和约所规定的德国武装部队的需要为限,不得超过。"照会全文见:"苏联政府关于缔结对德和约问题致美英法三国政府的照会",《德国问题文件汇编》,第159—162页;《阿登纳回忆录》(二),上海人民出版社1976年版,第62—65页。
② 对苏联3月10日关于缔结对德和约问题的照会,美英法三国政府于3月25日进行了回复。随后,苏联政府于4月9日、美英法政府于1952年5月13日、苏联政府于5月24日、美英法政府于7月10日、苏联政府于8月23日交换了一系列照会,阐述各自的政策。
③ 这一"统一、和平的德国(而非统一、和平、民主的德国)"说法在"葛罗米柯在四国外长助理会议上的声明"(1951年6月21日)中就已提出。见《德国问题文件汇编》,第132页。

统一的国家",再由统一的德国选择自己的国家制度和战略方向。统一的德国甚至可以建立自己的陆海空部队,很大程度上这也满足了德国人民对国家自主权和自卫权的要求。而在意识形态问题上,苏联并没有将其作为统一德国建立的前提条件。实际上,在这些年里,苏联对东德的政策一直是本着这一目标去考虑的,苏联还没有在经济上援助和军事上重建东德的整体计划,苏联在东德也因此并没有得到广泛的支持。乌尔姆写道,在1940年代末和1950年初,东德"只是克里姆林宫的谈判筹码,而不是共产主义阵营长期的组成力量……德国共产党,像世界运动中许多其他分支一样,在斯大林眼里是可以牺牲的,无论何时他自身的权力利益和苏联的安全都是至关紧要的"①。

由于西方三国这段时间正在完成《欧洲防务共同体条约》,以及美英法与西德的"一般性条约"的最后签订工作,因此在苏联看来,很大程度上西方是利用交换照会来对苏联提出的"立即进行直接谈判"的要求予以拖延和敷衍。在东西方进行了一系列照会交换以后,双方并没有达成任何的结果,更不可能在全德自由选举的时间和程序上达成任何的一致。到1952年8月,苏联实际上即已改变政策,从德国的重新统一转向强调两个德国的并存,坚持德国问题只能靠两个德国政府平等、完全的参与才能解决。这样,在德国问题上,东西方之间针锋相对的立场实际上在斯大林去世之前已经展现出比较清晰的轮廓。

第五节 国际社会对冷战紧张对抗的疑问

到1953年初,如同东西方在德国问题上陷入的僵局,在远东的朝鲜战场上,东西方的军事对抗也陷入僵持状态。美国的麦卡锡主义分子的

---

① See Ruud Van Dijk, "The 1952 Stalin Note Debate: Myth or Missed Opportunity for German Unification?" Woodrow Wilson International Center For Scholars, CWIHP Working Paper no. 14, p. 8.

反共歇斯底里正值高潮,苏联的反美宣传也是针锋相对。以美国和苏联为首的两大阵营的对抗态势在远东和欧洲已经越来越尖锐化。在远东的朝鲜战争中,苏联虽未直接参战,但苏联以公开参战以外的各种方式援助中国和朝鲜以进行这场与西方的局部战争。在斯大林去世之前,这场战争没有显示出即将结束的迹象,甚至有扩大和蔓延的危险,因为美国政府内还一直存在着扩大朝鲜战争,甚至动用原子弹的论调。在欧洲,此时美国的整个西欧军事战略计划都是建立在应对苏联军事威胁的基础上的。西欧国家对于苏联和美国在西欧可能发生的核战争忧心忡忡。第三次世界大战的阴影笼罩在东西方,整个世界似乎处于一种黑夜之中茫茫看不到头的状态。

对此种冷战对抗态势的加剧,世界各国的大多数民众都显示出紧张和担忧的心理。冷战对抗走向何方?这不仅是美苏决策者思考的问题,也是美苏以外的各国决策者以及世界各地的民众提出的疑问。

第一,冷战对抗的国际关系出路何在?

1947年后东西方高层会谈中断,对抗日益升级,对话层级明显降低或者越来越没有实质性的对话。这种状况不符合国际关系中国家之间既斗争也联系的正常形态。美苏两个超级大国均陷入明显的安全两难困境,在对抗中相互猜疑日益加深,对抗的强度不断上升,对抗的范围也在不断扩大。对抗不仅仅是美苏双方的战略和政策,而且成为双方在相互政策上的基本心理取向。双方不仅仅使用各种公开的手段来进行对抗,诸如意识形态攻击,政治、经济和军事手段,还强调运用隐蔽的手段来进行对抗。这种隐蔽手段的运用在二战后盛极一时,并进一步加剧了双方之间的战略怀疑。美国的中央情报局就是二战后建立的,在50年代与苏联的冷战斗争中其活动能力迅速地发展到顶峰状态,并且在手段上无所不用其极。

大国合作、协商的逻辑逐渐被取代,美苏两强本身相互对抗的逻辑被强加于国际社会。两强以自身急剧增长的实力作为支撑,以传统的旧欧洲的权势思想为主导,极力向外扩张势力范围。在这过程中,广大的亚非拉美等第三世界国家——其中许多刚刚经历民族解放运动而独立——尤其面临着严酷的国际环境,甚至不得不成为超级大国压力下的归附者。二战后一直到斯大林去世,斯大林就认为第三世界许多国家是资本主义国家的傀儡和附庸,对第三世界国家非常不信任,也很少给予援助;美国政策中对第三世界走中立主义路线国家的态度也是排斥性的,不承认真正的中立路线的存在,杜勒斯并且称中立主义是不道德的。在这种情况下,夹缝中求生存很难得到大国的认可,国际社会容易生成一种新的大国依赖症。投靠某个大国寻求安全保障,获取自己的生存空间和外交空间,这成为美苏之外的大多数国家外交的某种共同特征。因此,美苏两个超级大国的这种强制性逻辑更加诱迫着国际关系的两极化特征。

按保罗·肯尼迪所言:"双方都把世界视为一个舞台,在这个舞台上,意识形态的争吵不可能与权力-政治利益相分离。一个国家不站在美国领导的阵营内,便站在苏联领导的阵营内,不存在中间道路。在斯大林和乔·麦卡锡时代,那种走中间道路的想法是很不明智的。这就是新的战略现实,不仅被分裂的欧洲各国人民要适应它,而且亚洲、中东、非洲、拉丁美洲及其他地区的人民也必须做出调整,使自己适应它。"①

对于东西方的普通民众来说,大萧条与第二次世界大战的浩劫已经使他们受尽了灾难,他们本来渴望战后能够得来一片宁静太平的生活。然而当二战的战火停息,生活却未见有太平的迹象,随之到来的美苏对抗又将他们带到了第三次世界大战阴影笼罩的深渊之中,何况随着美苏双方均拥有核武器,这次世界还面临着核战争的毁灭性威胁。尤其是欧洲的普通大众,他们生活在两次世界大战的主战场,所受破坏尤其惨烈,感受损伤也尤其深刻。

---

① 保罗·肯尼迪:《大国的兴衰》,第366页。

因此，随着对抗程度的加剧和对抗范围的扩展，包括欧洲在内的国际社会对此种冷战的方式产生了越来越强烈的疑问，要求摒弃这种完全对抗性的大国关系状态的愿望也日益强烈。即使美国和苏联两国国内，也不乏对冷战政策本身的抵制和猜疑。毫无疑问，这是瓦解"冷战"的力量。尤其是核战争的危险迫近之际，这股要求和平、反对战争的呼声也就显得更为强烈。

第二，冷战政策怎样趋于理性化？

冷战史无前例，美苏双方决策者对"冷战"的认识都是有限的，因此美苏双方的政策似乎都缺乏深谋远虑，都寄希望于急功近利的结果，期望冷战能短期取胜，但实际上，冷战的前景捉摸不定，其政策行为也多呈现偏执性的特征。

甚至，双方都在准备着可能即将来临的第三次世界大战。在这种情况下，在冷战的初期，双方都紧密关注对方的政策，并迅速地采取针锋相对的对应性政策。唯恐某一步政策的失着会导致全盘皆输。危机四伏、剑拔弩张也就成为当时国际关系的经常性形态。每一处争执都有可能触动最敏感的神经。螺旋形升级的冷战对抗使美苏双方不断将对方对自身的威胁意图加码，似乎走上了对抗不归之路。

如何摆脱面临的安全困境，要否以及如何改变这种"冷战"方式？如何使政策理性化？如何使国家对外政策与对内政策相协调发展？在冷战的现实难于改变之际，如何寻找到一种理性的"冷战"道路或"冷战"方式，从而最终达到冷战对抗的热度下降，寻找结束对抗的机会，这成为美苏决策者们本身也不得不思考的问题。美苏双方领导人也都常常意识到，他们的竞争对抗是无助于达到根本目的的。他们也常常能够理解到冷战对抗最终对自身不利的可能性。他们知道，这种全球性的对抗从国内优先任务上转移了资源，军备竞赛也没有什么积极意义；冷战还使他们卷入与自身关键利益无甚关联的亚洲和非洲的内战及地区性冲突之中；而且，遥远地区的危机可能使他们陷入失控并导致核战争不断升级的行动之中。①

第三,冷战双方阵营内的其他国家如何规避冷战的风险?

随着朝鲜战争的爆发,局部性热战也成为东西方冷战对抗的一种形态,不仅仅远东的局势笼罩在直接的战争阴影之下,欧洲的局势也空前紧张。冷战方式由以政治、外交斗争为主逐步转向突出军事对抗,扩军备战为两大阵营所竞相施行,对抗的代价愈益提高,风险也愈益增大,双方负担日渐加重。冷战的急剧升级态势压迫得双方都喘不过气来,甚至于挤在美苏两大阵营之间的第三世界也感觉到剑拔弩张的氛围而不知所措,更何况身处两大阵营之内的其他国家。在这种压力之下,阵营内部也开始出现政策分歧。

位居冷战对抗重点地区的西欧国家首当其冲。拥有传统国际政治资源的西欧国家也有着传统的和平主义思潮。西欧国家在感到美苏核战争的切实危险之际,首先在国际政治中提出了诸如德国问题、欧洲防务问题、裁军和禁止核武器问题等各种事关国际、地区和平与安全的重大问题。他们无法左右美苏两大超级强国之间的冷战对抗局势,但他们寄希望于逐步解决欧洲存在的这些问题,以缓和欧洲的紧张局势,争取有利于自身生存与发展的安全空间。

英国首相丘吉尔,这位曾亲身经历两次世界大战的老资格政治家,以其丰富的政治阅历和对国际事务的洞察力,在西方世界率先提出了举行东西方首脑会议,以探讨缓和国际局势途径的倡议。当时,丘吉尔之所以急于谋求东西方之间的大国首脑会晤,根本原因是具有全球性政策取向传统的大英帝国在冷战环境当中感受到前所未有的巨大压力。

很大程度上,正是基于以上这几个方面疑问的生长,使得 50 年代初的美苏对抗局面呈现越来越不得人心的一面。连美苏两国的决策者都感到有些作茧自缚的尴尬,从而不得不谋求某些局面的改观。在这种情

---

① Melvyn P. Leffler, *For the Soul of Mankind*, pp. 4 - 5.

势下,继杜鲁门与艾森豪威尔政府于1953年1月交替不久,3月斯大林去世、苏联新的领导集体上台,这种大致巧合的双方政府更替为可能到来的冷战变化提供了极大的机会。

第二章　苏美领导更迭与相互政策的初步调整

在长期的内政外交生涯中,斯大林在苏联国内确立了至高无上的领导地位,在第二次世界大战的反法西斯战争中作为三巨头之一确立了其国际性的巨大影响,在二战后与西方的外交斗争中也积累了丰富的经验。对于美国在二战后对苏联施行的强劲遏制,斯大林深深确信其根本用意在于最终瓦解苏联的社会主义制度。作为列宁的接班人,斯大林坚定地维护着共产主义的意识形态,因此对西方的斗争也特别坚决。为了与美国主导的西方整个阵营的力量作斗争,斯大林也聚拢起针锋相对的阵营力量进行对抗,在这过程中,他动用了现实主义的权力方式来行使意识形态的使命。从意识形态的使命感出发,斯大林确信真理掌握在自己手中,而权力的现实主义运用,在他看来,只是服从于与帝国主义斗争这一最高任务的一种策略。他相信,帝国主义国家终将挑起战争,为此苏联需要极大地加强自身的团结和力量建设,容不得丝毫懈怠。正是因为斯大林的这些特有的思考路径与行事方式及其在苏联国内外的特殊影响力,斯大林的去世不仅仅对苏联国内,也给世界造成了极大的影响。

第一节　斯大林去世与苏联新领导集体的缓和攻势

1953年3月5日上午9点50分,斯大林去世。对于已经习惯于斯大林领导的苏联普通民众来说,斯大林的去世显然是一个没做好心理准备的事实,他们深切地哀恸这位"列宁事业的天才继承者"的逝去。① 而对于贝利亚、马林科夫、赫鲁晓夫、布尔加宁等苏联高层来说,他们长期以来也习惯了斯大林的主导地位。尽管他们对斯大林敬畏、害怕,甚至有人憎恨,但对于如何应付没有斯大林的局面,他们并不知道该怎么办。如赫鲁晓夫在回忆录中所说:"当斯大林去世,我们失去他时,我们起初对自己的状况感到悲痛,处于心理上的精神压抑之中。并非人人都知道我们该怎么办,在斯大林不在的情况下我们的一切将如何进行。"②

1953年3月5日下午8点,苏共中央委员会、苏联部长会议、最高苏维埃主席团召开联席会议。这次会议由赫鲁晓夫主持。但实际主导这次会议的是马林科夫和贝利亚。马林科夫首先发言,他指出,国家不可没有领导人,哪怕一小时也不行。贝利亚提名马林科夫担任苏联部长会议主席。马林科夫任命贝利亚统领苏联国家安全机关。

会议决定,马林科夫担任部长会议主席,贝利亚、莫洛托夫、布尔加宁和卡冈诺维奇出任第一副主席。赫鲁晓夫则专职党中央委员会书记。国家安全部与内务部合并,由贝利亚任部长。布尔加宁为国防部长,莫洛托夫为外交部长,米高扬为贸易部长。主席团也缩小了,原来十九大时斯大林提拔的一些新成员被除名。新的中央领导层认为,他们的新领导将是集体领导,共同掌权。最初,马林科夫、贝利亚、莫洛托夫以及赫鲁晓夫等人对于他们在斯大林去世后的优先事项似乎是有共识的,这就

---

① "苏联共产党中央委员会、苏联部长会议、苏联最高苏维埃主席团告全体党员和全体苏联劳动人民书",1953年3月5日,张宏毅主编《当代世界史资料选辑》(第一分册),第451—453页。另见 Melvyn P. Leffler, *For the Soul of Mankind*, p.88.
② 《赫鲁晓夫回忆录》,第1099页。

是要安定政局和社会气氛,并且赢得老百姓的信任,确立新领导集体的权威。这时,赫鲁晓夫在新领导集体中的政治地位实际上并不高,在新的苏共中央主席团里,赫鲁晓夫仅排在第五位,位居马林科夫、贝利亚、莫洛托夫、伏罗希洛夫之后。显然,马林科夫是斯大林的继任者,而贝利亚则是幕后掌权者。莫洛托夫作为与斯大林共事时间最长的同事,其地位也远高于其他人。在斯大林的葬礼上,只有这三位领导人发表了演讲,似乎预示着莫斯科的新"三头政治"。而主持葬礼的赫鲁晓夫则远远地站在一边。当时无论是苏联国内还是国外,也确实没有人会想到赫鲁晓夫会在两年后能取代他们成为苏联新的最高领导人。

斯大林的继承者们走上了台前。这时,马林科夫、贝利亚、莫洛托夫、赫鲁晓夫以及他们的同事们都清楚,他们在苏联民众眼里缺乏斯大林的那种权威性和合法性。他们也清楚,在举国哀伤之中,正在慢慢释放着一种不满的力量,毕竟苏联民众在斯大林时代曾经经历了太多的磨难和考验,包括集体化、大清洗、第二次世界大战等等,尽管他们都曾经确信这些经历是走向胜利征途中值得的牺牲,但现在至少要缓和一下社会政治上的紧张氛围,提高一下他们的生活水平。①

对于苏联新的领导集体来说,斯大林确实留给他们太多的任务。在苏联国内,监狱和劳改营里关押着大量的犯人,1953年1月1日这些犯人的数量大概有250万,其中超过一半是"政治犯"。如何逐步给这些犯人甄别平反,这是一个重大、敏感的社会政治问题。在经济上,二战后以来虽然极大地发展了苏联的重工业,但消费品、粮食和住房均供应不足。1952年马林科夫曾经宣称苏联最终解决了粮食问题,但实际上粮食情况非常糟,整个粮食收成甚至比一战前还要少,家畜的数量甚至比1928年还要低,有些地区甚至低于1916年。②

---

① Melvyn P. Leffler, *For the Soul of Mankind*, p. 88.
② William Taubman, *Khrushchev: the Man and His Era*, p. 242.

在对外政策上,斯大林去世后新领导集体并不追求对外政策目标的根本改变。苏联外交政策的近期目标仍然与斯大林时期保持不变,这就是:加强苏联的经济和军事能力;巩固苏联领导下的社会主义阵营;削弱美国影响和德国军事潜力在欧洲对苏联安全形成的威胁。所不同的只是新领导集体采取了不同的策略和外交风格。①

但是,这时苏联的外部环境确实非常恶劣。对于沉浸在斯大林去世悲痛之中的苏联新领导层来说,外部敌人的威胁迫在眼前。斯大林在世时培育了这样一种印象,即他的领导在维护国家安全和国内稳定方面是不可缺少的。崇拜者们称唯有斯大林才有智慧和力量挖出并铲除帝国主义在苏联国内外的代理人。斯大林在世时曾经挖苦下属们说,"你们看着,我一死,帝国主义国家将把你们当小鸡一样拧你们的脖子"。在这种情况下,斯大林的去世必然造成人们对于国家安全的极大担忧。正如赫鲁晓夫后来回忆,"在斯大林去世那些日子,我们料想美国会入侵苏联,我们将要去打仗"②。"我们的地位非常脆弱。当时美国对我们采取一种傲慢的和进攻性的政策。它不放弃任何一个显示优势的机会。美国人在苏联周围建立军事基地,并且不断派侦察机深入我国内地,有时直到基辅。我们准备美国随时发动全面进攻。"③

赫鲁晓夫的儿子在他写的《导弹与危机》中这样描述1953年下半年时的苏联情景:"有一天在去别墅的路上,马路两旁的高射炮吸引了我的注意力。……后来我才知道,高射炮旁边就码放着真正的炮弹。当时预计对莫斯科的空袭随时可能发生。预测看来颇有道理:我们处在美军基地的包围之中,他们那载有原子弹的轰炸机几乎可以到达我国的任何地

---

① See Joseph L. Nogee and Robert H. Donaldson, *Soviet Foreign Policy Since World War II*, p. 103.
② Vladislav Zubok, Constantine Pleshakov, *Inside the Kremlin's Cold War*, p. 154.
③ 赫鲁晓夫:《最后的遗言:赫鲁晓夫回忆录续集》,第348页。

方。美国本身则无法攻到。"①

事实上,这时在朝鲜战争中面临僵局的美国政府也确实有将冲突升级的考虑。1952年底和1953年初的苏联情报分析报告指出,美国参谋长联席会议考虑过对朝鲜以及中国沿海使用原子弹。在斯大林去世前不久,美国中情局还估计,"在发生灾难性事件的情况下,不管是来自内部还是外部,若没有斯大林的威望,没有斯大林在,政治局成员之间将会出现对立,这将导致苏联政权的迅速瓦解"②。美国心理战委员会还曾计划过一些"积极的措施"以推动这一结果的实现。虽然最终美国艾森豪威尔政府采取了观望政策,但苏联方面确实不能不高度警惕,充满危机感。面对美国基地的包围,苏联政府不得不对其对手作出最坏的估计。而苏联方面得到的许多情报也证实了这种判断。③

除了西方世界的敌对,像南斯拉夫等原来的盟友早已与苏联反目成仇,还有一些中立国也与苏联渐行渐远。在东欧,苏联的控制看似绝对,但经济形势在迅速恶化,反苏情绪也在滋长。赫鲁晓夫回忆道:"战争结束以后,斯大林对待这些国家(指东欧国家)十分粗暴。他把自己的意志强加于他们。在他的心目中,他们并不是真正的朋友。他把他们作为苏联的臣民而不是作为盟友对待。……由于在我们盟国方面长期存在着怨恨甚至敌对情绪,我们觉得要使社会主义阵营团结一致达到理想的程度是很困难的。我们在领导成员中讨论了这个问题并得出结论:现在是通过削减驻扎国外的军队来表示我们对他们的信任和赢得他们善意的时候了。"④东柏林以及东德其他城市发生的骚乱事件进一步显示了苏联

---

① 谢·赫鲁晓夫:《导弹与危机——儿子眼中的赫鲁晓夫》,郭家申、述弢译,中央编译出版社2000年版,第40页。
② Vladislav Zubok, Constantine Pleshakov, *Inside the Kremlin's Cold War*, p.154.
③ V. M. Zubok, "Soviet Intelligence and the Cold War: The 'Small' Committee of Information, 1952—1953," Woodrow Wilson International Center For Scholars, CWIHP Working Paper no. 4.
④《最后的遗言:赫鲁晓夫回忆录续集》,第351页。

在对外关系上面临的危机。这表明,东欧国家的民众再也不能容忍斯大林时期东欧各国当权者们奉行的赤裸的警察式统治和严厉的经济政策了。苏联新领导集体不得不慢慢推动东欧各国与苏联一起走上一条新的道路,缓和斯大林时期的严酷统治,并且鼓励东欧各国采取一些预防性措施以避免社会主义阵营内再次发生类似的反抗性事件。

诚然,要解决这些国内和外部面临的困境,苏联新领导集体迫切地需要一段时间。新领导集体认识到,在国内需要在斯大林去世后迅速地稳定政权,加强新领导班子的能力建设,同时促进苏联经济的发展,改善人民群众的生活条件;在国外需要把苏联的外交政策转入一个较少危险性的轨道,他们认为,缓和与西方关系将有助于集中精力实现国内的优先任务。在这种情况下,新领导层最初的想法便是要采取某种灵活的政策以缓和国家内外安全上的担忧和恐慌感,减少与西方发生直接冲突的可能性。贝利亚指出,为了提升苏联人民的生活水平,结束与外部世界的冲突是必要的。赫鲁晓夫也认为,"我们怀疑斯大林的对外政策。他过于强调了军事力量的重要性,结果太依靠我们的军队了。他生活在敌人进攻的恐惧之中"[①]。在斯大林的葬礼上,所有三位演讲者,贝利亚、马林科夫和莫洛托夫均发言支持和平共处政策。3月15日马林科夫还发表了关于东西方关系的和解性演说,放松对其他国家外交人员的旅行限制,允许一些非俄国人的苏联妻子离开苏联。马林科夫并且发出"和平倡议",他说,"在美苏关系上没有不能通过和平手段解决的争议"。

新领导层采取了一系列行动以证实他们新推行的缓和性政策,例如,恢复了与希腊的外交关系,撤销了战后初期对土耳其的所有领土要求,重建了与南斯拉夫和以色列的关系。另外,斯大林去世后还不到一个月,苏联便在联合国采取行动打破了特里格夫·哈尔维登·赖伊之后联合国秘书长在继任人选问题上的长时间僵局,同意选举瑞典人哈马舍

[①] Melvyn P. Leffler, *For the Soul of Mankind*, p. 89.

尔德担任第二任联合国秘书长。在国际组织中，苏联也促成或提出很多新倡议。在具体的外交风格上，莫洛托夫取代了维辛斯基担任外交部长，虽然莫洛托夫也被西方认为是一个只会说"不"的外交家，但维辛斯基的"抨击式谈判"（negotiation-by-diatribe）更被西方认为"导致了苏联在外交舞台上与西方的日益疏远"。新一代的驻外大使们，例如被称为"微笑麦克（smilin' Mike）"的孟什科夫（Menshikov）在其驻美使馆任职期间，便被美国人视为更善于表现一种新的"热爱和平和理性的国际社会成员"的苏联形象。苏联外交高层也日益频繁地与外国政府之间进行交往。① 当然，在这些具体行动和外交风格的改变中，最重要的行动是在朝鲜战争停火谈判问题上，苏联政府主动打破僵局②，缓和了在结束朝鲜战争问题上的谈判立场，并最终导致朝鲜停战协定的签署，这可说是苏联新领导集体缓和性外交政策的一个重要起点。

早在 3 月 13 日，苏联政府就指示苏联驻朝大使拉祖瓦耶夫呈交"联合国部队"总司令克拉克 2 月 22 日就朝鲜交战双方交换伤病战俘问题给金日成和彭德怀的信件。3 月 18 日，莫洛托夫给马林科夫和贝利亚提交了一份关于立即在朝鲜停战问题的备忘录。该文件认为，朝鲜战争的拖延给苏联以及中、朝两国都造成极大负担；以往曾经有过几次实现停战的机会，但都没有引起足够的重视，这是一个错误。现在已经到了需要立即停止这场战争的时候了。第二天该备忘录便得到了苏联部长会议主席团及马林科夫的同意。③ 3 月 19 日，苏联部长会议批准了给毛泽东和金日成的信件以及给参加联合国大会的苏联代表团的指示。在给中朝领导人的信中，苏联政府强调，在朝鲜战争问题上，"如果继续执行迄今为止推行的路线，如果不对这一路线做一些符合当前政治特点和出

---

① Joseph L. Nogee and Robert H. Donaldson, *Soviet Foreign Policy Since World War II*, p. 104.
② 关于朝鲜战争停战问题的谈判经历，参见沈志华《毛泽东、斯大林与朝鲜战争》，第 457—488 页；杨奎松：《毛泽东与莫斯科的恩恩怨怨》，江西人民出版社 2006 年版，第 409—416 页。
③ 杨奎松：《毛泽东与莫斯科的恩恩怨怨》，江西人民出版社 2006 年第 4 版，第 417 页。

自我们三国人民最深远利益的改变,那是不正确的"。为贯彻这一新的思路,苏联政府作出了具体安排:第一,需请金日成和彭德怀对克拉克将军2月22日就交换伤病战俘问题发出的呼吁给予肯定的回答。第二,紧接金日成和彭德怀的答复发表之后,中华人民共和国的权威代表(最好是周恩来同志)应在北京发表声明,着重表明对待交换伤病战俘建议的积极态度,同时指出积极解决整个战俘问题,从而保证朝鲜停战和缔结和约的时刻已经来到。第三,与北京发表上述声明的同时,朝鲜民主主义人民共和国政府首相金日成在平壤发表政治声明,说明中华人民共和国代表的上述声明的正确性,并表示充分支持。第四,紧接上述北京声明和平壤声明之后,苏联外交部表态,完全支持北京和平壤的表态。第五,配合上述四项措施,苏联代表团在纽约联合国代表大会上应采取一切必要的行动,以支持和推进以上新政策方针的实施。3月21日晚,苏联新领导人马林科夫、莫洛托夫与前来出席斯大林葬礼的周恩来进行会谈,提出了苏联的新方针。苏联新领导人指出,他们并不认同斯大林所说的第三次世界大战必定会爆发的判断,他们尤其担心的是美国共和党政府会在朝鲜使用原子弹。苏联还随即派出两位特使前往朝鲜和中国。

  当时,中朝与美国方面的谈判正在战俘问题上陷入僵局。正是在苏联新领导调整政策的背景下,4月26日,板门店谈判重新开始并加快了进程。经过中朝和美韩双方的艰难谈判,到7月27日,朝鲜停战协定最后签字。可以说,苏联的政策改变是促成朝鲜战争达成停火协议的重要原因。① 而朝鲜战争的停火,由于结束了此时东西方之间的局部性热战,从而大大减少了美苏之间爆发直接对抗的危险性。就此而言,这也是苏

---

① 参见沈志华编《朝鲜战争:俄国档案馆的解密文件》,台湾"中央研究院"近代史研究所2003年,代序:《苏联与朝鲜战争——俄国解密档案中的历史真相》;逄先知、金冲及主编:《毛泽东传》,上,中央文献出版社,第179页;沈志华:《毛泽东、斯大林与朝鲜战争》,广东人民出版社2005年,第288—290页。

美双方政府所希望的结果。对于国际社会来说,局部性热战的结束大大缓和了国际紧张局势,因此为东西方的民众所大力欢迎。两大阵营之间的冷战对抗似乎出现了某种走向缓解的新迹象。

第二节　美国新政府的对外新战略

在苏联领导层发生更替之前,美国新当选总统艾森豪威尔上任,对前任杜鲁门政府的对外政策进行检讨。事实上,杜鲁门政府的冷战政策早已受到共和党人的攻讦。在杜鲁门政府领导下实行的大规模对外经济与军事援助,以及大规模承担海外安全保证责任,由此导致的与社会主义阵营的直接军事对抗局势,已经使得美国军事开支大大增加,美国公众也对这种军事化的冷战政策造成的国际安全危机忧心不已,巨大的国防开支加重了美国国内民众的生活负担,国家经济上也出现通货膨胀等一系列问题。

艾森豪威尔上台后,提出"新面貌"政策。他希望改变前任政府外交政策只定目标不重结果、固守僵硬理论而不重实践变通的弊端,改变杜鲁门所说的要在每一处地方抗击共产主义扩张的做法,强调通过西方阵营的团结和系统性的安全机制建设,来对美国在世界范围内的安全目标做出整体性的谋划,大大增加美国在全球政治与安全事务中的主动性决策,以一种联动性、体系性的方法来遏制苏联,在此过程中加强对苏联政策意图的研究和把握,适当地增加一些政策的现实性和灵活性。其政策目的是通过西方国家间团结紧密的体系性安排形成一种威慑性力量,来防止苏联为首的共产主义阵营力量的扩张,并达到在保持西方优势或至少在不损害美国和西方盟友利益的情况下,使美苏之间的核对抗得以避免。当然,这种体系性安排并不是一蹴而就的,需要美国立即着手来对西方阵营的现状加以评估和建设。这就是艾森豪威尔政府后来强调的"实力地位"建设。但是,通过西方阵营内紧密的整体性安排来威慑苏联的扩张和防止苏联的冒险进攻,只是建立在苏联会在面对这种优势的力量安排时知难而退的理性假定基础上的。如果苏联不遵守美国假定的这种逻辑,如果苏联认为西方的联合力量安排尚不够有效或力量不够强大,那么美国就只好诉诸最后的手段,即核武器,这也就是所谓的"大规模报复"战略思想的来源。

当时,美国首先在其全球性防务的重心地区——西欧运用了这一核威慑思想。因为北约组织建立后在力量上并没有达到和苏联在常规军事力量上相抗衡的地步,美国和北约国家都深知这一组织安排并不能有效地遏阻苏联对西欧的军事进攻。而西欧国家又无能力,也无意愿在很短的时间内完成和苏联军事抗衡所需要的建军目标(1952年北约里斯本部长会议达成一致,为97个师)。在这种情况下,无论是美国,还是北约成员国都寄希望于美国的核威慑。1953年晚些时候,大量的战术核武器,如核炮弹、核炸弹、短程核导弹、核地雷等开始在欧洲部署。这些核武器当时被部署在靠近北约和华约国家的交界处。北约以这种靠近前沿边界的核部署明确地向苏联人表示,华约部队的任何常规进攻都将很快牵动引发北约的核力量回击。到1954年晚些时候,欧洲盟军最高司令部副司令伯纳德·蒙哥马利元帅还发表声明说:"我要绝对明确无误地指出,我们欧洲盟军最高司令部的作战计划是建立在使用原子和热核武器以进行防御的基础之上的。就我们来说,已不再是'它们可能被使用',而是非常肯定的,'它们将被使用,如果我们受到攻击的话'。"并且,1954年12月的北约部长会议,还因核战略的采用而正式把里斯本建军目标降到了30个师。①

杜勒斯国务卿则是艾森豪威尔政府这一套基本战略观的主要设计者和忠实执行者。具体到这一战略的执行,存在几个方面的要求:一是要大力加强西方阵营的力量建设,这是体系性安排的力量基础,否则根

---

① 罗伯特·S.麦克纳马拉:《论核战略》,第17—19页。

本不构成对苏威慑力；二是要加紧构筑世界性的机制安排，欧洲当然首先要建立起团结紧密的西方阵营的集体安全机制，但这还不够，还需要尽可能地在世界范围内扩大这种联合安排的努力，最大化地增强以机制威慑苏联的力量，由此就需要在远东、中东等全世界范围内建立起美国主导的广泛安全机制；三是要加强对苏联和社会主义阵营的威慑效果，打心理战，让苏联及社会主义阵营国家产生对西方力量的畏惧心理，使其不敢贸然发动进攻，这就必然需要在一定程度上推行核讹诈、战争边缘政策，但其目的是防止冲突和对抗的爆发，不是真的使用武力。

无疑这种战略本身是极其危险的，它实质上是要尽一切可能防止核大战，但在具体实践上必须装出时时不惜打核大战的样子，因而需要极大的政治心理素质。这是把整个西方阵营的安全利益，更不必说美国国民的安全，置于某种并不确定能足够可靠的威慑战略之上的。艾森豪威尔本人作为一名久经沙场的老将，当然能够足够坚毅地面对这一切。但是杜勒斯作为一个虔诚的基督教徒，却在心灵上承受着巨大的负担，因此在具体政策实施中表现得相对外强中干一些。

第三节　美英对苏联新政府缓和政策的最初反应

苏联新领导集体的缓和性举措在西方产生两种不同的解读。一种认为这是缓和的表现；另一种则认为这是苏联人设计的欺骗性的和平倡议，旨在麻痹西方公众舆论以使之产生虚假的安全感。相比较而言，丘吉尔倾向于前者，艾森豪威尔则倾向于后一观点。① 丘吉尔早在1950年初就表达了对重新开始西方世界与苏联之间某种形式对话的兴趣，当时为杜鲁门政府所反对。1951年秋，丘吉尔再度出任英国首相后，又立即表现出对缓和两大集团之间紧张局势的急切愿望。出于政治以及个人

---

① Peter G. Boyle, ed., *The Churchill-Eisenhower Correspondence*, 1953—1955, The University of North Carolina Press, 1990, p. 31.

的原因①,斯大林死后,丘吉尔对与新的苏联领导人进行直接会谈的热情更高。1953年3月11日,丘吉尔再次向艾森豪威尔探询与苏联领导人进行会晤的可能性②,并声称,"不应再失去探究马林科夫政权到底准备在缓和局势上走多远的机会"③。但艾森豪威尔则表示,怀疑此时与苏联领导人进行正式的多方会谈的明智性。④ 艾森豪威尔政府认为,苏联的新政策仅仅是一种策略的变化,并不意味着苏联领导人长期目标的改变。⑤

甚至在英国国内,丘吉尔的政策也得不到英国内阁的支持,艾登以及英国外交部就主张采取"等等看"的政策。⑥ 早在1952年,艾登及英国外交部就提出西方在与苏联打交道前要达到一种"实力地位(position of strength)"的目标。对于西方来说,这一"实力地位"此时主要包括重新武装西德、建立有效的欧洲防务体系、稳定远东的军事均势等内容。⑦ 这种"实力地位"被认为是西方与苏联进行认真谈判的一个必不可少的条

---

① 丘吉尔之所以积极推动与苏联的首脑会晤,一般认为主要原因一是要捍卫英国日益衰退的大国地位,体现英国的"大国角色";二是1874年出生的他年近八旬,希望在退休前能够"缔造和平",随着他身体状况的下降以及他决定将于1954年底(后来为1955年4月)宣布退休,丘吉尔似乎显得更为急切要同苏联领导人进行正式或非正式的会晤。
② 丘吉尔1953年3月11日写给艾森豪威尔的信。Peter G. Boyle, *The Churchill-Eisenhower Correspondence*, 1953—1955, p. 31.
③ 丘吉尔1953年4月5日写给艾森豪威尔的信。Peter G. Boyle, *The Churchill-Eisenhower Correspondence*, 1953—1955, p. 36.
④ 1953年初时,艾森豪威尔曾认为丘吉尔可以在其认为合适的时间去见斯大林,只是不同意与丘吉尔一块去。其实当时艾森豪威尔也热心于实现与苏联领导人的会见。艾森豪威尔甚至表示,如果斯大林愿意的话,他会去某个地方,譬如说斯德哥尔摩,去见斯大林。但丘吉尔并不想英国被排除在这种美苏直接会谈之外,所以只好建议艾森豪威尔采取更谨慎的路线。实际上,到1953年2月,艾森豪威尔准备与斯大林会谈的立场已经是众所周知了。但是,由于国务院的反对以及美国国内反苏反共的政治压力,艾森豪威尔的态度很快就发生了转变。Günter Bischof and Saki Dockrill eds., *Cold War Respite: The Geneva Summit of 1955*, pp. 5, 77;艾森豪威尔1953年3月11日写给丘吉尔的信,Peter G. Boyle, *The Churchill-Eisenhower Correspondence*, 1953—1955, p. 32.
⑤ FRUS, 1952—1954, v. 3, pp. 1117-1125;Günter Bischof and Saki Dockrill eds., *Cold War Respite*, p. 77.
⑥ Günter Bischof and Saki Dockrill eds., *Cold War Respite*, pp. 77-78.
⑦ Ibid., p. 76.

件。但艾登在1953年3月至10月间因病休养,这在很大程度上减少了英国内阁对丘吉尔推行其与苏接触政策的阻力。

与此同时,美国国内决策层也在紧密关注苏联新领导人上台后的基本态势。1953年3月初,白宫特别助理杰克逊和麻省理工学院教授沃尔特·罗斯托在提交给国家安全委员会以供讨论的一份报告中提出,斯大林去世正好给美国提供了机会,发动一场进攻性的宣传战以从苏联人那里夺回主动权。确实,共和党人对民主党的杜鲁门政府的贬低和批评之一便是他们丧失了美国的战略主动权,艾森豪威尔政府上台后采取的一系列政策也意在夺回美国的这种主动性。现在斯大林去世正好给美国提供了新的机会。因此杰克逊和罗斯托建议,艾森豪威尔总统可进行一次演讲,以达到这样几个目的:一是逼迫克里姆林宫作出困难的决定以在其内部制造分歧;二是展现一种有力的美国形象,以鼓舞东方集团和中立国家把他们的未来寄托在美国身上;三是促进西方世界更大的一致性;四是凝聚美国人对艾森豪威尔纲领的支持。而这一演讲的核心内容,则是邀请苏联参加一次四国外长级会议,不过美国要提出解决朝鲜战争、统一德国、结束奥地利的占领、促进全面军备控制,以及建立特定安全机制的措施等问题。这项建议遭到杜勒斯以及美国国务院的反对,认为没有与盟国在特定的议程以及谈判立场上形成一致就召开会议只会造成灾难,尤其会阻碍《欧洲防务共同体条约》的通过。在1953年3月一次国家安全委员会会议上,国务卿杜勒斯在谈到如何"结束苏联所代表的危险"时说:"如果我们保持心理上的和其他方面的压力,我们可以要么逼迫苏联政权瓦解要么改变苏联的势力范围……","我们不能放松压力,直到苏联承诺停止与我们斗争。"①杜勒斯认为苏联新领导层希望通过缓和来获得冷战的喘息之机,因此美国不应给予苏联这种喘息的机会。

---

① FRUS, 1952—1954, vol.2, pp.267-268.

但尽管有国务院的反对,艾森豪威尔还是支持了杰克逊和罗斯托的这项建议。1953年4月16日,艾森豪威尔总统在美国报纸编辑协会上发表了《和平的机会》的著名演讲。在这篇演讲中,艾森豪威尔指出苏联新领导的上台是一个宝贵的机会,但要求苏联新领导人以实际行动来体现其和平的诚意,如缔结奥地利条约和释放第二次世界大战的战俘,而更重要的行动则包括在"朝鲜实现体面的停战"、"立即启动促成在统一的朝鲜进行自由选举的政治会谈",以及"停止在印度支那和马来亚的直接和间接的攻击"等。艾森豪威尔并称亚洲这些问题的解决能导致西方和苏联之间其他重要问题的解决。① 显然,因为此时朝鲜战争尚未结束,美国重点关注的是远东局势。但是为了防止艾森豪威尔的讲话在欧洲盟国间产生混乱,美国政府同时安排杜勒斯国务卿在随后的4月18日发表另外一篇演说,重申美国对北约、对通过《欧洲防务共同体条约》以及其他"阻止外敌入侵"的军事措施的承诺。

从后来的事态发展来看,艾森豪威尔总统的这次演说很明显是策略性的,意在诱使斯大林去世后的苏联新政权作出让步。因为尽管后来两年内苏联在奥地利条约、朝鲜停战、二战战俘释放等方面都达到了艾森豪威尔提出的"条件",并且苏联也接受了英法关于裁军的基本建议,但艾森豪威尔后来却没有承认苏联行动的意义,反而不断提出更高的要求。② 后来日内瓦首脑会议上苏联希望与美国讨论结束冷战的问题,美国政府则拒绝讨论,并且明显地把冷战当成一种可以接受的基本态势。

而这时英国首相丘吉尔则更希望不设条件地和苏联先进行试探性的交往。丘吉尔针对艾森豪威尔4月16日的演讲表示,希望美国不要

---

① John T. Woolley and Gerhard Peters, *The American Presidency Project* [online]. Santa Barbara, CA: University of California (hosted), Gerhard Peters (database). see http://www.presidency.ucsb.edu/ws/? pid=9819.

② Raymond L. Garthoff, *Assessing the adversary*, pp. 6-7.

过早地设定前提条件,以免破坏苏联刚刚出现的缓和势头。① 丘吉尔在艾森豪威尔演讲后,似乎是更迫切地向美国政府提出了召开三大国政府首脑会议的期望。他甚至提出,如果美国没有这种打算的话,他将考虑与苏联领导人的双边接触②,随后他还打算向苏联提出访问莫斯科以与苏联领导人进行一次非正式会谈的愿望。③ 1953年4月20日,丘吉尔在英国下院发表演说,表示希望最近的一些行动能导致最高层会议的召开。

对艾森豪威尔以及美国政府来说,4月16日的演讲显然只是策略性和试探性的,他们并不想走得那么远。在4月25日给丘吉尔的回信中,艾森豪威尔说道:"至于下一步,我觉得我们不应太过匆促。……在美国这边也同样有要求召开一次国家和政府首脑会议的情绪,但并不认为我们就要被迫采取立即的主动行动。""我们还没有看到苏联的具体行动以表明其愿意在更大的问题上有所作为。在这种没有证明正确的情况下,我们就提出走向和解的希望是冒险的。"即使对丘吉尔所考虑的英苏领导人的双边接触,艾森豪威尔也径直表示了反对。④ 在美国政府决策者看来,斯大林的去世以及苏联新领导层的缓和姿态,已经使西方不少人对苏联的可怕形象发生了很大改变,在这时候再谋求举行首脑会议,更会使西方世界的团结及其昂贵的军备建设难以维持。艾森豪威尔以及杜勒斯等美国决策者反复强调,西方要与苏联打交道,必须先建设自身

---

① 见丘吉尔和艾森豪威尔之间1953年4月11日的三封来往信件。FRUS, 1952—1954, v. 6, part 1, pp. 970-974.
② 丘吉尔1953年4月21日写给艾森豪威尔的信。Peter G. Boyle, ed., *The Churchill-Eisenhower Correspondence*, 1953—1955, p. 46.
③ 丘吉尔1953年5月4日写给艾森豪威尔的信。FRUS, 1952—1954, v. 6, part 1, pp. 977-978.
④ 艾森豪威尔1953年4月25日写给丘吉尔的信。Peter G. Boyle, ed., *The Churchill-Eisenhower Correspondence*, 1953—1955, p. 47.

的"实力地位"。①

实际上,此时美国的立场反映在,美国国家安全委员会计划部1953年6月1日起草的一份准备提交给国家安全委员会进行审议的报告《基本国家安全政策的重申》(NSC153)当中。1953年6月9日,第149次国家安全委员会会议审议并通过了NSC153号文件,形成新的国家安全政策文件NSC153/1。该文件指出,尽管苏联近期在与西方打交道时采取了一种更协调性的立场,但还不能作出结论,认为克里姆林宫对西方的根本敌意已经降低、苏联领导者最终的目标已经改变,或者共产主义对自由世界的威胁已经削弱。② 虽然该报告提出,如果苏联表现出达成妥协的前景或者显得很合意,美国可提出合理的谈判立场并且准备与苏联进行谈判;但也要认识到,只有可执行的协定才有意义,而且谈判的价值在可见的将来主要还是在于影响世界舆论。③ 因此,该政策实际上是一种观望政策的反映。

然而,丘吉尔并没有改变初衷,他似乎是过于相信他个人关系的潜力以及东西方直接接触的积极后果的。1953年5月11日丘吉尔在英国下院的讲话中,对斯大林去世后的形势作了较乐观的估计,指出了苏联新领导集体一系列令人鼓舞的亲善的姿态,再次建议"主要国家之间应该尽快召开最高层会议"。并且像艾森豪威尔总统一样,他希望把朝鲜和奥地利问题作为突破口。④ 显然,这是丘吉尔在认识到面临国内外的阻力后,转而求诸急于希望和平的英国以及欧洲舆论的一种做法。事实

---

① 正如乔治·凯南在1953年写道:如果我们在一段时期内建设和维持自由世界的强大力量,苏联力量就会削弱或者相对下降,终将不再构成对美国安全和世界和平的威胁。FRUS, 1952—1954, v. 2, pp. 399 – 412.
② NSC153, June 1, 1953, Restatement of Basic National Security Policy, DNSA (Digital National Security Archive), Presidential Directives, PD00339; NSC153/1, June 10, 1953, Restatement of Basic National Security Policy, DNSA, Presidential Directives, PD00340.
③ NSC153, DNSA, Presidential Directives, PD00339.
④ Günter Bischof and Saki Dockrill eds., *Cold War Respite*, p. 75;[英]彼得·卡尔沃科雷西编著:《国际事务概览1953》,第29页。

上,丘吉尔的讲话,尤其是关于与苏联的最高层会晤的建议在英国下院得到了一致性的支持。但是,这次对外关系演讲却没有涉及英美联盟及其团结的内容,这反映了此时英国与美国艾森豪威尔政府政策的分歧。苏联《真理报》发表的社论也大大利用了这种英美分歧。对此,美国驻苏大使波伦建议,这时公开强调西方三大国的团结和利益的一致性将是有益的。①

正是为了加强西方三国立场的协调,艾森豪威尔力促美英法三国间举行一次政府首脑会议,原定5月底在百慕大召开②,以协调西方国家之间在欧洲政策和对东方政策上的不同意见。苏联方面显然对召开这样一次会议很愤慨,认为是从丘吉尔建议的倒退。但在丘吉尔看来,这次会议显然可以在西方国家间为将来与苏联进行高层首脑会晤打下基础。然而,会议后来因为法国和意大利政治危机,以及丘吉尔6月底遵医嘱休息而暂时取消。

作为西方三国领导人会议未能及时举行的弥补,1953年7月10日至14日,美英法三国外长在华盛顿举行会谈。外长们达成一致,宣布提议在该年9、10月份召开关于德国和奥地利问题的四国会议,并就上述内容于7月15日向苏联发送照会。③ 对于这次三国外长会议达成的召开四国会议的共识,丘吉尔的理解是希望召开四国首脑会议,而美国则只想召开四国外长会议,而且是在有限、特定的议题基础上。④ 丘吉尔希望实现的东西方首脑会晤暂时未能实现。英国舆论普遍认为,美国政策

---

① FRUS, 1952—1954, v. 6, part 1, pp. 986 - 987, The Ambassador in the Soviet Union (Bohlen). to the Department of State.
② 关于百慕大会议的文件,参见 FRUS, 1952—1954, v..5, part 2, p. 1710.
③ "美国政府1953年7月15日致苏联政府的照会",《德国问题文件汇编》,第193—195页;[英]彼得·卡尔沃科雷西编著:《国际事务概览1953》,第37—38页;关于这次会议的情况,参见 FRUS,1952—1954, v. 5, part 2, p. 1582。
④ 丘吉尔1953年7月17日写给艾森豪威尔的信和艾森豪威尔20日给丘吉尔的回信。见 FRUS, 1952—1954, v. 6, part 1, pp. 995 - 996.

的过于僵硬是阻挠东西方关系改善的首要因素。①

第四节 NSC162/2 号文件与美国对与苏谈判的消极态度

在英美政府围绕召开首脑会议问题的矛盾使杜勒斯国务卿对西方阵营的脆弱性越来越感到忧虑之时,杜勒斯等人也就对苏联新领导层的缓和攻势采取更为警惕的态度。杜勒斯的这种观点在美国政府内具有很大的代表性。包括艾森豪威尔总统在内的美国政府决策层,对苏联新领导集体采取的政策措施都持有很明显的怀疑态度,认为苏联新领导集体的缓和策略构成了对"自由世界"的新挑战,并且明显破坏了西方世界的团结。②

在美国国家安全委员会计划部开始起草 NSC153 号文件之后约一周的时间,1953 年 5 月 8 日下午 5 点开始,艾森豪威尔总统在白宫光照室召开了一次近两个小时的非正式会议,目的是全面讨论当时的东西方关系。会议一开始,杜勒斯国务卿就抢先发表了自己的看法,"很难说时间对我们有利。在国际大棋局中,共产主义者如今占优势",除非"我们改变政策,或者取得某种突破,否则我们将一点一点地丢掉自由世界,并且在财政上使我们自己陷于破产"。③ 杜勒斯尤其担忧西欧的盟友。他将欧洲领导人比作"极度衰弱的老人",认为他们指望着苏联人回到欧洲,缺乏意志和动力去迎战比希特勒德国更严重的威胁,只是"想在和平与宁静中度过余生"。④

针对这种状况,杜勒斯提出了自己考虑的三种可能性方案:一是在全球范围内在东西方阵营之间划条线,并且明确告诉苏联,如果苏联通

---

① FRUS, 1952—1954, v.6, part 1, p.999.
② Raymond L. Garthoff, *Assessing the Adversary*, pp.9-10.
③ Memorandum of conversation [probably by Cutler], May 8, 1953. Quoted from Robert R. Bowie, Richard H. Immerman, *Waging Peace*, p.124.
④ Robert R. Bowie, Richard H. Immerman, *Waging Peace*, p.124.

过某种方式向西方阵营渗透和扩张其势力,就意味着美苏之间的开战;二是在亚洲划这样一条线,并明确地告知中国和苏联不要再进行扩张,这样可能使全球战争的风险要小一点;三是西方要在某一或几个地方赢得胜利,即使不能,也要阻止住苏联的再次扩张,从而恢复西方的威望。①

艾森豪威尔不太同意杜勒斯对西方现状的判断,认为时间并不像杜勒斯所说的那样全在苏联一边。对于杜勒斯强调的扭转西方不利地位的紧迫性,艾森豪威尔也并不太认同,认为需要花时间去让东西方人民认识到自由和共产主义的真正含义,并寄希望于最终赢得人心。

这次会议讨论给人的总体印象是,杜勒斯较为急切地希望采取一些措施,而艾森豪威尔显然并不认为情况像杜勒斯所说的那样危急。但艾森豪威尔并没有阻止对杜勒斯所说方案进行进一步考察。相反,艾森豪威尔建议,要围绕这次争论进行一次真正的政策推演,以分析对付苏联战略的不同选项。

正是在这种情况下,美国政府在1953年夏天对国家安全政策进行了一次较大规模的深入讨论,即被称为"光照室计划"的推演。演习从6月初一直持续到7月中旬。在"光照室演习"过程中,三个不同的任务小组A、B、C,分别对三种不同的未来美国安全政策路线进行研究分析。A组由乔治·凯南负责,任务是检查现行的遏制政策路线。尽管新政府希望减少防务开支,但凯南并没有找到大量削减军事开支的可靠方法,并且认为,即使把核武器纳入美国和北约的防御结构也不会导致军费开支的实质性减少。当时尽管朝鲜战争甫近结束,但政府年度防务预算还是高居400亿美元。这使得艾森豪威尔希望的减税难以实现。凯南虽然同意高额税收和债务会带来风险的观点,但认为这还比不上苏联带来的威胁,而且认为,美国的经济能力在相当长的时期内能够支付得起稳定的较高水平的军事开支。因此,凯南小组提出,美国政策应该集中精力

---

① Robert R. Bowie, Richard H. Immerman, *Waging Peace*, pp. 124 – 125.

于阻止苏联势力的进一步扩张,而不是从以前的立场上后退;美国领导人必须为战争做好准备,以在万不得已时诉诸一战。但是,凯南小组也提出,战争应该是最后的手段,美国还应该将地区性冲突尽量控制在地区范围内;而且,美国政府必须摒弃任何以接受大战风险为基础的政策,"军事力量,如果适当地计划和建造,将是贯彻我们国家意志而不用诉诸敌对冲突的实力,也就是说,这是为了和平的实力"。由此,凯南小组还特别强调了,与苏联谈判作为美国国家战略中的一种根本性要素的作用。①

  核武器专家、空军少将詹姆斯·麦科马克(James McCormack)领导B组。B组所接受的任务指示也是把遏制政策当作一种可行的政策,但其任务的前提是,如果遏制政策采取一种更大胆和更单边的方式将更为有效。B组的目的是检查一种更具进攻性的冷战政策路线,即沿共产主义边界划一条"红线",宣布一旦越过这条线将导致对苏联的核打击,还要在西方阵营内一旦发生共产党掌权的情况下,通过采取各种必要的措施重建与美国及其盟友的安全利益一致的情势。B组声称,面对核充足,美国面临两种选择,一是预防性战争,二是采取措施尽可能确保长期和平。艾森豪威尔拒绝第一种选择,因此只有第二种选择路线,即尽可能确保长期和平。而最能确保长期和平的便是,明确宣称任何苏联或者苏联支持的武装入侵将导致一场全面战争,而全面战争意味着美国将动用全部力量,包括动用核武器来打败主要敌人。B组认为,这种以全面战争作为对付苏联集团入侵的主要制裁手段,将是最好的确保美国和平的手段。相比而言,B组负责的方案简单明了,而且更为经济,美国只用准备一种战争。麦科马克及其B组的成员虽然没有确切地建议削减军

---

① Summary of Task Force A report, attached to memorandum by Lay, July 22, 1953, FRUS, 1952—1954, Vol. 2, pp. 319 – 412; Robert R. Bowie, Richard H. Immerman, *Waging Peace*, pp. 128 – 131.

事开支①,但他们确实坚持B组的方案能够达到最经济地发展和维持美国军事力量的作用,并且一旦战争来临也能使美国具备最大限度的准备。然而,要实施B组的方案,怎样才能划出这样一条"红线"呢?更何况,对美国国内的人民和国会来说,如何说服他们相信这样一条划出的"红线"呢?B组成员也不得不承认,这种路线还有一个"可信度"的问题。而且,它具有僵硬性的一面,可能会提高美苏之间进行核战争的风险。②

  C组由理查德·科纳利中将负责。该组负责考察解放政策,即支持通过有力的措施扭转冷战的势头,"解放"共产主义的统治。演习任务规定,C组必须要明确承认,虽然这一政策不是旨在挑起与苏联之间的一场战争,但它包含着一种具体的大战危险。C组研究认为,苏联帝国本身并没有包含毁灭的种子,相反,苏联的力量在过去几年里一直在增长。因此,时间对美国不利。如果不以积极的行动扭转势头,这种情势还将继续。所以,C组相信,要想避免热战,只有赢得冷战;而唯一结束冷战的方式就是直面共产主义阴谋的挑战,作出必要的努力,赢得冷战。但与B组强调的军事对抗方式不同的是,C组强调的是采取一种综合途径,必须坚持不懈地通过各种方式,在各个方面,采取积极的政治战略,包括军事的、经济的、外交的、隐蔽战线的以及舆论宣传等各种行动手段以削弱"苏联的力量和好战性"。C组并且还特意强调要通过舆论和隐蔽行动,采取大胆的世界性的隐蔽行动战略,以在苏联集团内部造成最大限度的破坏和公众反抗。C组还提出,要有短期、中期和长期行动计划,认为尤其关键的是此后五年,"如果不加制止的话,这是苏联取得压

---

① 事实上,B组也认为,由于这种路线要求美国具备在全面战争中迎战苏联的军事能力,因此也是昂贵的,但美国应该能够担负得起。他们指出,尽管对美国财政平衡会有短期的威胁,但这是可以控制的,而且这种威胁是不能和对国家生存的更严重威胁相提并论的。Robert R. Bowie, Richard H. Immerman, *Waging Peace*, pp. 132 – 133.
② Summary of Task Force B report, FRUS, 1952—1954, Vol. 2, pp. 412 – 416; notes of Solarium plenary session, June 26, 1953, FRUS, 1952—1954, Vol. 2, pp. 388 – 393.

倒西方的核能力"的时间。而且,"要想扭转冷战的这一趋势以压制东方的话,就要求立即取得'策略性胜利',以在西方创造'胜利的氛围'"。C组提出的短期行动计划是非常具有侵略性的,例如建议采取各种措施以破坏新中国的经济,帮助中国国民党人对中共采取积极的军事行动并夺取海南。C组还几乎对苏联阵营的每个地方都提出了相应的短期行动措施。"不管在世界什么地方,只要找到机会,就对共产主义公开或隐蔽地进行攻击。"在德国问题上,C组提出,苏联从德国的军事撤退是美国执行解放苏联"卫星国"的更积极政策的前提,而且"德国问题需要创造力和冒风险",并敦促艾森豪威尔不仅仅要愿意就德国问题进行谈判,而且要默许其中立,因为只有这样才能实际上减少苏联在中欧的力量。但为了尽量减少风险,西德要在德国统一之前完成重新武装。一旦苏联撤退其军事力量,西方就应准予德国中立。①

参加演习的 A、B、C 三组分别向国家安全委员会递交了各自的报告。7月16日国家安全委员会为此召开了一天的会议。在听取了各小组的分别陈述之后,艾森豪威尔总统指出,比起三个小组之间的分歧,更重要的是他们之间的许多相似之处,他希望他们找出这些共同点,并形成一种统一的政策。② 为此,总统国家安全事务助理卡特勒又任命了一个由相关的部门代表组成的委员会对三份小组报告进行研究,以找出它们之间的共同点。最后的结论主要有两个方面:第一,重新确认了遏制政策,而不是解放政策。实际上是将凯南的 A 组遏制路线嫁接到 C 组的隐蔽行动战略上去。第二,面对全球范围内对美国利益的威胁,美国主要依赖核威慑,即使是非核威胁时也可能进行核反应。然而在核武器使用问题上,正如 B 组所提出的可信度问题,委员会也遇到了麻烦,最终只好交由艾森豪威尔总统来定夺。

---

① Summary of Task Force C report, FRUS, 1952—1954, Vol. 2, pp. 416 – 431; Robert R. Bowie, Richard H. Immerman, *Waging Peace*, 134 – 136.
② Robert R. Bowie, Richard H. Immerman, *Waging Peace*, p. 138.

"光照室演习"的结果最后由国家安全委员会计划部进行总结,形成一份新的国家安全政策文件草案,即 NSC162 号文件,并提交到国家安全委员会会议进行讨论。1953 年 10 月 7 日的国家安全委员会会议上,讨论了由国家安全委员会计划部起草的 NSC162 号文件。这次国家安全委员会会议中争论最激烈的一个问题,实际上是该时期美国面临的基本形势及其对美国政策的基本要求,也就是美国面临的威胁是什么的问题。第一种观点认为,美国面临的威胁是苏联对美国的根本敌意及其巨大的军事力量,国防部、参联会等持此种观点;第二种观点认为,美国面临的威胁是双重的,外部为苏联的威胁,内部则为经济的损害和生活方式的改变,因此更强调在国家安全需要和内部经济健康之间要达到一种平衡,财政部、预算局持这种观点。

在 10 月 7 日的争论中,预算局局长约瑟夫·道奇指出,多数人都没有认识到失控的开支对经济所造成的严重威胁,"尽管我们都知道,通过经济战来破坏我们的资本主义经济是苏联的一个战略目标"。财政部长乔治·汉弗雷也指出从长计议的必要性。他说,在短时期内,如在战争中,国家可以允许开支超过其收入而不会造成灾难性后果。但是,几年可以坚持,要长期延续下去的话,肯定会使国家遭到破坏。对此,杜勒斯国务卿则"显然有些激动"地表示反对。杜勒斯指出,美国不能因为要保持预算平衡,而不负责任地削减防务开支,置西方防务体系于不管。国防部长威尔逊也强调,不能将预算平衡的考虑置于国防之上,国家安全是压倒其他一切的考虑。在这场长时间的激烈争执中,艾森豪威尔总统没有明确表态,但他的观点显然倾向于预算局和财政部的观点。他指出,要防止美国成为一个军事化国家,美国必须维持一个建立在私人企业基础之上的健康经济,这是防务生产以及维持美国人的生活标准和自由制度的基础。最后虽然艾森豪威尔总统也承认,短期内,在 1953 年至 1954 年间,美国仍然要着眼于国家安全优先的考虑,不能不计成本地冒危害国家安全的危险去追求预算的平衡,但总的来看,他还是倾向于汉弗雷提出的观点,即国家要从长计议,从长远来看必然要达到一种经济和安全之间的平衡,并强调了维持健康强大的经济之需要。①

另外,在这次讨论中,"解放"政策也是一个争论尤其激烈的路线问题,但终为艾森豪威尔所反对。国务院基本接受了凯南的观点,即需要一种缓慢然而稳健地压制苏联的实力和影响的路线。中情局、军方则支持"解放"政策,要求采取更为进攻性的战略,以迫使苏联放弃其统治世界的企图。艾森豪威尔反对预防性战争、有限战争,也反对与苏联的"核摊牌",但支持采取隐蔽手段和准军事能力。② 在核武器的使用上,艾森豪威尔支持国务院的建议,即军队计划制订应建立在核武器可用的基础上,但是最终决定是否使用核武器的权限掌握在总统手里。在是否围绕核军备与苏联进行谈判问题上,艾森豪威尔倾向认为,在冷战时期取消核武器是不可能的,但也可与苏联合作,采取一些小的步骤去逐步控制核武器。

根据罗伯特·博维所说,在 10 月 7 日召开的国家安全委员会会议中,所讨论的一些根本问题实际上是被掩盖了而没有得到澄清,仍然有一些更具争论性的问题没有得到解决。但是据此通过的 NSC162/2 号文件仍然是一个令当时的决策者基本满意的指导文件,它一直起作用到 1954 年。③ 在 1953 年 10 月 29 日召开的第 168 次会议上,美国国家安全委员会终于通过了名为《基本国家安全政策》的 162/2 号正式文件,取代了此前 1953 年 6 月份通过的 NSC153/1 号文件。

NSC162/2 号文件认为,苏联对美国的根本敌意及其巨大的军事力量、苏联对国际共产主义机构等手段的控制,构成了对美国安全、自由制

---

① FRUS, 1952—1954, v. 2, part 1. Memorandum of Discussion at the 165th Meeting of the National Security Council, October 7, 1953, p. 519.
② Saki Dockrill, "Dealing with Soviet Power and Influence: Eisenhower's Management of U. S. National Security," *Diplomatic History*, Volume 24, Number 2, Spring 2000, p. 349; Also see Robert Bowie and Richard H. Immerman, *Waging Peace*, p. 171.
③ Robert Bowie and Richard H. Immerman, *Waging Peace*, p. 146.

度及其根本价值观的基本威胁。而美国国家安全政策的基本问题便是应对苏联对美国安全的威胁;在行动时,应避免造成对美国经济的严重削弱或破坏美国的根本价值观和制度。

该文件对斯大林逝世后的苏联内部形势和对外政策作出了分析,认为苏联权力的转移可能会在苏联及其卫星国内部导致一些不稳定,但不会损害苏联集团根本的政治和经济力量,苏联的根本目标仍然是巩固和扩张他们的势力范围并最终统治非共产主义世界。而且,随着核力量,尤其是热核武器的发展,苏联对美国的严重破坏能力日益上升。① 苏联的各种"和平攻势"也并没有作出多少实质性的妥协,仅仅在于通过提出虚伪的希望来分裂西方,从而使美国显得顽固不化。

然而在强调苏联的力量之余,按照艾森豪威尔的观点,NSC162/2号文件还是强调国防开支应考虑到避免危害经济。162/2号文件写道,"不仅仅美国的世界地位,而且整个自由世界的安全,都依赖于美国经济避免衰退及其长期发展。对美国经济稳定或增长的威胁,因此构成了美国及其领导联盟的安全的危险。国家安全的开支,事实上所有联邦、州和地方政府的开支,都必须从其对国家经济的影响这一角度进行仔细的权衡"②。

与这种着眼经济考虑的观点相适应,文件对美国国家安全的强调就不能不留有余地。事实上,文件中对苏联威胁意图的估计上有了一些较明确的缓和性判断。在对苏联的力量估计中,文件认为苏联发动核战争的能力日益增长,但如果仅凭此点,美国就必须加足马力进行国家安全的应对准备。但是,实际上艾森豪威尔政府在对苏联的判断中,更强调

---

① NSC162/2, October 30, 1953, DNSA, Presidential Directives, PD00353, pp. 1 – 2. 依据解密的苏联档案材料,苏联著名物理学家彼·列·卡皮察1955年1月在一篇关于核能的文章中写道,苏联人在1953年8月到1954年3月长达7个月的时间里,由于在热核弹制造方法和技术上的突破,其热核能力一度远远超过了美国。《苏联的核政策及科学家对核武器的看法》,沈志华编撰《苏联历史档案选编》第26卷,社会科学文献出版社2002年版,第473—474页。

② NSC162/2, October 30, 1953, DNSA, Presidential Directives, PD00353, p. 14.

苏联的意图,即苏联的主观威胁性,而非苏联的能力。① NSC162/2 号文件认为,苏联的威胁实际上并没有增长,甚至是随着斯大林去世后苏联新领导集体展现出来的各种"和平姿态"而减弱了。而且,苏联基于内部的和其他方面的原因,可能期望在具体问题上达成某种协议,或者达成在一段相当时间内在军事准备和紧张局势上的缓和。

在战争判断上,文件估计到 1955 年中,苏联似乎不大可能故意发动一场与美国的全面战争。② "苏联在一场大战中取胜的不确定性,领导权的变更,卫星国的动荡,美国进行大规模报复的能力,这些都使苏联不可能发动一场大战。同样,对北约国家或者其他地区的攻击——考虑到美国的义务或意图,这几乎肯定会导致一场大战——也是不太可能的。"③ 这种减弱苏联威胁性及其战争意图的分析,既是在双方核充足日益成为现实情况下战略判断谨慎性的必然要求所致,很大程度上也与艾森豪威尔总统旨在削弱防务开支实现财政平衡的观点是一致的。

NSC162/2 号文件也分析了当时美国面临的谈判压力及其基本形势,并从这一角度阐述了西方加强自身"实力建设"的迫切性。文件指出,各种不同因素导致了盟国要求与苏联进行谈判,他们把这当成结束当前的紧张局势、恐惧和挫折的唯一希望。这种压力随着苏联方面新领导人展现出来的"和平攻势"而日益增加。所以,对美国来说,不管这些希望是不是幻想或者有没有根据,美国都必须予以考虑。④ 但文件指出,美国不能允许与苏联达成延缓或者削弱"自由世界"力量的协议,那样只会使苏联力量获得相对增长。文件还同时指出,到当时为止也还没有令

---

① 有学者指出,艾森豪威尔上台后,相比起对苏联核能力的重视而言,美国决策者更为强调的是苏联的意图。H. W. Brands, "The Age of Vulnerability: Eisenhower and the National Insecurity State", p. 976.
② NSC162/2, DNSA, Presidential Directives, PD00353, p. 4.
③ NSC162/2, DNSA, Presidential Directives, PD00353, pp. 2,4.
④ NSC162/2, DNSA, Presidential Directives, PD00353, p. 13. 但在谈判问题上,应该说明的是,美国军方是反对谈判的,他们强调除非苏联改变了其根本目的和态度。

人信服的迹象表明,苏联方面已经作出重要的妥协,而且即使苏联准备在某些问题上达成暂时妥协,也没有证据表明苏联领导人准备修正其根本态度而接受与美国的永久性协议。①

因此在谈判问题上,NSC162/2号文件的基本逻辑是,鉴于盟国国内的谈判呼声和苏联的"和平攻势"策略可能助长西方阵营内的虚幻希望,削弱其抵抗苏联力量的意志,因此美国政府更应该领导西方阵营大力加强自身实力建设。正如文件写道,西欧目前的军事力量仍然是不够的,不足以阻止苏联试图侵占西欧的一次全面攻击,因此西欧各国,包括西德在内,就有必要建立并且维持最大可能的防卫力量。② 所以,文件指出,在现阶段,美国虽然必须考虑盟国对谈判的要求,但仍然必须以力量建设为主,即建设西方的"实力地位",继续发展可靠的军事力量,尤其是发展能够施以大规模报复性打击的原子力量。而且美国还要确保盟国的支持,有必要建立一种对利益共同体的牢固认知,以及对美国领导地位的坚定信任。③

第五节 苏联新领导的对外政策争论与传统立场重申

与美国政府这时在与苏谈判问题上采取的消极态度对应的是,苏联新领导集体虽然提出一系列缓和性的政策措施,但主要动机仍可视为,是为其国内的政策调整以及优先任务的完成赢得时间,而并不一定是要立即实现和美国政府的谈判。而且,事实上,新的苏联领导集体在外交事务上显然缺乏某种统一的认识,贝利亚希望大权独揽,在某种程度上得到马林科夫的支持,然而莫洛托夫也不甘示弱,而且得到赫鲁晓夫的支持。因此外交决策过程争论颇多。在这种情

---

① NSC162/2,DNSA,Presidential Directives,PD00353,pp. 9-10.
② Basic Problems of National Security Policy,FRUS,1952—1954,v. 2,part 1,p. 585.
③ NSC162/2,Statement of Basic National Security Policy,FRUS,1952—1954,v. 2,part 1,pp. 577-596.

况下,集体领导制度使得新领导层也不可能形成与西方打交道的有效决策。

围绕美国新总统艾森豪威尔的4月16日演说,以及英国首相丘吉尔4月20日演讲中所说的召开四大国最高级会议①,苏联新领导层内的分歧公开化了。4月24日在讨论应对艾森豪威尔和丘吉尔提议的党的主席团会议上,莫洛托夫认为艾森豪威尔的演说以及其后两天杜勒斯的演说是一种舆论宣传和煽动行为。他和包括赫鲁晓夫在内的党中央主席团大多数同志仍旧持传统的斯大林式的观点,强调反对艾森豪威尔政府所谓"推回(roll-back)"共产主义的意图,强调维护苏联在1945年后获得的地位。② 针对丘吉尔的提议,赫鲁晓夫在回忆录中对此说道:"四大国政府首脑会晤是丘吉尔的主意,目的仅仅在于对我们做试探。他的出发点是,我国在斯大林去世后新人走上领导岗位,看来他认为这些人在国际政治问题上不够内行,还不是很坚强。于是他决定,应当试探一下我们,向我们施加压力,从而获得帝国主义列强所需的让步。"赫鲁晓夫还回忆说,在1953年春,他(赫鲁晓夫)与莫洛托夫一起,曾经害怕"由于丘吉尔太急切地需要一次首脑会议,所以如果他来到莫斯科并与马林科夫面对面会谈,马林科夫将会被吓倒"③。贝利亚和马林科夫则采取不同的立场。在他们看来,一次新的首脑会议,将是他们作为新的苏联领导人建立权威和合法性的最有力手段。这次主席团会议的结果是达成一种妥协:指示《真理报》发表艾森豪威尔演说全文,同时辅以长篇评论,评论风格上不采取前几年那种攻击性的言辞,但对艾森豪威尔所说的条件予以冷淡的反应。④ 它们最终发表于1953年4月25日的苏联《真理报》上。在评论中,既有赞同也有批评,尤其指责了杜勒斯在艾森豪威尔讲

---

① 丘吉尔在4月20日英国下院的演讲中,表示希望最近的一些行动可能会导致最高级会议的召开。彼得·卡尔沃科雷西编著:《国际事务概览1953年》,第28页。
② Günter Bischof and Saki Dockrill eds., *Cold War Respite*, p. 61.
③ 《赫鲁晓夫回忆录》(第三卷),第1855—1856页。
④ Vladislav Zubok, Constantine Pleshakov, *Inside the Kremlin's Cold War*, p. 157.

话两天后对苏联采取的不友善态度。①

外交政策的争论还出现在奥地利问题上。马林科夫敦促莫洛托夫在奥地利问题上采取与以前不同的政策。自1948年后,斯大林和莫洛托夫就将奥地利条约的缔结与德国问题的解决联系在一起。此时奥地利仍然处在苏联和西方三国的占领之下。马林科夫在外交部内的安德烈·葛罗米柯的支持下,要求莫洛托夫单独与奥地利进行谈判。考虑到1953年5月11日丘吉尔的下院演讲中也提到把朝鲜和奥地利选为可以作为改善东西方关系的起点,马林科夫出于对英苏关系的重视,希望在奥地利问题上有所行动。但是,马林科夫不敢大力推动,莫洛托夫仍旧顽固地坚持以前的传统政策。马林科夫曾经五次将苏联外交部一份关于奥地利问题的政策草案打回以进行修改,而莫洛托夫则五次原封不动地又送了回去。5月28日,莫洛托夫争论道,在当前国际形势下,在奥地利条约上的单独决定对苏联是不利的。6月3日,他又对马林科夫表示,在了解西方三国在这个以及其他问题上的立场以前,在这么重大的问题上改变我们的立场是不适合的。② 马林科夫尽管有意改变,但他在新领导层内缺乏足够的权威说服莫洛托夫遵从他的思想,他的优柔寡断的性格也决定了他无法取得行动的效果。

而德国问题上的争论则构成当时苏联对外政策分歧的中心。在这个问题上,斯大林之后的苏联领导人面临两方面的威胁。 方面,西德的阿登纳政府已经巩固了政权。在苏联方面看来,西德政权已经完全掌握在前纳粹军官手里。按照西方1952年5月签订的《欧洲防务共同体条约》,西德将纳入北约框架,并在欧洲防务共同体内进行重新武装。对苏联说来,西方将其最近的敌人纳入旗下,显然是对苏联安全的直接和

---

① 《国际事务概览1953年》,第28页;Günter Bischof and Saki Dockrill eds., *Cold War Respite*, pp. 39–40.
② TsKhSD, fund KPK, "Molotov file," 13/76, vol. 3, pp. 7, 112–113. Qutoed from Vladislav Zubok, Constantine Pleshakov, *Inside the Kremlin's Cold War*, p. 158.

紧迫的威胁。早在1952年3月10日，斯大林就向西方三国发出照会，希望建立一个中立、统一的德国。在这一政策无望后，1952年8月，苏联转而奉行两个德国的政策。

另一方面，苏联对西德阿登纳政权力量增长的担忧又因东德乌布利希政权面临的经济困境而愈显严重。1952年夏，在斯大林试图阻止签订《欧洲防务共同体条约》遇挫后，东德开始执行一种快速的苏联化政策，加大重工业投资，提高税收以扼杀小企业，加速农业集体化，限制东西德之间的民众旅游，反对东德境内的宗教活动。然而，到斯大林去世时，东德的这种政策已经造成消费品短缺、预算赤字严重、向西方移民数量大量增加的局面。1952年底，苏联曾经给予东德特别补助，但无济于事。在1953年头4个月中，移民西方的东德人口数量达到12万人。①

在这种情况下，苏联新领导人同意，东德乌布利希政权应该放弃其快速苏联化政策。这既是为了稳定东德社会主义政权，也是为了加强苏联自身的外交政策转向。新领导层同意，要在分化西方联盟上采取一种更和缓的语调，以鼓励西方进步力量，特别是促进西德的社会民主党人的活动，最终阻止西德的重新武装。在1953年4月25日，苏联《真理报》发表的回应艾森豪威尔4月16日演讲的文章中称，在签订和平条约之前实现德国的重新统一是有可能做到的，从而与斯大林后期坚持的两个德国均参加这样一项条约的政策有所区别。一个月后的5月25日，苏联《真理报》再次撰文，宣称苏联将把德国的重新统一置于其欧洲政策的中心，呼吁四大国进行政策协调以解决此问题。

在对德政策的这一变化过程中，贝利亚发挥了突出的作用。斯大林去世后，包括贝利亚在内，苏联政府内部不少人担心美国核优势和西德重整军备一起给苏联带来的威胁，尤其害怕核武器落入前德国国防军手

---

① James Richter, "Reexamining Soviet Policy towards Germany during the Beria Interregnum," Woodrow Wilson International Center For Scholars, CWIHP, Working Paper No. 3, p. 13.

里。为了避免这些威胁,贝利亚决心抓住主动。他告诉内务部特别任务局局长帕维尔·苏多普拉托夫(Pavel Sudoplatov)说,"加强我们的世界地位的最好办法将是建立一个由联合政府领导的中立、统一的德国"。为了达到这一目标,他考虑苏联方面作出某种妥协,甚至准备将东德乌布利希政府降格为"新的统一德国中的一个独立的省份"。按苏多普拉托夫所说,"贝利亚的计划是向梵蒂冈、向美国的对德政策圈,以及向西德总理康拉德·阿登纳身边的那些有影响力的人士进行试探"①。

1953年5月27日召开的苏联部长会议主席团特别会议,是苏联政府关于东德问题的一次非常重要的政策讨论会议。会议上,贝利亚开始公开反对莫洛托夫执行的外交政策。由于东德在1952年斯大林允许建设社会主义之后,经济上陷入窘境而不断要求苏联提供援助以弥补东德的商品和资本短缺,莫洛托夫领导的苏联外交部准备了一份政策草案,倾向于认为苏联不应为东德的错误"买单"。草案建议,在东德具备建设社会主义的坚实基础之前,苏联指示东德不要执行一种勉强地建设社会主义的政策。莫洛托夫还努力推动结束苏联对东德的占领以提高苏联作为共产主义领导者的声望。贝利亚显然也是有备而来,在会议上,贝利亚提出了自己准备的一份草案,声称"我们只要一个和平的东德,无论其实行社会主义与否"。在这次争论中,马林科夫并没有表明自己的立场,但他似乎原则上同意贝利亚的意见。② 这次会议通过的决议初稿声称,"东德不利形势的主要原因是,当前形势下关于建设社会主义的路线",并决定,解散集体农庄,取消在工业、贸易和农业中"镇压资本主义

---

① 但祖波克指出,Sudoplatov的回忆并不是可信的历史材料。不过后来的事实证明,贝利亚确实认真思考过德国问题,并把东德当成欧洲现实政治中一个可以用来进行妥协的资源。见 Vladislav Zubok, Constantine Pleshakov, *Inside the Kremlin's Cold War*, pp. 159 - 160.
② 马林科夫的助手和儿子后来在1990年德国重新统一后曾称,马林科夫一直赞成有一个统一、中立的德国。赫鲁晓夫后来与乌布利希的通信与会谈中,也提到贝利亚和马林科夫曾准备为了与西方缓和牺牲社会主义东德。见 Vladislav Zubok, Constantine Pleshakov, *Inside the Kremlin's Cold War*, p. 161.

成分"的政策。①

但贝利亚,甚至还包括马林科夫②,在东德政策上的急剧转变显然不被领导层内其他成员赞同。会议上莫洛托夫就坚决反对,他拒绝把东德当成解决德国问题的谈判筹码。他相信,不在德国建设一个社会主义国家,不仅仅会使东德的共产党人,而且会使整个东欧国家感到困惑,并且最终导致这些国家向西方投降。③

涉及东德政策的这次争论差点使斯大林之后的苏联领导集体第一次发生分裂。正是由于害怕这种可能性,也出于对与贝利亚作对的担忧,在赫鲁晓夫的建议下,决议初稿中包含了贝利亚的提案,但没有提到莫洛托夫的草案。同时会议决定,组成一个由莫洛托夫、马林科夫和贝利亚在内的特别小组对决议初稿进行修改。虽然这表面上迎合了贝利亚,但实际上使得会议决议陷入了主要领导人的不同意见争论之中,难有结果。贝利亚试图争取莫洛托夫放弃他的提案,但莫洛托夫立场坚定。他后来回忆,"这是个原则问题。而且,这与另外一个问题联系在一起,即一旦发生战争德国站在哪里"。在莫洛托夫看来,社会主义和资本主义两种力量之间的长期竞争,使其很难相信一个资本主义的德国会是中立的或是热爱和平的。即使其政府支持中立,但一旦发生战争,资本主义的德国还是必然会支持帝国主义。在两种力量之间爆发战争不可避免的情况下,如果把德国这样一个具有很高的工业潜力和位居欧洲中心、具有极大地缘战略意义的地区交到敌人手里,这更是战略上的失策。因此莫洛托夫坚持,即使东德的社会主义建设只能以慢得多的速度来进

---

① Istoricheskii arkhiv, no. 2（1994）, p. 88, quoted from Vladislav Zubok, Constantine Pleshakov, *Inside the Kremlin's Cold War*, p. 161.
② 赫鲁晓夫认为马林科夫和贝利亚一样支持牺牲东德的观点。葛罗米柯回忆称,贝利亚支持这一计划,马林科夫则反对该计划。See James Richter, "Reexamining Soviet Policy towards Germany during the Beria Interregnum," p. 17.
③ Vladislav Zubok, Constantine Pleshakov, *Inside the Kremlin's Cold War*, p. 161.

行,也必须尽可能控制更多的德国领土。① 在莫洛托夫坚决不退让的情况下,贝利亚只好放弃自己的提案,表面上转而同意莫洛托夫的立场。

最后形成了一份对东德的指示。6月2—4日,东德社会统一党总书记乌布利希、东德总理奥托·格罗提渥、东德社会统一党政治局成员弗雷德·欧斯内(Fred Oelssner,任翻译),来到莫斯科接受苏联方面的指示,并在5日与苏联驻东德专员弗拉迪米尔·谢米诺夫(Vladimir Semenov)一起回到东德。在这份指示中,苏联要求东德放弃"快速建设社会主义"的政策,指出东德在建设社会主义之前,没能建立起社会主义的坚实基础,特别是在乡村。指示要求东德方面"采取新的路线,不是要废除社会主义,而是要恢复东德的政治形势,加强我们在德国自身以及在国际层面上关于德国问题上的地位,并且巩固和扩大要求建立一个统一、民主、和平、独立的德国群众运动的基础"②。这份对东德的指示说明,苏联仍然把德国的重新统一当成德国政策的中心,但这只能发生在社会主义的背景下,而不是发生在一个资本主义的德国。显然,贝利亚提出的以统一换中立的牺牲东德的计划已经被放弃。而关于重新统一的宣传的主要目的,已经不是为了要和西方做交易,而是为了鼓励西德的进步力量反对西德重新武装并将西德纳入西方阵营。

不过,令莫洛托夫欣喜异常的是,这是赫鲁晓夫第一次暗地里支持他。会后,莫洛托夫主动向赫鲁晓夫示好,并开始了与赫鲁晓夫此后约一年时间的联合。当时,与掌管国家安全部门的贝利亚作对是很危险的,但赫鲁晓夫成功地打破了这种恐惧感。在赫鲁晓夫的带领下,布尔加宁、萨布罗夫和别尔乌辛都加入了反对贝利亚的队伍。

但是在这次争论中,最终新领导集体的统一性还是得到了恢复。虽然贝利亚和马林科夫在当时的苏联新领导集体中占有明显的优势地位,

---

① James Richter, "Reexamining Soviet Policy towards Germany during the Beria Interregnum," p. 21.
② Ibid., p. 18.

但是贝利亚还是向莫洛托夫和赫鲁晓夫作出了退让。这一方面说明贝利亚的权力地位缺乏有效的意识形态理论的支撑,当其实力政策遇到来自莫洛托夫源自正统的意识形态方面的有力反对时,便不得不退让;另一方面也说明,斯大林去世后苏联的党政生活仍然是比较有序的,虽然处于一种权力的过渡时期,但并非诸多西方学者所说的那种充满着尔虞我诈、不顾及全局的权力斗争。苏联新领导集体对此显然是有戒心的,正如马林科夫后来在7月苏共中央全会上所说,"我们的敌人普遍都把他们的算计错误地建立在我们中央委员会领导集体的内部竞争之上。敌人错误地指望我们出现党内的混乱,缺乏团结,以及党领导集体的分裂"①。

1953年6月16—17日东德发生的柏林骚乱事件,进一步确证了西方在德国问题上的图谋,也证明了莫洛托夫、赫鲁晓夫等人所持立场的正确性。因此,在德国问题上的争论在莫洛托夫和赫鲁晓夫取得外交事务决策权的过程中扮演了关键作用,也正是这场争论直接导致了贝利亚的权力受损以至于最终下台。

当然,贝利亚的下台还有别的原因。最主要的是,贝利亚极为强烈的权力欲以及到处插手国内外政策事务引起了马林科夫、赫鲁晓夫等人的极大怀疑,怀疑贝利亚在"为夺权作准备"。据称,马林科夫曾试图削弱贝利亚对内务部的控制,以至于贝利亚感受到马林科夫的威胁而欲寻求赫鲁晓夫支持以对付马林科夫;赫鲁晓夫则转而将贝利亚的计划报告了马林科夫,这可能是马林科夫、赫鲁晓夫得以联手对付贝利亚的重要原因。② 在这种情况下,马林科夫、赫鲁晓夫等人密谋,以"叛国罪"除掉贝利亚。由于在清除贝利亚过程中扮演了主要角色,赫鲁晓夫的地位在

---

① 不仅仅马林科夫这样说,其他在全体会议上发言的主席团成员也都表达了同样的观点,尤其是葛罗米柯。ibid., p. 26.
② 在七月苏共中央全会上,赫鲁晓夫本人也声称,贝利亚想把他拉进反对马林科夫的阴谋之中。Ibid., p. 11.

贝利亚事件后迅速上升。

贝利亚下台后,对外政策权力在很大程度上回归到莫洛托夫手中。没有了贝利亚的干预,虽然新领导集体仍然致力于缓和,但苏联的对外政策路线明显要谨慎一些,或者说,缓和中更显露出强硬的一面。这时,正逢美英法三国华盛顿外长会议7月15日发来照会,提议召开举行关于德国问题和奥地利问题的四国会议,苏联领导层对此进行了充分的研究讨论后,决定予以回应。1953年8月8日,马林科夫在苏联最高苏维埃作了一次著名演说,对苏联的外交政策进行了一次系统的阐述。

马林科夫指出:在很长一段时间日益紧张的局势之后,人们在战后以来第一次感觉到国际形势出现了一种明显的放松。但马林科夫同时发出警告称,仍然有侵略势力在反对这种国际紧张局势的放松,有些人试图把苏联政策说成是一种虚弱的迹象。为此,他提醒听众,"我们的神圣责任"是,"继续加强并且完善伟大苏联的防务",并且告知大家,美国"在氢弹上面没有垄断权"。[①] 此外,马林科夫还强调了其他一些外交议程,包括恢复中华人民共和国在联合国的合法权利、解决德国问题等。他尤其称德国问题的解决位居重要性之首,对复兴德国军国主义的努力提出警告,并称德国问题的适当解决将有助于奥地利问题的解决。他还特别提到了对美国的政策,称在适当的先决条件具备后,苏联愿意进行谈判以进一步缓和紧张局势,并称这符合社会主义阵营和资本主义阵营和平共处的政策。[②]

针对西方提议的谈判建议,马林科夫的演说也针锋相对地提出了苏联政府的主张,表达了苏联的谈判意愿。但是,如同艾森豪威尔的4月16日演说和丘吉尔的5月11日演说,马林科夫8月8日演说也给谈判设定了"适当的先决条件",从而表明了苏联政府要与西方平等打交道的

[①] Quoted from Joseph L. Nogee and Robert H. Donaldson, *Soviet Foreign Policy Since World War II*, p. 105.
[②] Ibid., pp. 105 - 106.

基本态度。而且,此时朝鲜战争已经停战,艾森豪威尔和丘吉尔所提条件中的停止朝鲜战争问题已经得到满足,在苏联政府看来,现在是到了西方国家拿出诚意的时候了。因此,苏联政府提出,首要的是解决德国问题,而且西方应该停止德国重新军事化的做法。

出于对贝利亚的德国政策的纠正,也是出于与西方进行外交斗争的需要,苏联政府在德国问题上采取了更为明确的姿态。1953年8月20到22日,以马林科夫、莫洛托夫、赫鲁晓夫等人组成的苏联政府代表团与格罗提渥总理为首的东德政府代表团举行会谈,结果再次强调了要在和平、民主的基础上恢复德国的统一。会谈公报指出,必须通过东西德的直接协议,成立一个临时的全德政府,并由其准备和举行全德自由选举。公报宣称,德意志民主共和国在争取欧洲和平的斗争中成了一个重要的因素,因此,苏联为帮助东德国民经济的进一步发展并增进其人民的福利,而与东德签订了一系列协议,规定东德停止支付战争赔偿,在德苏联企业无偿移交给东德,减少东德支付给苏联的驻军费用,向东德提供贷款,以及加大苏联与东德贸易力度,等等。双方还商定将苏联东德外交关系升级为大使级。①

很明显,苏联政府新领导层关于德国问题的争论结果,不仅仅标志着贝利亚以及某种程度上马林科夫所奉行的新现实政治的失败,而且重新确认了德国问题在东西方外交斗争中的首要地位,从而重申了苏联在斯大林后期开始执行的强硬立场。正如祖波克所分析,此后,"不惜代价支持德意志民主共和国的政策便成为唯一现实的选择。东德也从战后初期苏联经济的贡献者转变为苏联的主要扶助对象。不同于老一代共产党人的是,赫鲁晓夫以及其他经历过二战的领导人,把意识形态的胜利看成是苏联在二战当中与纳粹作战时所受的磨难和损失的一种补

---

① "关于苏联政府与德意志民主共和国政府代表团之间的会谈的苏德公报",1953年8月22日,《德国问题文件汇编》,人民出版社1953年版,第335—337页。

偿"①。祖波克的分析指出了苏联领导人关于德国问题的意识形态根源，但是，在这个问题上，显然还有地缘政治的考虑，毕竟，德国问题在美苏冷战对抗的重点地区——欧洲中又处于中心的位置。结合意识形态和地缘政治两个角度来衡量德国问题，可以看出此后相当长时期内苏联在德国问题上的基本立场，以及苏联在与美国和西方阵营打交道时的基本立场。

正是在这种基本背景下，可以看出，美苏双方在德国问题上早已隐含着一种互不退让的政策因素，这就为美苏之间谈判的进一步展开设定了极大的障碍。双方在真正摸清对方底牌之前，显然都希望通过谈判这张牌来达成对自己有利的方式解决德国问题。因此，这必然是一个充满着相互诱导和各自坚持自身立场的过程。而要实现丘吉尔所提议的东西方大国首脑会议，显然还有一段很长的路要走。

---

① Vladislav Zubok, Constantine Pleshakov, *Inside the Kremlin's Cold War*, p. 164.

第三章　西德重新武装与美国"实力地位"政策

从长远来说,艾森豪威尔总统和杜勒斯国务卿可能确实相信东西方首脑谈判终将发挥重要的作用,他们并不希望战争成为冷战的最后解决方法,并且希望有一个更好的时机来与苏联进行谈判。① 然而,在1953年到1954年间,他们显然认为这样的时机还没有成熟。正如NSC162/2号文件所指出的,美国虽然面对着谈判的压力,然而当务之急仍然是要加强西方阵营的"实力地位"。这是实现首脑会谈的前提条件。这一基本政策一直指导着他们在1954年的政策实践,他们在不同的场合反复强调,西方需要建立自己的"实力地位"。

第一节　美欧分歧与《欧洲防务共同体条约》遇阻

欧洲是美苏冷战对抗的重心,而德国又是欧洲的中心,因此,德国问题在美苏双方的地缘政治对抗中占有首要的重要性。对于西方而言,通过条约的形式对西德重新武装并且将其绑定在西方阵营内,这具有多重

---

① Raymond L. Garthoff, *Assessing the Adversary*, p. 10. Also see John Lewis Gaddis, *Strategies of Containment: A Critical Appraisal of Postwar American National Security Policy*, Oxford University Press, 1982, pp. 160 – 161.

作用:一是可以加强西欧的团结和力量,以抵制所谓苏联共产主义对欧洲的威胁;二是使西德为西方的防务作出贡献的同时又可对西德予以限制,避免德国军国主义的复活;三是可以根本杜绝未来可能通过谈判达成统一的德国在政治、军事上完全进入东方阵营的前景。鉴于此,这一步是必须在与苏联谈判之前完成的任务。美国的决策者一直在强调,西方阵营要建立谈判所需的"实力地位",在欧洲考虑的首要问题便是西德在西方阵营内的重新武装。

由于旨在建立"欧洲军"的《欧洲防务共同体条约》在1952年5月27日即由法国、西德、意大利、比利时、荷兰、卢森堡这西欧六国签订,之后随即进入各国议会的批准程序,此时的关键也就是尽快促成《欧洲防务共同体条约》在法、德尽快通过。艾奇逊、杜勒斯及其他很多人都把他们的政治命运寄托在这个计划上,他们觉得这是唯一可能使法国接受西德重新武装的途径。而且,美国的亲密盟友阿登纳的政治命运以及西德与北约关系的未来前景,也都建立在西德为西方防务作出贡献的基础之上。杜勒斯更是对欧洲防务共同体的超国家性质格外迷恋,认为这有望消除其成员国间再次爆发战争的可能性。①

在西欧六国中,法国对西德重新武装最为敏感,法国的态度也最为关键,西德议会则等待法国的结果。但到1953年初时,该条约已经注定要遭到失败。随着朝鲜战争的拖长,美国军事力量陷入远东,欧洲开始重新评估自主防务的必要性,这导致了西方防务的结构性变革。法国人开始呼吁建立一种新的欧洲防务组织,即要解放法国并且摆脱欧洲对美国的依赖。但美国对此表示不满。美国只支持以北约为主的西方防务结构,反对任何在北约框架以外建立欧洲自主性防务的努力,阻止任何对西方防务结构模式的重新设计。

而且,对法国来说,通过该条约将意味着完全融入欧洲,并失去其作

---

① Frederick W. Marks Ⅲ, *Power and Peace: The Diplomacy of John Foster Dulles*, p. 55.

为欧洲大国的身份。这也招致法国国内民族主义力量的不满。他们热衷于建立一支独立的法国军队。

一方面,法国议会在批准该条约上的消极拖延态度不仅仅将使美国的军事计划遇挫,而且表现了西方阵营内部的分歧。而丘吉尔仍然继续敦促要召开首脑会议,这又是对美国领导地位的一种消极怀疑。另一方面,苏联显示的"和平姿态",及其对美国拒绝谈判政策的揭露,无疑使西方阵营内部的分歧和怀疑更为加重。这使得美国方面甚感忧虑,国务卿杜勒斯在1953年底警告说,"北约概念"正在"失去掌控力"。为了缓解这种困境,美国不得不多管齐下,寻找出路。

一方面,美国威胁如果《欧洲防务共同体条约》不能通过的话,要对欧洲政策进行"痛苦的重新评估"。杜勒斯甚至威胁要放弃在欧洲的前沿战略而执行一种边缘防御的战略,即在发生苏联入侵的时候,考虑先让其占领欧洲大陆,然后再从北非、伊比利亚半岛等地组织起反攻。实际上,这种所谓的边缘战略并非虚张声势,美国之前对此一直在筹划之中,在美国总统心中以及在参谋长联席会议看来这都是一种清楚的选择。按这种战略,美国的军队将从法国,甚至还从英国撤退,然后在挪威、丹麦、西班牙、土耳其、摩洛哥以及冰岛等地重新组织部署,更少强调地面军队,更多依靠大规模报复能力。并且,为了减少对其真实性的怀疑,艾森豪威尔总统还从朝鲜半岛召回了四个师,而从西班牙和摩洛哥获取了新的基地。① 这种战略肯定不被欧陆国家赞成,从而迫使西欧国家坚定地寻求一种共同的欧洲安全与防务政策。当时,英国的丘吉尔、艾登,还有一些欧陆国家领导人,确实对杜勒斯所说的"痛苦的重新评估"是非常认真地对待的。

另一方面,美国决策者也通过美国国内政治对欧洲施加压力。杜勒

---

① 直到西欧联盟条约通过,美国才取消了按此战略路线的进一步行动。Ibid., p.50.

斯本人就在多个场合反复提到要进行"痛苦的重新评估"①,1954年后继续通过美国舆论和国会政治向欧洲施加压力。在美国国会中,把继续对欧洲进行援助和让西德进入西方防务体系相联系的做法获得了压倒性的支持。②

同时,不得不说明的是,在美国决策界内部,尤其是杜勒斯,对《欧洲防务共同体条约》通过问题上出现的阻力是非常担忧的。杜勒斯就曾经悲观地认为,趁着当时尚可以从实力出发,不妨考虑与苏联进行谈判。杜勒斯说,作为一种绝望的赌博,美国不妨在相互削减军事力量水平以及国际控制核武器和导弹的基础上冻结现状。③ 但是,杜勒斯的设想为艾森豪威尔总统所反对。艾森豪威尔总是表现得比杜勒斯更有耐心。艾森豪威尔认为,西方现在仍然可能也有必要去追求建立其自己的实力,包括在北约的框架内重新武装西德。然而,他也不得不承认,应该采取措施以缓和世界形势。④ 但这种谈判的声音遇到美国军方的更强烈反对,包括国防部和参谋长联席会议。参谋长联席会议建议称,"苏联领导人态度的根本改变,以及苏联的结构性弱化是达成可接受的谈判协定的前提条件"。因此,试图缓和世界局势的倡议,特别是那种武器控制的倡议,只会是"弄巧成拙"。⑤ 杜勒斯仍然坚持自己的观点,他说,事实上考虑到苏联拥有氢弹,形势已经更为危险。如果把达成相互接受的谈判协

---

① 针对有学者将"痛苦的重新评估"说成是杜勒斯的失言,Frederick W. Marks Ⅲ表示不能同意这种说法。他指出,杜勒斯不仅在自己的一本书中提到这一说法,而且在多个场合反复用过这一说法:杜勒斯在1953年12月14日记者会一开始的声明中就这样说,在他回答问题时也说到了;还有,他在较早前在一次北约会议上致辞时就使用了这一说法,在一个星期后的美国国家新闻俱乐部上他又提到了。Ibid., pp. 50 – 51.
② Ibid., p. 51.
③ Memorandum by Dulles, September 6, 1953, FRUS, 1952—1954, v. 2, p. 457; Richard H. Immerman, "'Trust in the Lord but Keep Your Powder Dry': American Policy Aims at Geneva," in Günter Bischof and Saki Dockrill eds., *Cold War Respite*, p. 42.
④ Eisenhower memorandum to Dulles, September 8, 1953, FRUS, 1952—1954, v. 2, pp. 460 – 463.
⑤ JCS memorandum for the Secretary of Denfense, October 6, 1953, NSC 162, September 30, 1953, FRUS, 1952—1954, v. 2, p. 512.

定服从于美国提高其对苏联的实力地位,那么在朝鲜、奥地利、德国达成协议的希望都将失去。从这些话中,无疑可以看出杜勒斯表达出来的急迫的忧虑,一是他认为当时的国际形势,特别是西欧面临分裂的形势甚为危险,这种危险甚至是迫切性的;二是要防止核战争的爆发,这似乎是杜勒斯认为的美国政策的目标之所在。为此,他提出了趁有利时机与苏联谈判达成相互接受的协定的现实政策选项。当然,杜勒斯最后还是接受了艾森豪威尔更有耐心的观点,他说,"如果我们在西欧有一个坚实的基础,那么就会有与苏联达成某种协议的很好机会"①。因此,美国决策界内部讨论的结果,仍然是按艾森豪威尔的意见,要努力完成西德重新武装以构筑西方的"实力地位"。

为了在 1954 年初通过《欧洲防务共同体条约》,艾森豪威尔政府除了直接向法国施压,还不得不向英国求援以向法国施压或缓解法国的忧虑,确保法国通过《欧洲防务共同体条约》。1953 年 10 月,美国国务院在发给驻法大使的电文中就明确提出,如果由丘吉尔发表声明来支持《欧洲防务共同体条约》将具有最好的效果。而且美国希望英国方面能对欧洲防务共同体提供 50 年的安全担保承诺以打消法国的顾虑。美国认为,最好在近期与英国就两国如何协调以促成《欧洲防务共同体条约》的通过进行讨论,并希望由丘吉尔发表一个政策声明以支持该条约。②

但丘吉尔对《欧洲防务共同体条约》本身并不重视,只是在理论上认为它是达到西德重新武装的可行途径。③ 实际上,英国支持西德重新武装,还与其念念不忘的欧陆均势政策有关,丘吉尔希望在欧陆有一个具

---

① Memorandum of NSC discussion, October 7, 1953, FRUS, 1952—1954, v. 2, pp. 529 - 530; Dulles to Eisenhower, October 23, FRUS, v. 2, pp. 1234 - 1235.

② The Secretary of State to the Embassy in France, FRUS, 1952—1954, v. 5, part 1, pp. 815 - 816. 丘吉尔 10 月 10 日在马盖特的保守党年度大会上发表了演讲,强调了欧洲防务共同体这一机制的必要性以及英国在欧洲驻军的承诺,但英国反对作出 50 年的明确承诺。

③ Memorandum by the Director of the Office of British Commonwealth and Northern European Affairs to the Counselor of the Department of State, FRUS, 1952—1954, v. 5, part 2, p. 1716.

有独立地位的德国,不希望德国的力量受到过分的限制,因此他对德国军队被层层限制的"欧洲军"计划顾虑重重。所以,比起美国热衷的《欧洲防务共同体条约》,丘吉尔更热心于实现他早就提出来的东西方首脑会晤。实际上在此时期,艾森豪威尔总统和丘吉尔通信中不断提到东西方首脑会议和通过《欧洲防务共同体条约》之间的关系问题。在丘吉尔看来,首脑会议肯定是更为重要的事情。而美国同意召开四国首脑会议正好可以用来促成法国通过该条约。丘吉尔显然别有深意地说,法国政府希望这样一次会议失败,这样就可以在法国议会前面为通过该条约提出更充分的理由。①

在1953年10月7日,丘吉尔首相曾经写信给艾森豪威尔总统,建议随后举行一次英美双边政府首脑会晤②,当时艾森豪威尔因为日程安排太紧没有同意,而建议召开一次外长会议。此前8月3日丘吉尔就邀请艾森豪威尔访英③,这次又提出与艾森豪威尔会晤,可见丘吉尔尽管此时身体欠佳,但他仍然迫切地希望有机会与美国总统进行一次直接的会面。用丘吉尔的话说,他有很多事情想跟艾森豪威尔悄悄地、慢慢地谈,并且急切地希望不久会有这样一次机会。④ 结合此前丘吉尔一直热衷的话题,无疑可以想见一个重要内容,就是丘吉尔希望能够通过与美国总统的直接会面,来敦促艾森豪威尔同意参加与苏联的首脑会晤。这次英美外长会议最后于10月16—18日在伦敦举行。在这次会议上,不出意料之外的,杜勒斯与英国方面讨论了举行四国最高层首脑会议以及丘吉尔单独访问苏联等问题,但并无多大结果。然而如前所述,此时美国也正要请英国帮忙以敦促法国通过《欧洲防务共同体条约》。1953年10月22日,这次是艾森豪威尔总统向丘吉尔首相发出见面的请求,然而这次

---

① 丘吉尔1953年7月17日写给艾森豪威尔的信。*The Churchill-Eisenhower Correspondence*, 1953—1955, p. 86.
② 丘吉尔1953年10月7日写给艾森豪威尔的信。Ibid., p. 89.
③ 丘吉尔1953年8月3日写给艾森豪威尔的信。Ibid., p. 88.
④ 丘吉尔1953年10月9日写给艾森豪威尔的信。Ibid., p. 91.

丘吉尔谢绝了。因此，在首脑会议和《欧洲防务共同体条约》这两个问题上，英美双方可以说互有所求，而分歧也是非常明显的。美国希望英国在法国通过《欧洲防务共同体条约》问题上帮助美国，而英国则希望美国同意参加东西方首脑会议。

1953年11月3日，苏联对西方7月15日照会（即提议召开关于德国问题和奥地利问题的四国会议）的答复中，反对召开关于德国问题的四国会议，建议召开包括新中国在内的五国会议以讨论广泛的国际问题。① 苏联的答复实际上是拒绝了四国会议的建议。苏联的回复显然给丘吉尔制造了难题，在11月5日丘吉尔给艾森豪威尔的信中，他建议英美法三方再次在12月份举行已经因故取消的百慕大首脑会议，以讨论西方的立场。对美国来说，则乐见苏联的消极立场。在11月6日艾森豪威尔给丘吉尔的回信中，他指出，现在有必要避免形成一种虚假的印象，"认为我们会面是为了发出另外一次对苏联的邀请"；他建议这次会面不要讨论任何与苏联会谈的事情，而只讨论涉及他们共同利益的问题。显然美国总统此时最关心的问题是《欧洲防务共同体条约》的通过。他说，他唯一的保留就是，不希望这次三大国首脑会晤又成为法国的《欧洲防务共同体条约》的反对者们阻挠通过条约的一个借口。② 对英国而言，则肯定还想从各方面探讨与苏联会谈的可能性。③ 尤其是11月26日苏联又向西方发出一份新照会表示愿意参加四国会谈。英国认为，关于《欧洲防务共同体条约》，现在仅仅急于敦促法国通过条约是无用的，

---

① 美英法三国华盛顿外长会议1953年7月15日照会苏联，提议召开举行关于德国问题和奥地利问题的四国会议，见本书第二章第三节、第五节内容。在西方三国向苏联政府发出7月15日照会以后，苏联和西方三国政府之间进行了一系列的照会往来，从1953年7月15日一直到12月26日，最后结果是导致了1954年1月柏林会议的召开。
② 丘吉尔1953年11月5日给艾森豪威尔的信以及艾森豪威尔11月6日的回信。见 The Churchill-Eisenhower Correspondence，1953—1955，pp. 93-94.
③ Memorandum by the Director of the Office of British Commonwealth and Northern European Affairs to the Counselor of the Department of State，FRUS，1952—1954，v. 5，part 2，p. 1716.

需要的是建设性的途径去帮助法国政府解决问题。① 在11月26日苏联新照会发出后,美国方面的立场也有所变化。这在美国国务院政策计划室为美国参加百慕大会议准备的文件中可以看出。一份时间标明为1953年12月2日的政策计划室文件建议道,只要在苏联愿意现实地并且没有不可接受的前提条件进行会谈的情况下,美国可准备与苏联谈判解决一些具体问题。但这种高层会谈不应具有广泛性。美国可准备在遵守联合国决议的情况下就裁军问题与苏联进行私下的会谈。②

1953年12月4日至8日,艾森豪威尔总统、丘吉尔首相、法国总理约瑟夫·拉尼埃在百慕大会晤。百慕大是英国的直辖殖民地,所以丘吉尔便以东道主的身份主持会议。丘吉尔在开幕词中情辞热烈地呼吁西方团结一致,并且强调必须找出一条所有国家都能走的共同道路。③ 在百慕大会议期间,丘吉尔和艾森豪威尔就尽快,最好在1954年1月份,与苏联进行会晤达成一致。然而再次令丘吉尔失望的是,美国只同意在特定的德国和奥地利问题上举行一次外长会议,而不是一次议题广泛的首脑会晤。艾森豪威尔强调,他不会参加与苏联的首脑会晤,除非事先的外长会议证明苏联的善意。而对于《欧洲防务共同体条约》在法国议会的通过问题,丘吉尔则建议寻找某种替代方案:一种没有法国参加的欧洲防务共同体,或者让西德直接加入北约;或者与德国达成一种新的条约安排。然而艾森豪威尔总统对此表示怀疑。④ 显然,在这两个英美分别最为关心的问题上,英美之间的分歧仍然是很明显的,西方大国之间仍然没有形成共同立场。实际上,在这个问题上,也只有最终得到英国的支持,美国的欧洲政策才能获得成功。

---

① The Ambassador in the United Kingdom to the Secretary of State, FRUS, 1952—1954, v. 5, part 2, p. 1723.
② Paper Prepared by the Director of the Policy Planning Staff, FRUS, 1952—1954, v. 5, part 2, p. 1731.
③ [美]弗农·阿·沃尔特斯著:《沃尔特斯回忆录》,商务印书馆1982年版,第295—300页。
④ Eisenhower-Churchill Meeting, FRUS, 1952—1954, v. 5, part 2, pp. 1739-1740.

第二节 美英协调与《巴黎协定》签订

在丘吉尔看来,要想取得东西方关系的任何进展,那就非靠不订议程的首脑当面会谈不可。① 不出所料,随后1954年1月25日至2月18日在柏林举行的四国外长会议②,美苏在关键的欧洲问题上除了相互指责,没有取得进展。会议公报称,四国外长已对德国问题、欧洲安全问题及奥地利问题充分交换了意见,但是他们未能对这些问题达成协议。③ 会上英国艾登外相提出了"艾登计划",即先经过自由选举产生德国国民议会,再由其为统一的德国起草一部宪法并且谈判一项和平条约,简单地说,也就是德国只在自由选举之后才得重新统一。杜勒斯对英国这项计划表示支持。④ 苏联方面则提出,先同东西德一起签订和约,组建临时政府,由临时政府实施全德选举,最后组成全德政府。虽然苏联和西方之间的方案表面上只有顺序上的不同,然而立场的差异却是实质性的。而且,莫洛托夫还在会上首次提出一个缔结为期50年的欧洲集体安全条约的建议,令西方三国大吃一惊。苏联提出的这项《欧洲安全条约草案》建议,所有缔约国应保证运用和平方式来解决争端,使用一切可能的手段(包括武力手段)来共同制止武装侵略,并称德国统一之前东西德都可以成为该条约的平等伙伴,美国和新中国以观察员身份参加。莫洛托

---

① [英]哈罗德·麦克米伦:《麦克米伦回忆录(三)·时来运转 1945—1955年》,商务印书馆1980年版,第527页。
② 柏林外长会议的议程有三项:关于缓和国际紧张局势的措施和召开五国外长会议问题;和平解决德国问题和保障欧洲安全的任务问题;关于奥地利国家条约问题。第一项议程达成了协议书,即召开美苏英法中五国外长会议讨论朝鲜和恢复印度支那和平问题。第二项议程,苏联再次提交了1952年3月10日的对德和约草案,只是稍加修改,最后没有达成协议。第三项议程也没有达成协议。
③《国际条约集(1953—1955)》,世界知识出版社1960年版,第146页。
④ 据称,1954年初柏林会议上艾登提出的关于德国的"艾登计划",最初出自杜勒斯之手,如同后来在1955年日内瓦首脑会议上法国外长皮内提出的有关德国重新统一的提案一样。Frederick W. Marks Ⅲ, *Power and Peace: The Diplomacy of John Foster Dulles*, p.58.

夫的建议很明显是希望将北约和欧洲防务共同体架空并最终失效,这当然不能为美国以及西方所同意。在美国国务卿杜勒斯看来,苏联意在把美国排除在外而打造一个受苏联支配的欧洲,并认为这是"非常荒谬"的,以至于当莫洛托夫提出这项建议的时候,谈判桌上的西方代表发出阵阵笑声。① 按艾登所说,苏联对欧洲问题的态度在这次会议上表现得极其僵化,即使在奥地利问题这个被认为苏联只需要以很小的代价便可赢得公众支持的问题上,苏联也压根没有让步。但是,即使会议几乎没有取得什么结果,但四大国之间的关系也并没有添加紧张感。不过,艾登说,莫洛托夫表现得极为急切地想要就一次日内瓦五国会议达成协议,"他在这个问题上的态度就远没有那么僵硬了,准备就这个问题进行谈判"②。

实际上,美苏双方关于德国统一问题的立场在此次会议召开之前都已经是确定的。苏联方面,贝利亚事件后的苏联主要领导人对德国政策恢复了共识,强调支持东德及其国家建设。虽然苏联的公开立场及其最大目标到此时仍然是以德国的中立化为条件建立一个统一的德国,但实际上对于美国政府在德国立场上的改变已经不抱多大希望。同时,美国政府决策层也对苏联在德国问题上的立场进行了基本准确的讨论和分析。1953年8月17日,美国国家安全委员会会议中谈到,苏联不会允许一个统一的德国重新武装或与西方联合。美国驻苏大使波伦9月份时更明确地表示,苏联政府对6月17日东柏林骚乱事件的反应似乎是要决定给予东德政府全面的支持。因此,苏联不会允许德国的重新统一,因为这将使东德政府不再存在。在柏林会议前夕,波伦还进一步解释道,苏联会坚持它在二战中赢得的所有地方,以阻止对其不利的"外溢"

---

① Joseph L. Nogee, Robert H. Donaldson, *Soviet Foreign Policy Since World War II*, p. 106.
② CABINET OFFICE RECORD COPY, Conclusions of a Meeting of the Cabinet held in the Prime Minister's Room, House of Commons, S. W. 1, on Monday, 22nd February, 1954, at 4 p. m., Catalogue Reference:CAB/128/27, Image Reference:0010, p. 81.

或"多米诺骨牌"效应的发生。① 在美国这边,虽然出于舆论的考虑,美国政府公开场合下还是敦促实现德国的重新统一,但与西德阿登纳政府的主张相适应,只是希望实现一个纳入西方阵营的德国,哪怕是德国的一部分,而非德国的中立化统一。②

柏林外长会议上,德国问题由于美苏双方之间根本立场的迥异无法调和,这本使东西方大国会谈陷入僵局,但出于维系东西方阵营内均已出现的某种通过面对面交流来促进和解的希望,苏联提出了关于召开包括新中国在内的五国外长会议的问题,并成为东西方之间存在某种会谈空间的主要议题。从1954年2月4日苏联驻华大使尤金转交给中国政府的苏共中央关于柏林会议情况的材料中,可以看出西方三国对这一五国外长会议的态度:

> 在同苏联代表的私人谈话中,杜勒斯在答复对美国对中华人民共和国的政策的批评时说,美国把中华人民共和国看作是一个对美国采取敌对态度的国家,美国并且认为不能以提高这个国家的国际威信的办法去加强这个国家。杜勒斯又说,他只容许事情按这样一个程序发展,即开始是中华人民共和国在朝鲜和印度支那问题上要有一定的行动,然后是美国承认中华人民共和国并接受它进入联合国。这里应该指出,杜勒斯在回答苏联代表团批评蒋介石的意见时,并没有说过一句袒护蒋介石的话。
>
> 谈到朝鲜问题时,杜说,与其开这样一个注定要失败的会议,反

---

① Statement of Policy by the National Security Council, August 17, 1953: United States Position with Respect to Germany, in FRUS, 1952—1954, v. 7, p. 513; Memorandum by John C. Ausland of the Office of German Political Affairs to the Director of the Office (Morris), Oct. 27, 1953, FRUS, 1952—1954, v. 7, p. 1666; Minutes of the Chiefs of Mission Meeting at Luxembourg, Sep. 18 – 19, 1953, FRUS, 1952—1954, v. 6, p. 669; The Ambassador in the Soviet Union to the Department of State, Moscow, Jan. 20, 1954, FRUS, 1952—1954, v. 8, pp. 1224 – 1225.

② J. D. Beam to Mr. Bowie, June 30, 1953, National Archives, Quoted from Victor Rosenberg, *When The Weather Clears: Soviet-American Relations*, 1953—1955, A dissertation submitted to the Kent State University Graduate College in partial fulfillment of the requirements for the degree of Doctor of Philosophy, December 1990, p. 83.

而不如根本就不开它。他看不出有什么办法可以解决朝鲜问题,因为苏联和中华人民共和国不会容许在北朝鲜存在敌对势力,而美国同样也不会容许在南朝鲜存在敌对势力。谈话中,杜企图试探,我们是否主张朝鲜中立化。对这一问题,我们的代表未作任何表示。

法国代表团对讨论召开五大国会议问题的立场,在极大程度上是由法国对解决印度支那问题所表现的关心来决定的。……比杜尔称,尽管柏林会议的参加者抱有各种不同的态度,但是不该认为对某些问题的观点的接近是不可能的。比杜尔说,法国政府准备利用一切机会以在可为各有关方面共同接触的条件上停止军事行动的办法恢复印度支那的和平。……在私人谈话中,比杜尔曾试探过苏联有无可能出面调解印度支那停战问题。我们承认了这种调解的可能,但指出,最好是由五大国会议本身去解决。

英国代表团立场的特点是,艾登极想造成英国的"温和的角色"的样子。艾登一方面反对五大国会议,一方面又主张必须解决像朝鲜和印度支那这些对柏林会议与会各国最有兴趣的亚洲政治问题。他也指出,寻求"有助于切实解决这些问题的办法"是十分必要的。艾登同意比杜尔这样一种说法,即如果"把问题好好考虑一下,那末会谈"(指柏林会议)对这些问题的解决将会提出某些实际的贡献。

我们从来也未指望西方三国会同意召开五大国会谈。但是现在有利的就是,我们代表团已经做到了把三个西方外长拖进了这个问题的辩论并且还暴露了,在这个问题上他们之间是没有完全一致的意见的。同时还应该指出,西方国家虽仍然不同意苏联关于召开五大国会议的建议,但同时他们也认为,干脆拒绝这个建议在政治上和策略上都是于他们不利的。这个问题的讨论还表明,中华人民共和国的国际地位是大大加强了,西方国家,包括美国在内,如今不得不认真地考虑这一点。①

而从来自英国方面内阁会议记录的历史档案来看,似乎美国国务卿杜勒斯为了照顾法国的考虑,同意并提议召开这样一次五国会议。这份2月10日英国内阁会议的记录记下了有关讨论五国会议的情况。此时英国内阁收到了一份来自柏林的英国外相艾登的电报。艾登称,杜勒斯在柏林的四国会议中私下地提出了这一提议。艾登并称,进一步讨论这一问题,可能难以维系西方三国的团结。艾登说,主要的考虑必须是避免西方三国不团结的任何显示。在艾登看来,当时最为要紧的问题是通过《欧洲防务共同体条约》,他认为,西德政界和商界的许多人已经对西方国家的政策感到不耐烦了。而丘吉尔首相的看法是,五国会议的事实将比其形式更为重要。他说,如果能够从柏林得到小的结果的话,那便仍可以希望从五国会议上得到更好的结果;而如果美国和中国政府能够坐到一张会议桌上,那将是能够赢得的关键。从英国丘吉尔首相与艾登外相的观点中,可以看出英国决策层内部存在的某种分歧。比起丘吉尔,艾登外相与美国政府的立场更为接近些。随着艾登在1953年底身体恢复,他给英国外交政策带来的变化也是较明显的。当然丘吉尔作为首相,他认为内阁可以告诉艾登外相,让他尽最大努力以确保五国会议。这次内阁会议最后按丘吉尔首相的观点给艾登发出了指示。②

当然,作为1947年后首次举行的东西方外长会议,柏林四国外长会议本身的象征意义大于实际意义,双方也并不期待通过这次会议取得实质性成果。在1954年2月17日的英国内阁会议上,当时国务大臣报告说,柏林会议即将结束,很清楚不会在德国和奥地利问题上达成任何协

---

① 苏联转来关于一九五四年英、美、法、苏四外长柏林会议情况的材料,中华人民共和国外交部档案馆,档案号:109-00396-01(1)。
② CABINET OFFICE RECORD COPY, Conclusions of a Meeting of the Cabinet held at 10 Downing Street, S. W. 1, on Wednesday, 10th February, 1954, at 11 a.m., Catalogue Reference: CAB/128/27, Image Reference:0008, p. 60.

议,但仍然有可能在远东问题上召开一次会议达成某种一致。对此,丘吉尔说,即使没有达成决议,但在讨论中并没有强烈的不调和,结束时也没有持久的沮丧感,这说明可能已经生成了某些有利因素。①

这时期,英国对国际局势的判断是,将有一段不发生主要战争的长时期国际紧张局势。为此,英国内阁还在积极考虑扩大对苏联集团国家的工业产品出口,谋求将当时的战略性工业物资禁运清单从263种降低到约135种。② 为此,英国希望得到美国同意,扩大东西方之间的贸易额。

这也可以从该时期丘吉尔与艾森豪威尔的通信寥寥中看出端倪。丘吉尔转而关心氢弹的发展、东西方贸易。艾森豪威尔或许是注意到与丘吉尔之间这种私人关系的微妙变化,倒是在1954年2月9日给丘吉尔写了一封长信,对莫洛托夫在柏林会议上的表现予以指责,同时更主要地,是对美国所采取的"坚定"政策和态度作了一种解释,并强调了西方主要大国之间的团结的必要性。③ 对此信的内容,丘吉尔在整个2月份一直没有给予回答。直到一个月以后的3月9日,丘吉尔才给艾森豪威尔写了一封长信,算是对艾森豪威尔2月9日信的回复。丘吉尔在信中表露了对热核战争危害国家安全的焦虑。他还是建议在美苏英三个核大国之间进行一次会晤,并动情地说,"不管多么大的事情,人还是不得不和别人达成谅解","我甚至可以想象,即使简单的几句话,敬畏地说出来,可能会立即产生使说话者心情沉重和受到启发的效果,从而使核魔鬼在我们这个世界消失"④。从这封信的内容来看,丘吉尔倒是作了一定

---

① CABINET OFFICE RECORD COPY, Conclusions of a Meeting of the Cabinet held at 10 Downing Street, S. W. 1, on Wednesday, 17th February, 1954, at 11 a.m., Catalogue Reference:CAB/128/27, Image Reference:0009, p. 72.
② Ibid., p. 73.
③ 艾森豪威尔1954年2月9日写给丘吉尔的信。The Churchill-Eisenhower Correspondence, 1953—1955, pp. 120 – 121.
④ 丘吉尔1954年3月9日给艾森豪威尔的信。Ibid., p. 123.

的让步,希望缩小议题,使首脑会晤限于核战争或军备限制的议题。然而,艾森豪威尔仍然不为所动。柏林外长会议结束之际曾经达成一项协议,决定召开包括新中国在内的五国外长会议以讨论处理朝鲜和印度支那问题。① 实际上,美国并不情愿召开这次会议,在朝鲜问题上美国并不认为有谈判的余地,在印度支那问题上美国希望能够继续战争而不是实现和平。而美国之所以同意召开这次会议,很大程度上是为了以照顾法国国内在印度支那问题上进行谈判的意愿,来换取法国对通过《欧洲防务共同体条约》的支持,以及为了在军事上进行更为有利的军事集结以实施"纳瓦拉计划"——美国一厢情愿地这样以为,但法国军方的军事取胜意愿已经大大降低而只想取得一种有利的谈判地位。② 这次会议在1954年4月于日内瓦召开。③ 但会议开始不久,随着法国在奠边府的大败,朝鲜问题即退居次要地位,越南问题成为会议焦点。而英美之间在印度支那问题上的分歧再次公然暴露。④

---

① 《国际条约集(1953—1955)》,第 146 页。当时美国人坚持要在公报上写明,邀请中国参加,并不含有对中国外交承认的意思。公报写道:"无论是邀请参加上述会议或举行上述会议,都不得被认为含有在任何未予以外交承认之情况下,予以外交承认之意。"徐京利著:《解密中国外交档案》,第 250 页;Communique Issued at the Conclusion of the Quadripartite Meeting of the Four Foreign Ministers at Berlin, February 18, 1954, in The Geneva Conference on Indochina, May 8—July 21, 1954, FRUS, 1952—1954, vol. 16, i0008, p. 415.
② Memorandum by Edmund A. Gullion of the Policy Planning Staff to the Director of That Staff (Bowie), PPS files, lot 65 D 101, "Indochina", in FRUS, 1952—1954, vol. 16, i0008, p. 418; Memorandum by the Deputy of the Executive Secretariat(Kitchen) to the Acting Secretary of State, 396. 1 GE/3 - 154, in FRUS, 1952—1954, vol. 16, i0008, p. 427.
③ 中共中央对这次会议给予高度重视,周恩来亲自挂帅。4月19日,中国政府正式任命周恩来总理兼外长为中国代表团首席代表,副外长张闻天、王稼祥、李克农为代表,外交部办公厅主任王炳南为秘书长,黄华为代表团新闻发言人。中共中央同意外交部的方案,组成180多人的庞大代表团。徐京利著:《解密中国外交档案》,第 249—250 页。
④ 1954年6月17日周恩来就发表我派外交人员驻伦敦公报事致毛泽东、刘少奇、中共中央及外交部的电报中提到:"6月4日我们向英方提议发表公报宣布此项协议,彼时适逢英美关系紧张,美国许多要人和宣传机关对英国在日内瓦会议上采取调和态度,以及在东南亚防御公约问题上采取拖延态度纷纷表示不满。英国政府中的亲美派也对丘吉尔和艾登施行压力。"《周恩来就发表我派外交人员驻伦敦公报事致毛泽东、刘少奇、中共中央及外交部的电报》(1954年6月17日),廉正保等主编《解密外交文献——中华人民共和国建交档案(1949—1955)》,中国画报出版社 2006 年版,第 488 页。

为了弥合英美在印度支那问题上的分歧,以及双方也想在其他问题上寻找共识,并促进个人之间的联系,丘吉尔建议对美国进行一次访问。艾森豪威尔欣然同意。1954年6月25日在白宫举行的美英正式会谈中①,丘吉尔首相再次正式向艾森豪威尔提出与苏联领导人进行高层次会谈的可能性,艾森豪威尔没有表示反对,似乎碍于情面而同意了丘吉尔的首脑会晤提议,然而又留有活动余地。艾森豪威尔强调,任何这种会谈不应该有中共参加。艾森豪威尔还表示,这样的会谈美国方面可能由副总统和杜勒斯国务卿出席。如果成功有望而且需要他参加的话,他可以参加三四天时间。他提到总统职位的责任,认为不可能离开国家时间太长,无法进行长时间的会谈。② 但在访问结束之际,艾森豪威尔在首脑会晤问题上似乎又回到了更为模棱两可的立场。这使丘吉尔深感失望。回国途经大西洋,丘吉尔在"玛丽王后"号上采取了一个大胆行动,没有与英国内阁商量,也没有告知艾森豪威尔,就于7月4日向莫洛托夫发送了一封电报,探讨了他单独和苏联政府进行一次非正式接触的可能性。电报提出,既然此时没有如他在1953年5月11日的讲话中建议的由美国出席最高级会议的前景,他本人与马林科夫之间就应有一次"友好的会晤"。③ 在随后的7月份,丘吉尔因为这次行动在他自己的政府内遇到了强烈反对,也遭到美国反对。艾森豪威尔甚感不快,甚至准备不惜把英美之间围绕首脑会晤的分歧公之于世。直到7月24日的苏联照会建议,召开欧洲国家会议

---

① 丘吉尔1954年6月25—29日访问美国时的双方讨论,见 FRUS, 1952—1954, v.6, part 1, pp. 1075.
② FRUS, 1954—1956, v.6, part 1, pp. 1079 - 1080.
③《国际事务概览1954年》,第217页。

以讨论建立欧洲集体安全体系的问题①,这在西方看来显然是不利于《欧洲防务共同体条约》的通过,丘吉尔也从原来的立场后退,这次危机才算缓解,西方总算恢复了协调一致。

然而,美国最为担心的事情还是发生了。在1954年日内瓦会议在印度支那问题上达成协定后,大批法军被从印度支那战争中解脱出来,法国更觉得没必要被一个恢复活力的西德矮化。法国方面因此对条约的异议越来越明显。法国国民议会在批准该条约上阻力越来越大。1954年8月30日,法国国民议会最终否决了《欧洲防务共同体条约》,这给美国的欧洲政策和德国政策以沉重打击,西方阵营面临一次真正的危机。

在这种情况下,英国外交大臣艾登在美国政府的求助和授意下出面斡旋,寻找替代方案以解决联邦德国重新武装问题。1954年9月11—16日,英国外交大臣艾登在出访西欧国家时提出替代方案,即修改《布鲁

---

① 对于丘吉尔7月4日给苏联政府的电报,在莫洛托夫和赫鲁晓夫看来,这可能有其不可告人的目的。毕竟,丘吉尔从美国访问归来,苏联不能不考虑到丘吉尔提议背后的美国因素。正如赫鲁晓夫后来回忆称,"丘吉尔过于急切地希望进行首脑会晤,我害怕,如果他来到莫斯科并与马林科夫进行面对面的会谈,马林科夫将会被他吓唬住而让步"。See Vladislav M. Zubok, "Soviet Policy Aims at the Geneva Conference," in Günter Bischof & Saki Dockrill, *Cold War Respite*, p. 57。基于这种担心,苏联对丘吉尔的提议采取冷静态度,转而于7月24日建议召开全欧会议以讨论欧洲集体安全问题。西方国家随后正值法国国民议会否决《欧洲防务共同体条约》的困难时期,根本不希望和苏联讨论欧洲安全安排问题,所以9月10日,西方国家联合复照苏联,提出召开四国外长会议的条件是:第一,苏联应同意签订对奥和约;第二,作为德国重新统一的第一步,苏联应同意在德国进行自由选举。西方国家希望通过提出两个关键的条件,来阻止苏联的进一步提议。鉴于局势的发展,当时苏联曾试图通过支持德国自由选举,来阻止西德重新武装。10月23日,苏联再次给西方国家政府复文,要求在11月召开四国会议,并称:"苏联政府鉴于……举行全德自由选举为重建德国统一所需要",愿意重新审查英国在柏林会议上提出的举行全德自由选举的建议。同时,苏联提议就奥地利国家条约问题进行谈判。显然,苏联的复文接近于西方国家9月10日照会所提条件。但在西方看来,苏联显然想利用西方国家的这次困境,因此再次反对接受苏联的建议。

塞尔条约》①,邀请联邦德国、意大利参加,原布鲁塞尔条约组织改建为西欧联盟,同时让联邦德国参加北约组织,以此解决联邦德国重新武装问题。同年9月28日—10月3日,美国、英国、法国、联邦德国等九国外长在伦敦开会。美英保证继续驻军欧洲大陆,联邦德国则表示愿意接受军备限制与监督,保证不以武力改变欧洲目前的疆界。法国遂接受英国替代方案,会议通过了《伦敦九国会议最后决议书》。在这份新的替代性协议中,西德同意加入西欧联盟,再通过这一机制,作为一个主权国家加入北约。

1954年10月20—23日,伦敦会议参加国家又在巴黎举行会议,根据伦敦会议决议签订《巴黎协定》。主要内容是:终止对联邦德国的占领制度;重申《波恩专约》所规定的有关美、英、法三国在联邦德国境内和(西)柏林地区驻军及其他方面的权利;允许联邦德国恢复主权,可建立50万人的军队,但禁止其制造原子、生物、化学武器及远程火箭、导弹、战略轰炸机、排水量3000吨以上的水面舰只和排水量300吨以上的潜艇;接纳联邦德国加入《北大西洋条约》;将《布鲁塞尔条约》宗旨中关于"防止德国侵略政策复活"改为"促进欧洲的团结并鼓励其逐步统一";将布鲁塞尔条约组织改称西欧联盟,在军事上纳入北约防务体系,并吸收联邦德国、意大利参加;法国和联邦德国同意通过公民投票方式将萨尔交给由西欧联盟任命的专员管辖。《巴黎协定》签字后,美国及其西欧主要盟国都为《巴黎协定》在法国议会的通过而努力。虽然西方阵营内要求与苏联谈判的呼声不绝于耳,但这些建议均遭到美国的明确反对。美国

---

① 二战后成立的西欧第一个军事联盟组织。由英国发起,法国、荷兰、比利时和卢森堡等国参加。1948年3月17日,五国外长在布鲁塞尔签订为期50年的《布鲁塞尔条约》,1948年8月25日生效。英、法等国当时为了"不触怒苏联和引起麻烦",在条约序言中申明联盟的目的在于防止德国侵略政策复活,同时规定倘在欧洲遭到武装攻击,缔约国应提供一切军事和其他援助。设立外长协商理事会。此后又成立防务委员会,设最高司令部,任命英国元帅B. L. 蒙哥马利为总司令。北大西洋公约组织成立后,1950年12月,布鲁塞尔条约组织外长理事会决定撤销其最高司令部,将该组织的军事机构并入北约组织,其他机构则继续存在。1955年西德、意大利加入后,改称西欧联盟。

甚至反对召开西方国家的工作组会议来研究将来与苏联的谈判问题。丘吉尔首相及艾登外相也表示,在《巴黎协定》通过以前不应有任何种类的四国会议。① 在美国的压力下,西德总理阿登纳也明确表示,在巴黎协定生效之前,不应有此类的谈判。② 此时美英以及西方盟国之间在与苏联的首脑会晤问题上总算有了比较一致的认识,《巴黎协定》是否成功生效成了西方同意召开东西方首脑会晤的先决条件。

另外,与欧洲的形势相呼应,在日内瓦五国外长会议就实现印支停战、恢复和平达成协议后,美国从1954年下半年以来,还加强向东南亚、中东等地进行力量的扩张,加速西方阵营的力量建设。在东南亚,这主要体现为1954年9月8日签订的《东南亚集体防务条约》。该条约于1955年2月9日生效,由澳大利亚、法国、新西兰、巴基斯坦、菲律宾、泰国、英国和美国八个国家参加。③ 在中东,则体现为1954年底以后中东防务联盟的加紧策划。1955年2月24日,伊拉克和土耳其签订《互助合作公约》,即《巴格达条约》,4月5日英国正式完成加入手续,1955年4月15日开始生效。④ 随着巴基斯坦、伊朗等国的加入,美国政府还希望,通过巴基斯坦、土耳其等联结点,这个中东防务联盟将把欧洲的北大西洋公约组织和远东的东南亚条约组织及其他同盟联结起来,全面围困苏联及社会主义阵营,形成一种全球性的整体战略态势。

---

① FRUS, 1955—1957, v. 5, p. 121.
② FRUS, 1955—1957, v. 5, p. 123. 针对杜勒斯敦促西德在有关四国会议上与美国保持共同立场的来信,阿登纳给杜勒斯的回信中强调了对美国立场的认同,并指出盟国间应在巴黎协定生效后立即进行有关德国重新统一问题的研究,与苏联政府交换意见并促成四国会议的召开。
③《国际条约集》(1953—1955),第226—230页。
④ 美国对巴基斯坦和伊朗的压力到1955年9、10月间才见效果。巴基斯坦1955年9月23日起成为加入国,伊朗1955年11月3日起成为加入国。美国虽非加入国,但自1955年11月22日起每次理事会均派代表以观察员资格出席会议。1956年后美国还正式成为其经济委员会、反颠覆委员会、军事委员会的正式成员。1958年伊拉克成立共和国后逐渐退出该条约。见《国际条约集》(1953—1955),第396—399页。

第三节 核武库建设与美国军事实力的增长

美国主导的西方"实力地位"的建设,除了在外交战线上极力促成以西德重新武装为重点内容的西方阵营的力量扩张,还包括美国自身应对苏联军事威胁的能力建设。对此,NSC162/2号文件要求美国发展和维持强大的军事地位,包括在原子武器的数量和质量方面都保持优势地位,并强调以进攻性打击力量实施大规模报复性破坏的能力。在核武器的使用上,文件宣称,在敌对状态下,美国将把核武器看作是像其他军火一样能够使用的武器。① NSC162/2号文件通过之后,1954年1月12日,杜勒斯在纽约对外关系理事会作了《大规模报复战略》的演讲。杜勒斯提出,"自由世界"阻止入侵的方法是以其自己愿意而且能够选择的方式和地点进行有力的反击。他宣布,艾森豪威尔政府已经完成了战略调整,确立了基本政策,"目前的基本政策是,主要依靠一支庞大的报复力量,它能够用我们选择的武器与我们选择的地点马上进行报复"。"这使得可以精选一些军事工具,而不需要各式工具。其结果是,现在就可以花较少的代价而获得并分享较为基本的安全。"②在大规模报复战略的指导之下,美国在1953、1954年间大大加强了自身的军事实力建设,尤其是核军备建设。③

---

① FRUS, 1952—1954, v. 2, pp. 582 - 583,593.

② John Foster Dulles, "The Strategy of Massive Retaliation," *Annals of American History*, <http://america.eb.com/america/article? articleId = 387176>[Accessed December 29, 2008].

③ 在1956年6月艾森豪威尔给国会联合原子能委员会、参议员克林顿·安德森的一封信中这样写道:"由于前几年的大力发展,我们现在以及预期的裂变材料生产率已经是很高的。在过去几年,这些生产率大大提高了。在原子能委员会提高了铀矿获取目标的同时,我们的生产率提高了几倍。在过去三年中,原子能委员会已经完成的工厂和装备已经翻了一番。我们这些设施的资产已经达到约65亿美元。"Eisenhower to Anderson, 13 June 1956, White House Central Files, Official File, Box 524, 1956, DDE Library. Quoted from Martin J Medhurst, "Atoms for Peace and Nuclear Hegemony: The Rhetorical Structure of a Cold War," *Armed Forces and Society*, Summer 1997, v. 23, no. 4, p. 580.

美国的核军备建设首先是基于对苏联核能力的判断。对于苏联核能力的增长,美国战略界、情报界都给予了密切的注意。艾森豪威尔总统甫一上任,1953年1月19日的国家安全指令(NSC140)就下令,在国家安全委员会内建立一个特别评估组,对苏联在1955年7月1日前对美国造成直接损伤的净能力(net capability)作出简要的评估。1953年5月18日,该组提出了具体的报告,即NSC140/1号文件。该报告对苏联的大规模杀伤性武器、战略投掷手段、海军和陆军力量、空防能力、对美国国内的阴谋破坏能力等方面进行了评估,还对美国自身的预警能力、反制能力进行了分析。报告认为,如果要对美国空防力量造成关键性的损伤,苏联的攻击就必须在完全奇袭的条件下进行。但即使这样,预警能力能使美国不致过于惊慌失措。该文件指出,美国的雷达侦测能够提供半小时的预警,但战略空军司令部内部装置接受到的预警可以提高到四小时。两小时的预警可以使战略空军司令部将其核运载工具的65%进行疏散,六小时预警则可疏散85%。而到了1955年,随着美国早期预警能力的进一步提高,苏联突然袭击的成功可能性也进一步降低。①

该报告对苏联核袭击对美国造成的严重破坏后果进行了分析。报告写道,若苏联以其全部核武器对美国人口最密集的城市地区发动核袭击,1953年最多可能导致900万人口的伤亡,到1955年中伤亡人数则会达到1 250万人,其中一半人将会死亡。但是报告也提出,实际的伤亡数字将会只有上述数字的50%以下,这尤其要视各地区不同情况,由预警时间、民防组织的有效性以及其他各种因素来决定。如果有1个小时的预警时间,伤亡将会减少一半。该报告还强调,除了人员伤亡,苏联的这种核攻击还会造成美国严重的工业损失,经济社会秩序的普遍混乱,士气的低落,民众恐慌和失败主义情绪的蔓延等等。②

---

① NSC140/1, DNSA, Presidential Directive, PD000313, pp. 16, 23.
② NSC140/1, DNSA, Presidential Directive, PD000313, pp. 19, 26.

面对苏联的核威胁,如何有效地进行防卫呢? 美国人这时强调的大陆防御能力主要包括,空中防御能力、其他军事防御能力和民用防御工事能力。其中最主要的是空中防御能力,这主要由一个预警系统和探测雷达屏幕组成,这一雷达预警系统网络并且已经扩展至加拿大,但此时美国仍然缺乏快速灵活的识别系统,地对空导弹的能力也还有待改进。从总体上说,由于苏联核武器储备的增加、苏联投射能力的增强,美国大陆空防能力的改进进展不大。1953年8月苏联爆炸氢弹装置后,美国国家安全委员会的研究人员在评估防卫美国的可能性后认为,不仅仅当时的美国防卫水平不足以阻止、抵消或吓阻苏联的进攻,而且美国人到当时为止想当然地以为接近于有效的任何防御系统,在面对苏联的进攻时,也都无法做到有效防卫。

因此对美国政府来说,除了早期预警能力及大陆防御能力的建设,还需要极力地通过美国战略攻击力量和能力的增长,来加大对苏联的战略威慑力和大规模报复能力,从而确保美苏之间的恐怖平衡。NSC162/2号文件便强调,在苏联和美国之间出现核充足以及双方都具有足够的运送手段之时,便会出现一种僵局,双方都不愿意发动大战。①

在这种情况下,美国大力加强自身的核武库建设,发展了一支具有较大优势的战略威慑力量。在50年代前中期,美国的核武库得到极大增长。1952年美国拥有832枚核武器,1953年达到1 161枚,1954年为1 630枚,1955年达到2 280枚。另外,美国还拥有强大的空中投掷能力。早在二战末期,美国就试飞成功了B-36型远程重型轰炸机,该机加挂副油箱后无须空中加油可进行高空持续48小时以上的飞行。到1955年,美国拥有B-36各型机共373架(其中包括RB-36E、RB-36H等侦察机95架)。到1955年6月,第一批生产的新式B-52B洲际轰炸机也开始进入战略空军司令部服役,总计约50架,该机最大燃料航

---

① NSC162/2, DNSA, Presidential Directives, PD00353, p. 4.

程为 14000 公里。该机的研究背景是,1954 年 5 月,美国驻莫斯科大使馆武官查尔斯·泰勒观看苏联红场阅兵时,发现苏联数百架神秘的喷气式轰炸机一个编队接着一个编队通过红场上空,而护航的米格-17 战斗机伴随在轰炸机左右,犹如小蜻蜓。美国国防部立即启动了所有的情报侦察手段,查明这是苏联米亚西舍夫设计局最新设计的米亚-4 型"野牛"战略轰炸机。此后,美国加速研制 B-52"同温层堡垒"战略轰炸机以作为"野牛"的制衡力量。但实际上,苏联虽然研制出来了"野牛",但数量不多,阅兵飞越红场时只是通过不断地变换队形,反复轮回飞过红场上空,从而制造了大批飞机受阅的假象。

1954 年 3 月美国战略空军司令部简报表明,在战争情况下,战略空军司令部能够对苏联进行一次大规模的打击。按战略空军司令部的最佳预案,它在攻击苏联之前,将把美国的加油机和轰炸机部署到海外基地,150 架 B-36 和 585 架 B-47 飞机①也将参与打击行动。当时一位美国军官对这份简报还这样解释:估计战略空军司令部能够使用 600—750 枚炸弹进行进攻。这 600—750 枚炸弹将从各个不同的方向攻击俄国,并同时攻击其早期预警雷达。"从开始到炸弹投下,约需要两小时……两小时后的场面将是,俄国除了到处是冒烟和辐射性废墟,将一无所剩。"②

1955 年初,美国国防部评估组得出结论称,当时美国计划的对苏联的核攻击将导致苏联集团 7 700 万人的伤亡,其中 6 000 万人将死亡。在 134 个主要城市中,118 个将受到核弹轰炸。这些城市中 75%到 84%的人口将死亡。③ 当然,这些评估所指的主要是一种假想状态下的核战

---

① 该机最大航程 6400 公里,是最早的喷气式战略轰炸机,1951 年夏开始服役,1957 年停产,最高时有 1800 架在战略空军司令部服役。
② B-47 没有洲际飞行能力,B-36 则可以从美国基地起飞,但必须轻装上阵。因此美国如果想要对苏联目标进行一场全面打击的话,必须从前沿基地发起进攻。David Holloway, *Stalin and the Bomb*, pp. 329-330.
③ Ibid., p. 331.

争,或者说是一场美国发动的预防性核战争所可能取得的最大效果。

在美国国内,美军还进行了小型战术核武器条件下的军事演习。例如在 1951 到 1957 年间,在内华达试验基地进行了一系列有军队参加的这种演习。据报纸披露,1955 年进行的一次演习宣称,其目的便是要教育"士兵恰当地看待核武器……尽管这些武器威力强大,但是可以对其进行控制和支配……尽管这些武器具有强大的毁伤性,但在核战场上可以对之进行防卫"①。

除了美国本土的核力量部署,美国从 20 世纪 50 年代初还开始在西欧部署战术核武器。洛斯·阿拉莫斯实验室从 1948 年开始研究发展可在战场上使用的低当量轻型核武器。朝鲜战争加快了这项工作。1952 年 1 月,美国参谋长联席会议授权欧洲盟军司令部,及当时任欧洲盟军最高指挥官的艾森豪威尔将军,开始计划通过海军的战术航空部队和空军部队来使用核武器。这些战术核武器不久即开始分派给欧洲防务。从 1953 年初开始,美国陆续在西欧国家部署多种型号的战术型导弹,诸如"诚实的约翰""潘兴 I"短程导弹等。

经过 1953—1955 年的建设以后,美国的核力量以及美军整个武装部队的作战能力都有了显著的增强。这从 1956 年 4 月美国参谋长联席会议主席在致总统的备忘录中,对美军处境的一次总体评估可以看出。该备忘录对过去四年来美国武装部队的进展作了一个总结,认为"在过去的四年里,通过实施其军事计划,美国已经改善了其武装部队的训练过程,显著加强了它们的攻击力量和总体能力。在战略空军司令部提高投射能力的同时,一些航空母舰上的攻击部队、战术空军,以及装备核弹头的导弹和火箭部队取得了攻击与防御的核能力。通过核武器系统的战略部署,这种总体能力得到了显著提高。此外,开发可以通过空中运输的设备、新的技术和武器系统,再加上对人员的训练,均提高了美国陆

---

① David Holloway, *Stalin and the Bomb*, pp. 438-439, note 49.

海空三军应对局部侵略以及在发生全面战争情况下执行任务的能力"。

这份评估还指出:"美国部队具有核战能力,以及有选择地而且灵活地应对局部侵略或全面战争的能力。""据估计,美国的空中核报复能力能够使美国及其盟国在全面战争中取得相对的优势,如果其他军种有效地加以利用,这种优势会确保美国取得对苏联的最终胜利。"①

这份总结报告大体反映了艾森豪威尔上台后头几年,在包括核军备在内的整体军事能力建设上的成就。总体上看,艾森豪威尔虽然强调了经济健康和财政平衡的考虑,但在加强美国军事能力建设,尤其是核能力建设上仍然是不惜代价的。自杜鲁门政府的 NSC68 号文件到艾森豪威尔政府的 162/2 号文件,美国军事战略界都有一个大致相同的判断,即认为到 1954 年,苏联可能在核军备上达到一个新的水平,此时美苏之间发生战争的可能性也最大。很大程度上,艾森豪威尔政府也正是按此时间表来加紧进行军备建设的,因此到 1955 年时,美国的整体军事能力,尤其是热核武器和战略运载工具都有一个相当大的发展。这也从另外一个角度说明了,1955 年以前,艾森豪威尔总统为什么不愿意与苏联进行谈判,他显然害怕谈判的氛围会降低美国国内公众以及国会支持军备建设的意愿。而随着美军相对优势的核威慑能力的建立,无论是基于国内政治的考虑还是基于以实力地位出发来参与谈判,美国政府与苏联进行谈判的条件都更加成熟了。而且,正如 1954 年 12 月起草并提交 12 月 21 日国家安全委员会会议讨论的 NSC5440 号文件所提出的,美国及其盟友没有阻止苏联核能力增长或削弱苏联武装力量的可预见前景,除非通过相互协定或者通过大规模的军事行动。但文件接着指出,发动大规模军事行动不是美国或其主要盟友能够接受的路线。② 既然艾森豪威尔政府明确反对预防性战争,反对发动大规模军事行动,那就只有通过

---

① FRUS, 1955—1957, v.19, pp.290-296.
② NSC5440, DNSA, Presidential Directives, PD00435, p.8.

相互谈判达致的协定才能起到限制对手的作用。因此,对于美国政府来说,随着西德重新武装的接近成功以及美国军事实力的增长,与苏联谈判的条件日益具备,也日益成为现实性的选择,丘吉尔所提议的大国首脑会议也终于有了实现的可能。

第四章　赫鲁晓夫掌权与苏联对美国实力政策的应对

当政权交替时期的苏联面临美国及西方公开声称的"实力地位"政策之时,斯大林之后的苏联新领导层确实感受到来自西方阵营的挑战和威胁。对于新领导层来说,要应对这种挑战,首要的便是加强新政权本身的团结及其领导能力建设。他们也都认识到,如果政局不稳,苏联也不可能达致与西方进行关键性谈判的有利地位。当时的实际情况是,贝利亚被捕之后,以马林科夫、赫鲁晓夫、莫洛托夫为代表的苏联新领导集体,在具体的内外政策执行上又陷入了诸多争论之中。政出多头,少有决断,这肯定不利于苏联有效地应对强大对手的威胁。冷战对抗的态势需要苏联迅速找到一位新的强势领导人,他既要具有类似于斯大林的强硬领导风格以凝聚内部的共识、推行有力的政策、应对外部的威胁,还要能够适应苏联社会对斯大林之后某种改变的期望。而马林科夫的优柔寡断使他肯定不属于这样类型的领导人。在这种情况下,赫鲁晓夫作为强势政治人物的地位跃升,当然有他自身的权力欲望等因素,但显然也是出于苏联与西方斗争的现实政治需要。

第一节　苏共高层斗争与赫鲁晓夫政治领导地位的确立

在斯大林时期，关于经济问题的重大决策主要由苏联部长会议确定，而不是中央委员会。实际上，斯大林也不在乎通过政府还是苏共中央，因为不管以哪种名义决策，最后都由他拍板。斯大林去世之后，在苏共中央执行书记赫鲁晓夫的领导下①，苏联党的系统马上开始运作起来，党组织的力量不断地增长，党内问题以及经济问题的最后决定权也日渐向中央委员会倾斜。逮捕贝利亚后，赫鲁晓夫的影响力大增。1953年9月苏共中央全会之后，赫鲁晓夫当选为苏共中央第一书记，所有文件也当即开始由赫鲁晓夫和马林科夫两人共同签署。赫鲁晓夫影响力的增强以及苏联党组织的加强，必然使党和政府首脑之间形成了新的权力竞争关系。

赫鲁晓夫和马林科夫的矛盾首先表现于农业问题领域。1953年8月8日，马林科夫在苏联最高苏维埃第五次会议上提出，多方面发展农业技术作物生产，并且更迅速地发展谷物生产的主张，强调要在消费品的生产方面进行迅速改变，确保轻工业和食品工业快速发展。但在农业问题上，马林科夫给长期以来被视为"农业专家"的赫鲁晓夫留下了攻击的把柄，尤其是在粮食问题上。马林科夫早在1949年就曾经宣布"苏联的粮食生产已经不再是问题"，在1952年苏共十九大上宣布当年粮食产量达到80亿普特，并称最严重的问题——谷物问题已经"彻底而永远地解决了"②。在8月8日这次会议上，马林科夫仍然坚持苏联"有着丰富的谷物供应"，但却对1952年粮食产量的数字闭口不谈，这说明他本人

---

① 赫鲁晓夫在斯大林去世之后的职务是苏共中央书记，1953年3月14日，苏共中央全会解除了他的苏共中央书记的职务，赫鲁晓夫作为苏共中央主席团的成员领导书记处的工作。在1953年9月召开的苏共中央全会上，赫鲁晓夫被选为苏共中央第一书记。
② 《苏联共产党(布)第十九次代表大会总结报告(节录)，1952年10月5日》，张宏毅主编《当代世界史资料选辑》，第一分册，北京师范学院出版社1990年版，第444页。

或许已认识到1952年谷物产量"80亿普特"这个数字存在的问题。实际上,1952年苏联谷物产量只有公布数字的三分之二左右。当时,苏联各地对马林科夫所说的粮食问题已获解决的结论确实存在许多疑问。无疑,对农业领域非常熟悉的赫鲁晓夫对马林科夫讲话中的许多观点是有很大疑问的,但当时赫鲁晓夫并没有表现出来。后来到1955年1月中央全会上,赫鲁晓夫欲撤除马林科夫的职务时,则以此作为攻击马林科夫的把柄。赫鲁晓夫说:"在担任苏联部长会议主席的职务时,马林科夫同志没有表现出自己是一个政治上足够成熟的和坚定的布尔什维克领导人。在这方面的一个典型例证就是他在苏联最高苏维埃第五次大会上的讲话。按其倾向性,这篇充满了慷慨的,然而却缺少经济保证的诺言式的讲话,听起来更像是一篇意在争取廉价声望的议会声明,而不像是苏联政府首脑的负责任的发言。"而且其中有些观点,"在理论上不正确、在政治上又有害"①。

继最高苏维埃第五次大会之后,1953年9月苏共中央全会又继续讨论农业问题。在这次9月全会上作主题报告的则是赫鲁晓夫,其报告题为《关于进一步发展苏联农业的措施》。赫鲁晓夫的报告被认为比马林科夫讲得更深刻,方案也提得更具体。"他的讲话显示了他对全国农业的详细了解和相当渊博的农业技术知识。而且,他谈各地的情况均能用具体的数字作为论据,谈起各地的经验教训简直是信手拈来,如数家珍。"②这次会议于9月7日通过了《苏共中央关于进一步发展苏联农业的措施的决议》,强调了农业的基本问题在于违背物质刺激原则。③ 在这次会议上,赫鲁晓夫充分地显示了自己作为共产党第一书记对农业的领导水平和才能,他的讲话随后也激起广大集体农民的劳动热情。

---

① 《1955年1月31日赫鲁晓夫在苏共中央全会上的报告(摘录)》,见安德烈·马林科夫《我的父亲马林科夫》,新华出版社1997年版,第120—123页,附录;徐隆彬《赫鲁晓夫执政史》,山东大学出版社2002年版,第71—72页。
② 徐隆彬:《赫鲁晓夫执政史》,第46—47页。
③ 张宏毅主编:《当代世界史资料选辑》,第一分册,第459—462页。

1954年1月,刚刚担任第一书记不久的赫鲁晓夫决定上书中央主席团,对马林科夫1952年十九大所说的"粮食问题已经解决"的错误说法提出正式批评,并提出以迅速增加谷物播种面积,在某些地区开垦生、熟荒地作为解决办法。此举当然令马林科夫被动,马林科夫随后则对赫鲁晓夫提出的垦荒计划进行反对和阻挠。赫鲁晓夫的垦荒运动开始也遭到了来自莫洛托夫、卡冈诺维奇、伏罗希洛夫等其他苏联高层的反对。但赫鲁晓夫据理力争,坚定不移,身体力行,并且运用他掌握的党组织的途径加以贯彻。这场农业领域的争执,最终以1954年8月17日苏共中央、苏联部长会议联合发布《关于继续开垦生荒地和熟荒地以增加谷物生产》的决议而结束,赫鲁晓夫在农业问题上击败了马林科夫,也充分显露了这位苏共中央第一书记强悍果断的领导作风和能力。

农业问题上的争论使赫鲁晓夫的地位和威望大大增加,也使赫鲁晓夫和马林科夫之间的关系大大恶化。正是在这时,赫鲁晓夫开始想到要撤换马林科夫。1954年8月到9月,在克里米亚休假期间,赫鲁晓夫向米高扬和布尔加宁等中央领导人表明了他想解除马林科夫部长会议主席职务的意图,结果得到了他们的一致同意。之后,赫鲁晓夫有意加强对党的系统的控制,通过党的中央委员会提拔和任用各地区党的干部,1953年后,莫斯科、乌克兰、圣彼得堡(列宁格勒)等三大重要地区的党的领导机构负责人均为赫鲁晓夫的亲信所掌管。①

赫鲁晓夫和马林科夫的分歧还表现在经济发展战略上,体现为重工业和轻工业之争。马林科夫1953年8月提出要发展轻工业,这在当时切中斯大林经济战略的弊端。赫鲁晓夫开始也完全赞同和支持。但到1954年,赫鲁晓夫开始改变观点,在1954年4月赫鲁晓夫的一次讲话

---

① 他们分别是:Kapitonov-Furtseva, Kirichenko, and Kozlov。1939年这三个地区的中央委员占40%,苏共19大和20大时有所下降,分别占29%和23%。1956年后赫鲁晓夫又掌控了其他几个重要地区的党部门,如哈萨克斯坦(勃列日涅夫),格鲁吉亚(Mzhavanadze)等地。William K. Medlin, "Khrushchev: A Political Profile, IV," *Russian Review*, Vol. 18, No. 3 (Jul., 1959), p. 174.

中，他明确强调了国防重工业的发展，认为此时尚未到在苏联国内采取一种有利于消费者的"温和"经济政策的时候。到1954年底，当马林科夫再提发展轻工业这一主张之时①，今非昔比的赫鲁晓夫开始对优先发展轻工业的经济发展战略大加批判。在1954年12月初，赫鲁晓夫在讲话中开始重申重工业的头等重要性。《真理报》也几次发表重要文章强调进一步发展重工业的必要性。在1955年1月25日的苏共中央全会上，赫鲁晓夫指责马林科夫的方针是一种极端错误的、反马克思列宁主义的见解。这次中央全会最后通过决议确认了赫鲁晓夫的思想，指出党的主要任务"是进一步发展重工业，它是整个国民经济和我们祖国的不可摧毁的防御力量之牢固基础，是苏联人民的福利不断增长的源泉"②。

着眼于苏联当时面临的整体国际安全形势，赫鲁晓夫对马林科夫的批判确实有其合理性的一面。到1954年下半年，美国使西德重新武装的《巴黎协定》已经签订，并且在1954年底于法国国民议会获得通过，在这样的基本战略环境下，苏联新领导人在权衡国家的基本内外政策方针时，也不得不考虑到国际紧张局势对国家安全政策选项的必然要求。事实上，赫鲁晓夫当时也是以此为依据来对马林科夫进行批判的。最终，这场在苏联新闻界激起争论的重工业和轻工业之争，以重新强调列宁式的优先发展重工业政策而结束。③

相比起赫鲁晓夫的强悍果断，马林科夫显得比较优柔寡断。在他整个的政治生涯中，马林科夫紧紧跟随着一位强势领导人，缺乏自身的性

---

① 1954年12月21日，马林科夫在《消息报》撰文说，"加速人民的消费品生产的纲领，将有利于工农联盟的进一步巩固和苏联社会在精神上和政治上的团结一致"。随后三天，《真理报》即针锋相对地发表了赫鲁晓夫9月25日的一次谈话："我们并不放松对工业发展的注意，我们并不为了农业而牺牲工业。在将来，主要的注意力还是放在重工业上。"徐隆彬：《赫鲁晓夫执政史》，第70页。
② 《真理报》1955年2月9日。引自刑广程：《苏联高层决策70年——从列宁到戈尔巴乔夫》（第三分册），世界知识出版社1998年版，第34页。
③ William K. Medlin, "Khrushchev: A Political Profile, IV," *Russian Review*, Vol. 18, No. 3 (Jul., 1959), pp. 173–183.

格,也少有驾驭全局的政治斗争的尝试。马林科夫的儿子安德雷认为,他的父亲把自己看成是一个"专家治国"型的苏联领导人,是一个"开明的专制者"。而与马林科夫这种"专家"型性格不同的是,赫鲁晓夫却是一位精力充沛、富有激情的政治活动家。1953到1954年间,赫鲁晓夫以他自己独特的方式,在全苏联范围内到处视察活动,修补因斯大林多年主政而造成的党群关系隔阂,提高了党的声望和活动水平,确立了党在和政府权力关系上的主导性地位,也大大提高了赫鲁晓夫个人的政治声誉。

赫鲁晓夫还利用马林科夫在斯大林大清洗中的作用对其进行政治打击和要挟。1949年的"列宁格勒事件"中,马林科夫被认为与贝利亚一起合谋陷害了他们的政治对手:前联共中央组织局委员和书记处书记、苏共中央组织部部长库兹涅佐夫。显然,马林科夫希望,斯大林的大清洗以及他本人在"列宁格勒案"中起到的作用,都能够静悄悄地过去而不会被公开出来,这成了马林科夫的一块心病。斯大林死后,马林科夫并不介意尽可能地消除斯大林的影响,但他也不是像贝利亚那样急切。在苏联党和国家的精英中间,一开始还没有几个人怀疑马林科夫会在斯大林大清洗中起到多大的作用。① 然而,赫鲁晓夫揭开了这个敏感的政治问题。1953年11月,赫鲁晓夫解除了列宁格勒市党委书记、马林科夫的老同事瓦西里·安德里亚诺夫的职务,此人在1949年开始担任列宁格勒的共产党领导人,而代之以弗罗·科兹洛夫,此举清楚地向马林科夫传递了政治信息。1954年4月,苏联最高法院为库兹涅佐夫、沃兹涅先斯基及其他列宁格勒案件受害者恢复了名誉。1954年12月,对前国家安全部副部长阿巴库莫夫的审判和处决更进一步危及马林科夫的政治地位。复查表明,马林科夫和贝利亚都参与了此案。虽然苏联检察机关审讯到阿巴库莫夫就此停住,但马林科夫已经是如坐针毡。对马林科夫

---

① Vladislav Zubok, Constantine Pleshakov, *Inside the Kremlin's Cold War*, pp. 141,143 - 145.

来说,这无疑是一颗爆炸了的政治炸弹。赫鲁晓夫通过揭开马林科夫的这一伤疤,使马林科夫处于根本无力还击的地位。[1]

当赫鲁晓夫的政治地位日益巩固之际,他利用东西方首脑会议将要举行的机会,提出了代表苏联出席首脑会议的资格问题。从斯大林到戈尔巴乔夫,与大国领导人的会晤历来被认为是苏联领导人获得权力和法律地位的重要源泉。[2] 如果在1955年以前就召开一次大国首脑会议,如丘吉尔多次所提议,那莫洛托夫在外交上的垄断权就会受到破坏,马林科夫的权力地位就会加强。到1954年底,随着赫鲁晓夫在苏联政治领导地位的逐步确立,他日益希望能够利用大国首脑会议的机会来加强自己的地位,并且获得与西方大国首脑打交道的经验。然而,苏共中央第一书记赫鲁晓夫和苏联部长会议主席马林科夫之间,由于政治权力上的竞争关系以及双方在某些政见上的不合,其分歧到1955年初已经公开化,只要马林科夫还是部长会议主席,他就必定还是参加首脑会议的苏联代表团团长,这种情况下参加首脑会议只会有利于马林科夫地位的恢复,从而不利于赫鲁晓夫。因此,代表苏联出席首脑会议的资格问题,在很大程度上成了克里姆林宫内部权力竞争的一种具体方式。

在这种情况下,随着1954年底以后国际社会对首脑会议的呼声日益强烈,大国首脑会议日益可能实现之际,赫鲁晓夫开始在苏共中央主席团其他成员面前提出,马林科夫不够强硬,将不能胜任与西方的谈判。赫鲁晓夫曾经对莫洛托夫说:"我们可能会面对相当复杂的情况。马林科夫要当我国代表团长,可是谁都清楚,马林科夫在会晤中不能真正与对手对抗。他是那种棱角全都抹平的性格。他总是笑容可掬,不能挡住突击,尤其是不能在讨论问题时采取攻势。必须进攻。这个战术也适用

---

[1] William Taubman, *Khrushchev: the Man and His Era*, pp. 263-264;刑广程:《苏联高层决策70年》(第三分册),第34页;徐隆彬:《赫鲁晓夫执政史》,第67—69页。
[2] Günter Bischof, Saki Dockrill, *Cold War Respite*, p. 57.

于政治。"①赫鲁晓夫说:"我们不得不替换马林科夫。在日内瓦的会谈需要另一种人。"②赫鲁晓夫还反复批判马林科夫1954年春所说的核战争会导致人类文明毁灭的观点。赫鲁晓夫说,马林科夫对核战争会毁灭文明的警告"把同志们弄糊涂了"。"鬼才知道这是什么废话",莫洛托夫也站在赫鲁晓夫一边加以附和。③在1955年1月25日至31日的苏共中央全会上,赫鲁晓夫还第一次揭露出马林科夫曾经在1953年5月支持贝利亚"出卖"东德。

最终,1955年1月,苏共中央全会于31日做出了解除马林科夫部长会议主席职务的决定。④随后在1955年2月8日的苏联最高苏维埃联盟院和民族院联席会议上,赫鲁晓夫代表中央委员会提议,由国防部长尼古拉·布尔加宁元帅接替这一职位。很大程度上,赫鲁晓夫对布尔加宁元帅的推荐说明了赫鲁晓夫原先对马林科夫批评的虚伪性,因为新的部长会议主席展示出一种明显的虚弱形象,斯大林正是觉得他这种性格可以放心而授之以国防部长的职务。⑤而且,布尔加宁长期以来是赫鲁晓夫的朋友,有布尔加宁这样一个伙伴陪同参加国际会议,赫鲁晓夫的领导地位才能得到充分体现。

这样在赫鲁晓夫的主导下,苏联政府实现了权力的更迭,一个更强硬,同时也更圆通的领导班子上了台,并对政策进行了再调整。从此,赫

---

① 《赫鲁晓夫回忆录》(第二卷),第1851页。
② Plenum of 25—31 January 1955,Protocol no. 7,Storage Center for Contemporary Documentation (TsKhSD),fond 2,opis 1,delo 127,p. 45. Quoted from Günter Bischof, Saki Dockrill,*Cold War Respite*,p. 57.
③ William Taubman,*Khrushchev: The Man and His Era*,p. 266.
④ 但苏共一月全会关于马林科夫的决定是秘密的,没有公开。1955年2月8日,马林科夫向苏联最高苏维埃联盟院和民族院的联席会议递交了辞职申请,并被接受。见徐隆彬:《赫鲁晓夫执政史》,第73—74页。
⑤ 据曾任苏联国家安全部第一总局副局长的帕维尔·苏多普拉托夫回忆,布尔加宁"没有一丝一毫政治家的原则性,是个顺从任何权力人物的奴仆。斯大林看中了他的愚忠,才任命他为部长会议第一副主席,赫鲁晓夫也正是看中了他的这个'优点'而让他来接替马林科夫当上了部长会议主席"。见帕维尔·苏多普拉托夫:《情报机关与克里姆林宫》,东方出版社2000年版,第360—361页。

鲁晓夫开始确立他在苏联党和政府决策上的主导性地位,这有利于苏联执行一种明确、集中和有效率的政策路线,避免了领导权分散和权力竞争对国家内外政策的干扰。

第二节 赫鲁晓夫访华与中苏协调

到1954年8、9月份以后,随着赫鲁晓夫接连在关于核战争、农业问题等方面显示出与马林科夫不同的认识能力、工作作风和领导水平之后,赫鲁晓夫在苏联的政治地位,显然已经跃居马林科夫之上。赫鲁晓夫不仅仅得到了他的老朋友布尔加宁的支持,还得到了莫洛托夫、卡冈诺维奇、伏罗希洛夫、米高扬的支持。国内政治上的成功进一步激发了赫鲁晓夫要在社会主义阵营内确认其领导地位的欲望。尤其是,当时美国为首的西方阵营正在大力进行"实力地位"的建设,极力武装西德,致力于西方阵营的团结,加强北约的力量,这些都是为了对付苏联。赫鲁晓夫也深知这种形势下,如果不加强社会主义阵营的整体力量,光靠苏联及东欧国家的力量,难以与西方国家进行全面对抗和实力的较量。新中国作为仅次于苏联的社会主义大国,通过朝鲜战争以及1954年夏召开的日内瓦外长会议,正在国际社会取得越来越大的影响力,也显示了自身日益增长的力量。因此,苏联需要把中国更牢固地整合到苏联为首的社会主义阵营当中来,以与西方的"实力地位"政策相抗衡。而且,此时得到新中国的支持,不仅仅可以加强苏联与西方阵营对抗的力量,而且还可进一步巩固和加强赫鲁晓夫在苏联国内的政治地位。

很大程度上,也只有在以中苏同盟为主体的社会主义阵营的团结和力量得到极大加强的情况下,赫鲁晓夫推行的缓和外交才能够得到西方国家的真正认可,赫鲁晓夫才能够达到与美国平起平坐的地位。[①] 实际

[①] 中央文献研究室的李捷认为:"中苏结盟给苏联带来的战略利益,远远超过社会主义阵营中的任何一国。"李捷:《从结盟到破裂:中苏论战的起因》,载李丹慧编《北京与莫斯科:从联盟走向对抗》,广西师范大学出版社2002年版,第441页。

上,不仅仅赫鲁晓夫最为看重与新中国的关系,整个苏联新领导集体在这点上认识是一致的。斯大林去世后两个月,苏联新领导层就同意大幅提高对中国的援助。他们认为,这个世界上人口最多的国家向社会主义的转变,是一项苏联必须要参加的任务,这不仅仅是对马克思主义世界观的确认,而且提高了苏联经验在建设社会主义过程中的世界中心地位。①

事实上,斯大林去世后,中苏两国在国际事务中相互配合协调。朝鲜战争结束后,在中共领导层,主张争取一个和平建设时期的呼声也明显升高。中国国内经济成功恢复,第一个五年计划正式上马,苏联承诺援建各项基础工业,毛泽东也有意推进社会主义改造并加快向社会主义过渡的步伐,这都需要一个和平稳定的国际环境。对于印度支那,毛泽东也说过,之所以在印度支那要和下来,是因为美国要借这个地方做文章,借这个地方扩大战争,继续打下去。这个问题是牵动很大的。仅就中国而言,我们现在正执行五年计划,社会主义改造也正在开始。如果发生战争,我们的全盘计划就会打乱。在这种情况下,毛泽东说,"缓和国际紧张局势,不同制度的国家可以和平共处,这是苏联提出来的口号,也是我们提出来的口号"。中国政府于1953年12月底提出了著名的不同社会制度国家和平共处的五项原则。②

在这时期,苏联也在国际场合一再主张接纳新中国参加大国之间的国际会议,多次提出新中国进入联合国的问题。早在1953年8月8日,马林科夫在苏联最高苏维埃的讲话中就呼吁,结束"忽视中国"和侵犯中华人民共和国在联合国权利的政策。③ 苏联的努力最终促成中华人民共和国首次以五大国之一的地位和身份参加1954年日内瓦外长会议讨论

---

① Odd Arne Westad, *The Global Cold War*, p. 69.
② 参见杨奎松:《毛泽东与两次台海危机——20世纪50年代中后期中国对美政策变动原因及趋向》,《史学月刊》2003年第11期,第54页。
③ Joseph L. Nogee and Robert H. Donaldson, *Soviet Foreign Policy since World War II*, p. 105.

国际问题,大大促进了新中国国际政治地位的提升。在日内瓦外长会议上,新中国初登国际舞台,首次参加重大国际会议,便展现了娴熟的外交技巧和东方大国的风范。在外长会议过程中或其结束后,周恩来总理还广泛结交各国友人,并访问了东欧国家及印度和缅甸,他的这些广泛的外交活动大大加强了新中国的声望和在国际事务中的政策影响力;同时他在会议过程中还与美国代表正面交锋,揭露了美国政府在朝鲜半岛以及印支政策上的顽固和虚伪。① 艾森豪威尔政府对此大为恼火,以致后来极力反对再让新中国参加国际会议,甚至拒绝再在国际会议上提出远东问题,美国政府在此后也格外关注中国领导人在国际场合的外交活动。美国政府为了抵消和制衡关于印度支那问题的日内瓦协议达成后,社会主义阵营在远东力量的增长,还加紧筹建东南亚条约组织。

在中国方面,某种程度上可能正是因为毛泽东得知美国人在1954年日内瓦外长会议上极力阻挠、杜勒斯对中国代表充满敌意之后,才转变斗争策略,强调要及时提出台湾问题,并立即通知参加日内瓦会议尚未回国的周恩来。对毛泽东来说,最愤恨的事无疑一直是美国干涉和阻挠中国解放台湾。毛泽东说得很直白,"美国把防线摆在南朝鲜、台湾、印度支那,这些地方离美国那么远,离我们倒很近。这使得我们很难睡稳觉。美国做事是不管别人能不能受得了的"② 日内瓦五国外长会议后,随着朝鲜的停战和印度支那协议的达成,台湾问题便突出出来了。而在朝鲜、印支、台湾这远东三大问题的背后,美国都是最大的因素。因而,很大程度上,毛泽东在台湾问题上的做法也是基于对美斗争的一种策略。正如中共中央7月27日给周恩来的电报中所说,"击破美蒋共同防御条约和东南亚防御条约,乃是我们当前对美斗争的最中心的任务"。1954年7月7日,毛泽东在中共中央政治局扩大会议上的讲话中还指

---

① 参见《周恩来年谱》(1949—1976),上卷,第357—404页。
② 中共中央文献研究室编:《毛泽东思想年编(1921—1975)》,中央文献出版社2011年版,第773页。

出,"现在要和的人多了,我们要跟一切愿意和平的人合作,来孤立那些好战分子,就是孤立美国当局,主要还是那里头急于要打仗的那一派"。"现在总的国际形势就是美国人相当孤立。这个东南亚的问题——印度支那问题解决之后,估计它的孤立会要继续发展。现在英国一大帮、法国、东南亚各国、加拿大、墨西哥,还有一些南美的国家,都是不喜欢美国的。所以,这个局势很有希望。现在,门要关死已经不可能了,而且很有一种有利的局势,需要我们走出去。……可以进一步分化帝国主义国家相互之间的关系。美国内部也是有矛盾的。恩来同志所讲的,艾森豪威尔同史密斯(日内瓦会议期间美国代表团代表、美国副国务卿)以及他的财政部长、国防部长,对现在要打是不赞成的;杜勒斯(即美国务卿)、诺兰(当时美国参议员,参院共和党领袖)、尼克松(当时美国副总统)、雷德福(当时美国参联会主席)这些人,就比较更冒险一点。所以,对美国这样的国家也不是没有文章可做。"①"现在美国同我们关系中的一个重要问题就是台湾问题,这个问题是个长时间的问题。我们要破坏美国跟台湾订条约的可能,还要想一些办法,并且要做宣传。我们要组织一些宣传,要大骂美国搞台湾,蒋介石继续卖国。另外,在外交方面要有一种适当的表示,比如在侨民问题上的接触,目的就是迫使美国跟台湾不要订条约。我看,美国跟台湾订条约,英国也怕,也反对,法国也可能是反对的,对于它们也没有什么好处,就会成为很长时期的僵局嘛。"②基于这样一种认识,以及基于英国和印度等许多国家也寻求"缓和国际紧张局势和不同制度的国家间的和平共处",毛泽东显然认为,通过舆论宣传和加大对美政治军事斗争压力,将使好斗的美国,或者说是美国国内的好战派,在美国的盟友们中间更加孤立,也就不得不在外交上转过头来。

---

① 毛泽东:《同一切愿意和平的国家团结合作》,《建国以来毛泽东军事文稿》(中卷),军事科学出版社/中央文献出版社 2009 年版,第 215 页。
②《建国以来毛泽东军事文稿》,第 216 页。

正是基于这样一种战略认识,7月27日,中共中央给正在日内瓦回国途中的周恩来发电,分析了日内瓦会议后中国所面临的形势和拟采取的措施,并决定加强在台湾问题上的对美政治军事斗争。电报指出,

> 我们认为,在我国大陆解放战争胜利结束和朝鲜战争胜利停战之后,现在我们面前仍然存在一个战争,即对台湾蒋介石匪帮之间的战争,现在我们面前仍然存在一个任务,即解放台湾的任务。在朝鲜停战之后,我们没有及时(约迟了半年时间)地向全国人民提出这个任务,没有及时地根据这个任务在军事方面、外交方面和宣传方面采取必要的措施和进行有效的工作,这是不妥当的。如果我们现在还不提出这个任务,还不进行一系列的工作,那我们将犯一个严重的政治错误。提出这个任务的作用,不仅在于击破美蒋军事条约,而更重要的是可以提高全国人民的政治觉悟和政治警惕心,从而激发人民的热情,以推动国家建设任务的完成,并可以利用这个斗争来加强我们的国防力量,学会海上斗争的本领。①

但是,提出解放台湾并进行军事斗争准备,这是一项非常艰巨的任务。对此,毛泽东在战略上有着清醒的认知。1954年8月11日,毛泽东在中央人民政府委员会第三十三次会议的讲话中,就解放台湾问题指出,解放台湾的时间不会很短。"我们要搞海军、空军。海、空两军搞强大起来了,就能够收复台湾。这里面有军事工作、外交工作、宣传工作、政治工作。""同时,收复台湾也是个经济工作,如修建铁路。"②

---

① 中共中央文献研究室编:《毛泽东年谱(1949—1976)》(第二卷),中央文献出版社2013年版,第263页;参见中共中央文献研究室编:《周恩来年谱(1949—1976)》(上卷),中央文献出版社1997年版,第405页。
② 中共中央文献研究室编:《毛泽东思想年编(1921—1975)》,中央文献出版社2011年版,第767页。

因此，这时毛泽东提出解放台湾的任务，更主要是将其作为一种政治任务，引领国家的政治和军事斗争。就军事层面来说，形势并未成熟到要打一场全面解放台湾的战争，毛泽东考虑的还只是收复东南沿海岛屿，为将来收复台湾做军事上的准备。事实上，中国人民解放军华东军区从1952年春夏开始，就在考虑和筹划夺取东南沿海岛屿。1953年春随着东南沿海地区紧张局势上升，再次开始制定夺取东南沿海岛屿的军事计划。在1953年底，毛泽东同意陈毅同志提出的"目前不打金门为有利，否则很被动，且无攻克的充分把握"的意见，毛并说，"需费近五万亿元（这里指人民币旧币，一万元相当于人民币新币一元），无法支出，至少一九五四年不应动用如此大笔经费"①。到1954年7月上旬，在反复讨论之后最终形成了夺取东南沿海岛屿的战略方针，即"从小到大、由北到南、逐岛进攻"②。7月27日中共中央给周恩来电报中提到了当时中央拟采取的军事措施，"在军事上，业已由军委发出专门指示，加强沿海对蒋匪的海空斗争，同时严格规定我海空军的作战目标只能限于蒋介石的军用飞机和军舰，对于美国飞机和军舰除了它们向我军攻击的情况之外，不许向它们作任何主动的攻击"；"鉴于我们与美蒋在沿海的斗争是一个很长期的事情，而我们的军队在海上斗争的能力和经验又极为缺乏的情况，加强海空军建设，成为我国军队建设的一个长期任务"③。7月30日、31日，中国人民解放军召开军委会议，部署东南沿海军事行动。8月8日，毛泽东批准了总参作战部提交的《关于对台湾蒋匪军积极斗争的军事计划与实施步骤》，9日经政治局讨论通过。8月底中央军委向华

---

① 毛泽东：《同意目前不打金门》，《建国以来毛泽东军事文稿》（中卷），军事科学出版社/中央文献出版社2009年版，第194页。
② 引自牛军：《1958年炮击金门决策的再探讨》，载沈志华、唐启华主编《金门：内战与冷战》，九州出版社2010年版，第108—109页。
③ 中共中央文献研究室编：《毛泽东年谱(1949—1976)》（第二卷），第264页。

东军区发出了准备攻打大陈岛及炮击金门的命令。① 9月3日,中国人民解放军受命炮击金门和马祖。第一次台海危机爆发。从这一过程来看,很显然,毛泽东和中共中央当时只是决定进行一场以东南沿海岛屿为目标的有限军事斗争,在台湾问题上施加政治军事压力,分化美蒋关系,迫美改变敌视中国的政策态度。在提出台湾问题的过程中,毛泽东的战略意图及其策略考虑始终是非常清晰的。

当时,中国将关于台湾问题上的政策决定告知了苏联政府。1954年7月29日,周恩来接到国内的电报通知后,在回国途经莫斯科时,向苏联领导人赫鲁晓夫、马林科夫等通报了中国准备提出解放台湾的决定,并且向苏联领导人解释说:中国这样做,实在是别无选择的。因为美国是不会甘心于日内瓦会议的失败的,必将继续执行其制造国际紧张局势,进一步扩大军事基地,准备战争和敌视中国的政策。② 周恩来指出,重新将解放台湾的问题提上日程,采取切实有力的步骤,旨在挫败美国政府同蒋介石集团之间缔结协议的阴谋;同时为了挫败东南亚条约组织的阴谋,还必须打破这些国家同美国之间的联盟关系,尽可能地加剧和恶化美国同其他资本主义国家之间的矛盾分歧。③ 尽管当时马林科夫对于周恩来的观点表示了充分赞赏,马林科夫并且指出,"加强中国沿海防御力量、大力发展海军和空军,是非常重要的一环",而且苏联军方同志还提

---

① 逄先知、金冲及主编:《毛泽东传 1949—1976(上)》,中央文献出版社 2003 年版,第 585 页;《彭德怀年谱》第 571—574 页;张震:《张震回忆录》(上),解放军出版社 2003 年版,第 491—498 页;《粟裕传》编写组:《粟裕传》,当代中国出版社 2000 年版,第 914 页;牛军:《1958 年炮击金门决策的再探讨》,载沈志华、唐启华主编《金门:内战与冷战》,九州出版社 2010 年版,第 110—111 页;宫力:《两次台湾海峡危机的成因与中美之间的较量》,载姜长斌、Robert Ross 主编《从对峙走向缓和——冷战时期中美关系再探讨》,世界知识出版社 2000 年版,第 45 页。
② 曲星:《中国外交 50 年》,江苏人民出版社,2000 年版,第 181 页;《周恩来年谱》(1949—1976),上卷,第 405 页。
③ "No.20752 马林科夫与周恩来会谈记录:重新将解放台湾提上日程",见沈志华主编《俄罗斯解密档案选编·中苏关系》(第五卷)(1954.2—1955.7),东方出版中心 2014 年版,第 101 页。

出有关在中国建立图-4远程重型轰炸机师的建议(周恩来则指出中国军方认为这种飞机已经过时,远程飞机最好配备喷气式技术,马林科夫则答复称苏联军方将就这一问题进行认真考虑和调查)。① 但是,由于苏联国内政治态势的变化,赫鲁晓夫在苏联国内政治上逐步取得权威地位并开始排挤马林科夫,特别是到1954年底赫鲁晓夫日益想通过一次东西方首脑会议来确立其自身在国内外的政治地位,因此,马林科夫的观点实际上并不能代表苏联党和政府的最终观点。显然,中共中央在台湾问题上的做法,特别是9月3日炮击金门和马祖后爆发的台海危机,肯定会影响赫鲁晓夫对东西方大国首脑会议的追求。因为中国若以武力解放台湾,必定引发中美冲突,苏联存在因中苏同盟条约而卷入这场冲突的可能性。

因此在对盟国政策方面,赫鲁晓夫在国内政治地位增长后遇到的一个大问题就是协调盟国的政策立场,首要的便是如何协调中苏两国对外政策问题。赫鲁晓夫不能容许中国在台湾问题上把苏联卷入同美国的核战争之中。

对于毛泽东与中共而言,最主要的考虑是国内问题和远东局势;而对于赫鲁晓夫和苏共而言,最大的考虑是国际斗争形势,是欧洲问题。对于中国领导人而言,台湾问题涉及中国内政和国家统一,是中国自身的事情,而美国通过在台湾海峡派驻军事力量、给蒋介石集团提供军事支持,甚至准备缔结美蒋双边条约,意在将两岸分裂长期化,这已成为中国统一的最大障碍,显然是美国对中国内政的干涉,是对中国的侵略。这对致力于民族振兴事业的新中国领导人来说,无疑是头等大的挑战。如果美国不改变对华敌视和阻挠中国统一的态度,台湾问题不可能得到根本解决,对此,毛泽东和新中国领导人有着清醒的认知。毛泽东也绝

---

① "No. 20752 马林科夫与周恩来会谈记录:重新将解放台湾提上日程",见沈志华主编《俄罗斯解密档案选编·中苏关系》(第五卷)(1954.2—1955.7),第102页。

没有以此来破坏苏联缓和国际形势的政策的考虑。事实上,当时中共中央的决策思想,在总体上是与苏联方面缓和国际局势的总体思想一致的。但不同的是对美斗争策略,毛泽东和中共中央对美国敌视中国态度的感知更为强烈,也更主张通过台湾问题上强有力的斗争迫使美国改变对中国的敌意。例如,中华人民共和国外交部关于1954年国庆给各驻外大(公)使、代办的指示中说①:

> 在日内瓦会议后的新形势下,我们必须克服保守思想,打破惯例;充分利用目前有利形势主动地开展外交活动。尽可能争取更多的朋友,分化敌人,最大限度地孤立美国。日内瓦会议期间我代表团的活动范围即已打破过去了的惯例,不但主动改进了与我有承认关系的英国的关系,而且积极争取未与我有承认关系的法、加等国的关系的改善,对过去与民主阵营敌视的澳大利亚,我也表示愿与其接触,连印度支那三傀儡国,我也对其作了不少工作。当美国代表向我有所表示时,我也不表示完全拒绝。我主动打破与这些国家间的僵持状态,以扩大我的影响,首先是要使凡与我接触的人都能相信,我是可以和平共处的。故在今后外交活动中,你们亦应充分掌握此精神,仔细研究驻在国各外国使节情况,抓紧时机,主动打开我外交活动局面。
>
> 外交部　1954 年 9 月 5 日

当时对于新中国来说,苏联及社会主义阵营国家是对外交往的最主要对象。显然,得到以苏联为首的社会主义国家的坚定支持是新中国在内政外交上取得成功的最重要保证,在台湾问题上,在需要与拥有核武器的超级大国美国进行斗争的这种重大问题上,即使是策略性的斗争,当然需要来自苏联这个强大盟友的坚定政治军事支持。

在举行1954年10月中华人民共和国诞生5周年庆典之前,毛泽东

---

① "外交部关于1954年国庆的指示",中华人民共和国外交部档案馆,档案号:102 - 00167 - 02。

和中共中央也诚恳地向赫鲁晓夫与苏共中央发出邀请：

> 敬爱的赫鲁晓夫同志并转苏联共产党中央委员会：
>
> 一九五四年十月一日是中华人民共和国成立五周年的国庆，同时，在北京举行的苏联经济和文化建设成就展览会亦将隆重开幕。当我们庆贺五周年的国庆的时候，中国人民深切地体会到五年来我国在各方面取得的重大成就，是与你们无私的巨大援助和兄弟般的热诚关怀分不开的。这次苏联展览会的展出，将给予正在进行社会主义建设和社会主义改造的中国人民以极大的鼓舞。为了表示对苏联人民和苏联共产党的热爱，我代表中国人民、中国共产党中央委员会恳切地盼望能有苏联共产党中央委员会的负责同志参加的苏联政府代表团前来北京和我们共同庆祝中国的五周年国庆，并参加苏联展览会的开幕典礼。……
>
> 毛泽东　1954年8月①

苏联领导层接受了这次邀请。并且，赫鲁晓夫决定亲率代表团来中国访问，这也是赫鲁晓夫的首次出访。这次访问从9月29日一直到10月16日。赫鲁晓夫在国外出访这么长的时间，既反映了他对中国的重视程度，也反映了他在国内政治地位的稳固。在10月3日至12日期间，赫鲁晓夫与毛泽东数次会见。在一系列会谈之后，发布了两个公报，一是对当前国际形势的评估和对策，另一个是对日本的政策。

沈志华通过对苏联档案的分析指出，最初苏联政府确定出席中国五周年庆典活动的政府代表团规格较低，团长是苏联部长会议副主席米高扬，团员有苏斯洛夫、卡巴诺夫、亚历山大罗夫等。但接下来1954年8月5日出现的一份文件，完全改变了原先的安排，这是苏联外交部第一

---

① "邀请各国代表团出席1954年国庆典礼邀请书有关电报"，中华人民共和国外交部档案馆，档案编号：102-00208-01。实际上这次邀请早在7月29日周恩来与马林科夫的会谈中就已提出，"No.20752　马林科夫与周恩来会谈记录：重新将解放台湾提上日程"，见沈志华主编《俄罗斯解密档案选编·中苏关系》（第五卷）（1954.2—1955.7），第102—103页。

远东司司长库尔久科夫就苏联代表团出访北京的有关事宜的请示。这份文件提出的第一条内容就是苏联将旅顺海军基地完全交给中国、苏军撤出旅顺海军基地的问题。至于撤出旅顺基地的原因,文件写道,"远东司认为,在当前已经变化的形势下,苏联军队继续留在中国领土上,留在旅顺港地区,对我们在政治上是不适宜的"。但是,该建议在外交部遇到了副外长葛罗米柯、佐林、库兹涅佐夫等人的反对。① 沈志华分析说,"根据这份文件,苏联代表团访华绝不仅仅是参加庆祝活动,而是进一步改善中苏关系的重大举措",并认为这主要反映了赫鲁晓夫力主加强中苏关系的意图。但由于苏联外交部内的反对,9月9日远东司再次提交的报告,以及9月15日葛罗米柯给苏共中央提交的关于参加中国五周年国庆事宜的请示及决议草案,都没有提到旅顺基地的问题。这时,代表团的规格都还没有提高。后期代表团的准备工作由赫鲁晓夫的支持者米高扬全面负责,并制定了对华经济援助方案。据称,赫鲁晓夫从一开始就不断详细地过问援华工作的进展,一次又一次地召米高扬去汇报,而且赫鲁晓夫"处理果断,几乎重新审理了每个工程项目"。9月24日,苏共中央主席团会议确定了访华方案,代表团团长已经改为赫鲁晓夫本人,而且包括了交还旅顺基地的内容。尽管以伏罗希洛夫为代表的一些人仍然反对归还旅顺基地给中国,但赫鲁晓夫力主归还,称这是苏联在"中华人民共和国庆祝自己建国五周年之际……帮助他们改变几百年的落后状态","在中国社会主义工业化发展即将来临的五年"所采取的最重要措施。② 并表示若没有归还旅顺基地这些实际内容,苏联派如此高级别的代表团去北京参加庆典和同毛泽东会谈,将变得毫无意义。到9月25日,代表团出发前两天,苏联中央主席团工作人员还在进行有关协

---

① "No. 08097 库尔久科夫呈维辛斯基请示:苏联代表团访华有关事宜(1954年8月5日)",见沈志华主编《俄罗斯解密档案选编·中苏关系》(第五卷)(1954.2—1955.7),第109—110页。
② 沈志华:《苏联归还旅顺海军基地内幕》,《百年潮》2003年第2期,第21页。

定最终方案和其他有关文件的修改及整理。①

在这次访问中,赫鲁晓夫主动提出苏联归还旅顺基地,苏军从旅顺口撤出,对新中国维护自身主权权益来说,客观上当然有其重要、积极的政治意义。但考虑到这时期的远东具体形势,中美之间已然爆发台海危机,远东的战争威胁大大增加,中国正在积极备战以应对美国的核战争威慑,在这种情况下苏联从中国撤军,因此还具有另外一种含义,也就是要向中国领导人传递一种不希望中国与美直接对抗的信息。这也难怪在10月3日毛泽东与赫鲁晓夫的两国最高级别会谈中,赫鲁晓夫表达了从旅顺和大连撤军的想法,当时毛泽东考虑到一旦苏联撤军,美国可能会利用机会向中国进攻,影响得之不易的局面,因此一开始毛对赫鲁晓夫的这一提议表示了反对。②但赫鲁晓夫回答说,朝鲜战争刚刚结束,考虑到现实的需要,美国不会轻易出兵;即使美国出兵,撤退的苏军也会及时援助中国。毛泽东便不再坚持。③双方并且就此于10月12日公开发表了联合公报。联合公报称,鉴于朝鲜战争停止和印度支那和平恢复以来远东国际形势所起的变化,并且注意到中华人民共和国国防力量的巩固和根据两国间业已建立的日趋巩固的友好合作关系,现议定苏联军队自共同使用的旅顺口海军根据地撤出,并将该地区的设备无偿地移交中华人民共和国政府;苏联军队的撤出和旅顺口海军基地的设备移交应于1955年5月31日完成。④依据双方的约定,5月25日至27日,苏联

---

① 沈志华:《苏联归还旅顺海军基地内幕》,第19—21页。
② 《周恩来与外国首脑及政要会谈录》编辑组编著:《周恩来与外国首脑及政要会谈录》,台海出版社2012年版,第68页;赫鲁晓夫:《最后的遗言:赫鲁晓夫回忆录续集》,东方出版社1988年版,第383页。
③ 《周恩来与外国首脑及政要会谈录》编辑组编著:《周恩来与外国首脑及政要会谈录》,第68页;赫鲁晓夫:《最后的遗言:赫鲁晓夫回忆录续集》,第384页。
④ "中苏关于自共同使用的中国旅顺口海军根据地撤退并将该根据地交由中华人民共和国完全支配的联合公报",《中华人民共和国对外关系文件集》,第179页。当时周恩来曾向赫鲁晓夫争取无偿获得移交设备,但赫鲁晓夫以苏联国内经济受战争破坏严重为由拒绝了周恩来的请求,最终决定以最低价格出售给中国。

驻军指挥机关及陆、海、空三军约12万人分批撤离回国。① 在1955年2月17日中国国务院第五次全体会议上,在讨论《慰问和欢送驻旅顺口地区苏军工作计划(草案)》时周恩来说,苏联驻军旅顺口,对中国的解放和远东和平有很大贡献,解放了东北,打垮了日本,又给我们看大门,特别是在抗美援朝战争的时候。我们也希望他们晚些撤退,但从整个世界情况来考虑,现在撤退有好处。这是件震动世界的大事情。② 从周恩来的话来分析,可见这次苏联从旅顺撤军也确实是从世界大势来考虑的,并且得到了中国政府的谅解。

这次访问中,中苏两国政府还就国际形势、远东局势以及台海问题进行了会谈,并就核武器、核战争以及欧洲安全等问题交流了看法。③ 在10月3日的最高领导人会谈中,周恩来还在毛泽东的示意下,向赫鲁晓夫提出了"一个大的真家伙"的要求。赫鲁晓夫则认为,中国现在经济建设才是最要紧的事儿,社会主义国家有苏联提供保护伞就足矣,不需要中国再搞核武器。④ 赫鲁晓夫还向毛泽东探询了中国加入东欧经互会的可能性。⑤ 并于10月12日发表了《关于中苏举行会谈的公报》。

联合公报提出,"两国政府具有一致的愿望,将继续参加一切旨在巩固和平的国际活动,并对有关中苏两国共同利益的问题,彼此进行协商,

---

① 沈志华:《苏联归还旅顺海军基地内幕》,第22、24页。
② 《周恩来年谱》(1898—1976),第450页。
③ 据称这次会谈中,赫鲁晓夫努力让毛泽东相信,"一两枚导弹就足以把整个中国化为灰烬"。但毛泽东不以为然,反而对赫鲁晓夫表达了帝国主义是纸老虎的观点。在对核武器作用的认识上双方没能达成一致,但是这次关于核武器的谈话无疑加大了毛泽东对要拥有核武器的决心。但是,赫鲁晓夫建议就欧洲安全问题召开会议,这得到了毛泽东的赞同。见[美]罗斯·特里尔著:《毛泽东传》,胡为雄、郑玉臣译,中国人民大学出版社2006年版,第276—278页。
④ 不过,赫鲁晓夫为了中苏关系的友好发展,接着说,苏联可以派出专家,帮助中国和平利用、开发核能,但是要对美国、英国保密。苏联可以促成中国建立起第一个原子能反应堆和回旋加速器,帮助中国培训核技术方面的研究人员,为中国原子能工业基础的建立提供必要的加速发展条件。《周恩来与外国首脑及政要会谈录》编辑组编著:《周恩来与外国首脑及政要会谈录》,第69页。
⑤ 师哲口述,李海文整理:《中苏关系见证录》,当代中国出版社2005年版,第200页。

以便在保卫两国安全和维护远东和世界和平方面,取得行动的一致"①。这句话明显反映了苏联政府的观点,实际上蕴含了双方之间在台海局势等远东问题上存在的分歧和有待进一步协商的空间。在台湾问题上,联合公报指出,"美国对中国领土台湾的继续侵占行为"及其对蒋介石的"军事和财政援助"同"维护远东和平和缓和国际紧张局势的任务不相容",但未对美国的对台政策进行谴责,也未提及苏联将在台湾问题上向中国提供任何实质性的支持。据称,在1954年9月30日至10月3日两国领导人会晤中,赫鲁晓夫还接受了毛泽东关于无论如何都会避免与美国发生直接冲突的保证。② 在整个第一次台海危机期间,苏联也从未公开声明一旦中美在台湾海峡上发生战争,苏联将会依据《中苏友好同盟互助条约》给予中国军事上的援助。在12月15日苏联外交部关于美台《共同防御条约》的声明中,对中国解放台湾的要求和决心,也只是表示"理解"。苏联外长莫洛托夫在同美国驻苏大使波伦会谈时,虽指责美国在台湾问题上干涉中国内政和进行战争威胁,提出美国应从台湾海峡地区撤走一切军队,但避而不谈苏联对中国是否承担条约义务。苏联驻联合国代表马立克在台海危机的紧张关头还向外界透露:苏联控制不了中国的行为,中国人太骄傲了。③

因此,很大程度上可以说,无论是这次赫鲁晓夫访华中,双方公开发

---

① "中华人民共和国政府和苏维埃社会主义共和国联盟政府联合宣言",《中华人民共和国对外关系文件集》(1954—1955),第三集,世界知识出版社,1958年,第176页。
② 1954年10月10日苏联大使尤金与周恩来的谈话备忘录,俄罗斯联邦对外政策档案馆,全宗0100,目录417,卷宗379,案宗9,77—82页。引自[挪威]奥·韦斯塔:《中苏同盟与美国:战争、政策与理解(1950—1961)》,李丹慧编《北京与莫斯科:从联盟走向对抗》,第184页。祖波克也说,据称赫鲁晓夫在与周恩来会谈时指台湾问题只是一个地方性的问题,这场危机的持续与苏联缓和同美国紧张局势的目标是不一致的。Vladislav M. Zubok, "Soviet Policy Aims at the Geneva Conference," in Gunter Bischof and Saki Dockrill eds., *Cold War Respite*, p. 68.
③ 戴超武:《敌对与危机的年代——1954—1958年的中美关系》,社会科学文献出版社2003年版,第159—160页;戴超武:《中国、美国与第一次台海危机的结束》,载朱瀛泉主编《国际关系评论》,第1卷,南京大学出版社2000年版;另参见张小明:《冷战及其遗产》,上海人民出版社1998年版。

表的苏军从旅顺口撤军的联合公报,还是关于远东局势和台海问题的联合宣言表述,以及苏联在此次台海危机中的表现,都体现出苏联在对华政策上欲传递的一种信息。赫鲁晓夫通过这种对中国很体面的方式①,尤其是通过送给中国的经济援助"厚礼",来对中国施以外交政策的影响,希望借此进一步加强中苏团结,体现了赫鲁晓夫在同中国打交道时所采取的独特的方式。对中国的经济援助确实是这次赫鲁晓夫访华的一个重要内容,通过这次访华,苏联对华经济援助提升到一个新阶段。在10月3日毛泽东与赫鲁晓夫的最高领导人会谈中,赫鲁晓夫主动地将话题转到苏联对中国的经济援助上。在10月1日的国庆宴会上,赫鲁晓夫便宣布在1959年底以前,苏联将参加中国141个大工业企业的建设和改建工作。② 10月12日,中苏还签订了《中苏关于苏联政府给予中华人民共和国政府五亿二千万卢布长期贷款的协定》和《中苏关于苏联帮助中华人民共和国政府新建十五项工业企业和扩大原有协定规定的一百四十一项企业设备的供应范围的议定书》。至此,苏联援建的156个大型工业企业项目,以中苏两国政府间协议的形式最终确立下来。此后苏联派出大批专家来华,在12个大的方面全面援助中国建设事业。③ 赫鲁晓夫之所以采取这种方式,跟他自身尚不具备斯大林那种在国际共运中发号施令的政治地位,以及和他对新中国外交政策及毛泽东个性的了解都有关系。实际上,还在斯大林时期,赫鲁晓夫就从毛泽东和斯大林围绕新疆自然资源开发、采矿、天然橡胶、菠萝罐头生产等一些问题上的来往函电深深地了解到毛泽东的个性,对毛为维护中国自身权益,即使是对斯大林也毫不让步的做法深有

---

① 另外,对于1950年签订的关于把中国东北、新疆划为苏联势力范围的秘密《补充协定》,赫鲁晓夫在访华期间"向中国领导人流露了苏方可以考虑放弃这一协定的想法"。1956年5月,苏联正式提议废除该协定,迅即得到中国同意,从而消除了斯大林遗留下来的不符合中苏友好关系的一个阴影。见裴坚章主编:《中华人民共和国外交史》(第一卷)(1949—1956),世界知识出版社1994年版,第39页。
② 《周恩来与外国首脑及政要会谈录》编辑组编著:《周恩来与外国首脑及政要会谈录》,第68页。
③ 《周恩来与外国首脑及政要会谈录》编辑组编著:《周恩来与外国首脑及政要会谈录》,第67、70页。

感触。① 鉴于这种认识,赫鲁晓夫对中国确实是心存疑忌的,正如他自己在回忆录中所说:"我们1954年去了中国,同毛举行几次会谈之后我对同志们说:'我们同中国的冲突不可避免。'我是从毛的插话和我们置身其中的气氛中得出这个结论的。……毛绝不情愿让另外一个共产党,而不是中国共产党,在世界共产主义运动中哪怕只占一点点优势。他不能容忍这种状况。"② 见证了这次赫鲁晓夫来访和中苏会谈的师哲也回忆说,毛主席知道赫鲁晓夫对中国不大放心,因而决定对赫鲁晓夫的参观不做规定和安排,由他们随意与我方干部往来。③

赫鲁晓夫对中国"不大放心",但要与西方阵营进行有力的较量,苏联又必须要取得新中国的支持,加强社会主义阵营的力量。所以,赫鲁晓夫不是简单地对新中国领导人进行施压,而是采取了柔性的方法,通过加大对华援助和经济联系的手段,来强化中苏之间的同盟关系。④ 而对于刚开始大规模经济建设的新中国来说,赫鲁晓夫送给新中国的经济援助"厚礼"显然具有特别重要的意义:在这次访华中,苏联将四个中苏股份公司中的苏联股份移交给中国;为中国提供另一笔总额为5.2亿卢布的长期贷款;扩大原来援建的141项企业的设备供应范围,并且又帮助中国新建15个由苏联提供全套设备和技术人员的新工业企业,以建立中国的能源、原材料和半成品工业。后来到1955年3月,中苏又签署了一项新的援助协定,增加16个完全由苏联援助的工程项目。虽然后

---

① 《赫鲁晓夫回忆录》(第三卷),第2235—2239页。
② 《赫鲁晓夫回忆录》(第三卷),第2234页。
③ 师哲还谈到赫鲁晓夫对中国不信任的一个细节,当时周总理准备安排他住在苏联代表团那里以帮助他们解决某些事务性问题,赫鲁晓夫听了周总理的安排后,像挨了原子弹轰击一般,以为要打入他们的圈子,立刻满头大汗,涨红了脸说:"我们代表团一切都方便,一切都能得到满足,不需要他住在这里!"师哲口述,李海文整理:《中苏关系见证录》,194页。
④ 当然,这种判断并非要降低苏联援华对于新中国的重大政治和经济意义。关于这方面已有许多论著进行了论述。代表性论文如:沈志华:《新中国建立初期苏联对华经济援助的基本情况——来自中国和俄国的档案材料》,《俄罗斯研究》2001年第1期、第2期;李丹慧:《毛泽东对苏认识与中苏关系的演变(1954—1960)》,载李丹慧编《北京与莫斯科:从联盟走向对抗》,第308—309页。

来做过一些调整,但在中国第一个五年计划(1953—1957)期间,苏联援助中国建设了 166 个工厂。苏联除了向中国提供了大量机器设备、设计图纸、技术资料和各种制品生产许可证,还派遣了数千名专家。① 同时在苏联的帮助下,中国还获得了东欧国家的大量援助。在一定程度上也可以说,苏联的援助促使中国更坚定地走上了社会主义经济建设的道路。

当然,需要指出的是,中苏经济贸易联系的加强也为苏联带来了切实的经济利益。中国向苏联提供了具有极高战略价值的原材料,包括钨、锡、锑、锂、铍、钽、钼、镁和硫黄矿砂,尤其是产自海南岛的橡胶,年产量的 70% 以特惠价售予苏联。中国的大量农产品对苏出口也为苏联抵制西方贸易封锁提供了基本保障。中国还利用与香港、斯里兰卡和其他非共产党国家、地区的特殊关系,得到一些西方贸易禁运清单上的物资并向苏联提供。1953—1957 年,中国便为苏联进口了总价值为 3.3 亿美元的大量橡胶、黄麻、椰子油和黑胡椒。而且中国还以黄金和硬通货偿还了苏联贷款,知道苏联缺少美元,中国付给苏联 1.56 亿美元的现金。② 另外,根据 10 月 12 日达成的协定,中国还派遣大批工人和少量干部进入苏联,帮助苏联进行社会主义经济建设。双方商定,1955 年,中方派出 8 万名工人、290 名干部到苏联。1956 年至 1957 年的两年内,苏联又接受了中国工人 1 000—2 000 名。③

因此,这次赫鲁晓夫访华,通过对华大规模经济援助强化了中苏同

---

① 沈志华自美国国家安全档案馆购买的俄国档案,沈先生保存有原始档案复印件。见沈志华:《对在华苏联专家问题的历史考察:基本状况及政策变化》,《当代中国史研究》2002 年 1 月,第 9 卷,第 1 期,第 31 页。
② 《当代中国对外贸易》,第 259—260 页。转引自张曙光:《中苏经济合作的瓦解(1950—1960)——从文化心理角度所作的解释》,载李丹慧编《北京与莫斯科:从联盟走向对抗》,第 230—231 页;另见李华:《团结与分裂:1949—1955 年的中苏关系》,《苏联史新论》,中国文联出版社 2000 年版,第 206—216 页。
③ "中华人民共和国 1955 年赴苏工人在中国境内开支预算表(草稿)",中华人民共和国外交部档案馆,档案号:118-00319-20(1);"中苏关系大事记之二(1955)",中华人民共和国外交部档案馆,档案号:109-01353-01(1)。

盟,有助于加强中国对苏联政策的支持,客观上也加大了中国在经济上对苏联的依赖性,这些都大大有助于此后苏联与中国政策的进一步协调和加强社会主义阵营的团结。当然,中苏两国在意识形态上的一致性和使命感也使得这种中苏协调局面便于实现。①

实际上,中苏协调的意义不仅仅在于苏联影响中国的对外政策取向,还在于影响亚洲各国家共产党的活动。毕竟在当初中苏之间达成谅解的国际分工中,中共对亚洲国家的共产党革命活动负有指导的义务。②因此,苏联除了敦促中共实行与苏联一致的对外政策,还与中共一起,对亚洲一些国家的共产党人的武装斗争进行了政治干预。在日内瓦外长会议期间,越共被劝告停止了统一越南的战斗,苏共和中共一起做越共的工作,让其接受划线停战。1954年10月,苏共与中共联名向马来西亚共产党发电,要其放弃武装斗争。同时,老挝的共产党也被要求放弃了武装斗争。中国政府同时与周边缅甸、印度等国政府达成妥协,或者接收了这些国家内部亲华的革命分子,或者解散了这些国家华侨中的共产党组织。甚至为使这些国家的政府放心,中国方面还公开劝告已经数代居住在这些国家的华侨放弃中国国籍,加入所在国国籍,以便于这些国家的政府能够更便利地对他们进行管理。③

中苏关系的加强,还体现在中国对苏联一系列外交政策活动的全力支持上。从1954到1955年,中国在苏联与东欧七国政府缔结华沙条

---

① 陈兼强调了意识形态因素在中苏政府外交政策,尤其是在新中国领导人外交决策中的关键性作用。他认为,在冷战的初期阶段,对马列主义意识形态的共同信念是全世界各共产党国家和各国共产党之间团结一致的中心力量。在五六十年代,中国政府的外交政策持续性地表现出强烈的意识形态色彩。See Chen Jian, *Mao's China and the Cold War*, The University of North Carolina Press, 2001, Chapter 3, Chapter 6.
② 师哲口述,李海文整理:《中苏关系见证录》,第23页。
③ 周恩来总理1954年9月23日在第一届全国人民代表大会第一次会议的政府工作报告中就提到这个问题,见《中华人民共和国对外关系文件集(1954—1955)》,第160页;《周恩来年谱》(1949—1976),上卷,第416—417页;《毛泽东文集》第六卷,第376—377页;杨奎松:《毛泽东与两次台海危机》,《史学月刊》2003年第11期,第54—55页。

约,与美英法签订对奥和约,改善苏南关系,与西方举行裁军谈判,发表和平宣言,同德意志联邦共和国建交等诸项外交活动中均全力支持苏联。①

1955年1月1日,苏联伏罗希洛夫主席在为《人民日报》写的文章,《沿着社会主义的光荣道路前进》中指出中国对莫斯科欧洲会议表示支持的巨大意义。他说,"自由的各国人民知道了中国不会是欧洲事务的旁观者以后,更加充满了对我们正义事业的信心"②。2月8日,莫洛托夫在苏联最高苏维埃会议上说,"第二次世界大战最重要的结果是,除了世界资本主义阵营之外形成了以苏联为首的,更确切地说,是以苏联和中华人民共和国为首的世界社会主义和民主阵营"。自莫洛托夫2月8日在苏联最高苏维埃会议上提出"以苏中为首"以后,苏联报刊广泛引用。《真理报》2月13日社论"苏联和平外交政策",2月23日社论"光荣的纪念日";《消息报》2月13日社论"两大民族的伟大友谊";《劳动报》2月12日社论"苏联是加强和平的主要支柱",2月13日社论"中苏两国人民的伟大友谊";《新时代》杂志第七期论"苏联的和平和各民族人民安全的政策";《共产党人》第三期社论"争取各族人民之间持久和平"等,都引用了莫洛托夫这段话。2月25日,苏联外交部副部长库兹涅佐夫在招待

---

① 例如,张闻天副外长在1954年莫斯科华沙国全会的发言中指出:"中华人民共和国政府认为,苏联政府本年十一月十三日照会所提召开全欧洲会议以讨论建立欧洲集体安全体系问题的建议,是对维护欧洲和全世界和平的重大和适时的努力。中华人民共和国政府完全同意和支持苏联政府的建议。""张闻天副外长在1954年莫斯科华沙国全会的发言",中华人民共和国外交部档案馆,档案号:109-00421-01(1)。还如1955年2月12日,中国全国人大常务委员会第七次会议通过关于响应苏联最高苏维埃宣言的决议。决议中说:"世界各国人民和议会不能不注意到正在亚洲、欧洲以及世界其他地区发展着的紧张局势。"为了制止侵略战争,维护世界和平,必须消除任何国家对其他国家内政的干涉,防止德国和日本的军国主义复活,普遍裁减军备,禁止原子武器和所有其他大规模毁灭性武器。各国议会应该担负起维护、巩固世界和平的重大责任,采取具体步骤发展各国人民的友好合作关系并互派代表团进行访问,为加强国际和平而努力。"中苏关系大事记之二(1955)",中华人民共和国外交部档案馆,档案号:109-01353-01(1),第9页。
② "中苏关系大事记之二(1955)",中华人民共和国外交部档案馆,档案号:109-01353-01(1)。

刘晓大使和使馆人员的宴会上,也引用了这段话。①

可以说,通过中苏联盟关系的协调和加强,苏联政府在与奉行实力政策的美国和西方国家进行针锋相对的外交斗争中,也拥有了更为强大的社会主义阵营力量的支持,同时也为苏联与美国等西方大国谈判提供了必要的实力基础。正如3月19日布尔加宁在接见刘晓大使时所说,在国际局势方面,目前的发展对我有利,我处处表现主动进攻,敌人处于被动,如在台湾、德国及裁减军备问题上皆如此。②

第三节　第一次台海危机的缓解③

1954年国庆赫鲁晓夫访华,苏联领导人通过一种柔性的方式加强了对中国政府的政策影响力,这使中苏在斯大林去世之后得以维系紧密的协调,也使中国领导人加深了对苏联外交政策基本看法的理解。但此后一直到1955年春的半年时间中,第一次台海危机成为远东国际局势的焦点问题。对于毛泽东和中共中央来说,这时提出台湾问题自有其自主性的战略考虑。但是对于苏联来说,中国在台海的政治军事斗争态势,与其推进缓和、促进东西方首脑会议的政策不太协调。因此,在这段时间里,如何缓和这次台海危机带来的远东紧张局势,成为苏联的一个主要政策考虑。

---

① "中苏关系大事记之二(1955)",中华人民共和国外交部档案馆,档案号:109-01353-01(1),第8页。
② "中苏关系大事记之二(1955)",中华人民共和国外交部档案馆,档案号:109-01353-01(1),第15页。
③ 国内外学者围绕中美关系对第一次台海危机做了大量研究,已有代表性成果,参见戴超武:《危机与敌对的年代:1954—1958年的中美关系》,社会科学文献出版社2003年;周湘华:《遗忘的危机——第一次台海危机的真相》,台北:秀威资讯科技股份有限公司2008年版;Leonard H. D. Gordon, "United States Opposition to Use of Force in the Taiwan Strait, 1954—1962", *The Journal of American History*, Vol. 72, No. 3, December 1985; Shu Guang Zhang, *Deterrence and Strategic Culture: Chinese-American Confrontation*, 1949—1958, Ithaca, N. Y.: Covell University Press, 1992; Qiang Zhai, *The Dragon, the Lion, and the Eagle: Chinese-British-American Relations*, 1949—1958, Kent, Ohio: Kent State University Press, 1994. 本节重在从中苏关系的角度进行分析。

但不管如何,通过赫鲁晓夫访华,中国了解了苏联的基本政策立场。这在很大程度上影响了中国政府此后在台湾问题上的政策决策。1954年10月18日国防委员会第一次会议所致开幕词中,毛泽东指出:"今后,在人民拥护的基础上,加上我们的努力,就一定能够战胜帝国主义的侵略和解放台湾,也一定能够建设一支现代化的革命军队。""中国是个大国,要有强大的陆、海、空军。我国有那样长的海岸线,一定要建设强大的海军。全国人民都希望我们有空军。有一句俗话,叫做'夹起尾巴做人'。道理很简单,我们现在坦克、汽车、大口径的大炮、拖拉机都不能造,还是把尾巴夹起的好。为了我们共同的目标,应当搞出些名堂来,使国家像个样子。"①从毛泽东在国庆后的讲话中可以看出,中国在台湾问题上反映的战略谨慎已经非常明显。

按照国内战略部署,1955年1月18日,中国人民解放军按计划向一江山岛发起攻击,并迅速达成战役目标,攻占一江山岛。一江山岛是大陈岛的屏障,大陈岛对于解放军而言已如探囊取物。1月19日,美国第七舰队部分舰只抵达大陈列岛外海。显然,美国政府对于台海两岸之间爆发更大规模军事冲突的可能性感到强烈不安,在这种军事冲突中,美国出于国内政治的原因将不可避免地会在军事上卷入,但美国政府并不想因为台湾而卷入"大战";同时美国政府又从未考虑把台湾"交给"中华人民共和国。② 美国政府面临的这种困境,使艾森豪威尔政府急于控制台海危机,将台海冲突限定于不需美国军事卷入的程度。为此,美国除约束台湾蒋介石政权"挑衅"大陆以外③,还积极与苏联联系,急切地希望

---

① 中共中央文献研究室编:《毛泽东思想年编(1921—1975)》,中央文献出版社2011年版,第772页。
② "No.10219 多勃雷宁与哈什谈话纪要:美国对台湾海峡危机的立场(1954年10月21日)",沈志华主编《俄罗斯解密档案选编:中苏关系》,第五卷(1954.2—1955.7),东方出版中心2014年版,第163—164页。
③ 根据艾森豪威尔的直接命令,美国决定立即把负责远东事务的助理国务卿饶伯森派往台湾,去制止蒋介石有可能采取的向中华人民共和国进一步"挑衅"的行动。"No.10219 多勃雷宁与哈什谈话纪要:美国对台湾海峡危机的立场(1954年10月21日)",沈志华主编《俄罗斯解密档案选编:中苏关系》,第五卷(1954.2—1955.7),第164页。

通过苏联来说服中国放弃更大规模的台海行动。1955年1月底,美国国务院向美驻苏联大使馆通报了美国对沿海岛屿的所谓的"新政策",要求苏联能在说服中国"约束"自己的行动上发挥其作用。① 1月30日,美国政府通过苏联方面向中华人民共和国政府转达了信息,即国民党军队将撤出大陈列岛,希望解放军届时不要发起攻击。按牛军所说,"美国通过苏联转达国民党军队将撤出,并希望解放军不要攻击撤出的国民党军队,肯定出乎中国领导人的预料之外"②。这也说明,随着形势的变化和美苏双方政策上的改变,美苏之间实际上已就台海问题保持着多种有效的沟通渠道。此时苏联驻美武官曾经在一次非正式宴会上向美方询问:如果中国进攻台湾地区并占领了沿海岛屿,美国将采取什么对策。得到的回答是,那将意味着同美国开战。1955年1月28日,英国驻苏大使威廉·海特尔约见苏联外长莫洛托夫时说,"如果中国政府根据美国部队决不会在这些岛屿地区援助他们的国民党盟友这一假设来制定他们的计划,那将是极其危险的"③。

苏联领导层意识到台海危机中潜在的牵涉苏联自身利益的巨大危险,于是在一方面抨击美国侵略中国的同时,也积极地保持同各方沟通,尤其是与英国一起,充当中美之间的协调者的角色。

正是在这一协调过程中,先是英国,继而苏联出现了邀请中国出席联合国安理会讨论台海局势以缓和危机的提议。1月28日,莫洛托夫接见英国驻苏大使海特尔,谈台湾问题。海特尔转交了新西兰政府给莫洛托夫的信函。这封信函中,新西兰政府实际上在美英授意之下,准备向安理会提出关于中国沿海诸岛屿地区的军事行动的问题。信函中还提

---

① FRUS,1955—1957, vol. 2, pp. 111 - 112.
② 牛军:《1958年炮击金门决策的再探讨》,载沈志华、唐启华主编《金门:内战与冷战》,九州出版社2010年版,第113、116页。
③ FRUS, 1955—1957, vol. 2, pp. 111 - 112;《中美关系资料汇编》(第二辑·下),世界知识出版社1961年版,第2169页。引自戴超武:《中国、美国与第一次台湾海峡危机的结束》,载沈志华、唐启华主编《金门:内战与冷战》,九州出版社2010年版,第163页。

到,英国政府和新西兰政府支持邀请中国政府参与安理会的讨论。① 同日,英国驻华临时代办杜维廉也在与周恩来总理的谈话中,以英国政府和新西兰政府的名义,提出了新西兰准备就中国沿海岛屿地区的军事行动问题在联合国安理会提出一项倡议的口头声明。② 很显然,台湾问题是中国的内政,中国以什么样的方式解决台湾问题同样是中国的内政,美英试图通过把问题提交联合国,向中国政府施加压力,逼迫中国政府停止针对沿海岛屿的行动,甚至试图通过联合国主持的国际会议使台海分裂局势长期化,企图制造"两个中国"的事实。因此,周恩来在1月28日与英国驻华代办杜维廉的谈话中,实际上谴责了这种西方准备以联合国名义对中国内政进行的干涉。不过,1955年1月29日,苏联驻华临时代办罗迈进根据莫洛托夫的指示,拜访了周恩来,通报了苏联关于即将举行安理会讨论中国台湾及沿海岛屿地区的局势问题上的立场。在这次谈话中,周恩来声明:一,他完全同意苏联政府关于将美国侵略中国问题及邀请中国参加讨论此问题之事提交安理会审议。二,如果此建议被否决,则中国政府只有在议题的表述使中国代表有可能发言谴责美国侵略中国的情况下,才同意派自己的代表出席安理会。例如"关于缓和远东紧张局势问题"或"缓和台湾地区紧张局势问题"的提法,可以作为这一议题的表述。三,如果议事日程的议题限定得很窄,如"关于中华人民共和国与蒋介石停火问题"或"缓和沿海岛屿地区紧张局势问题",则中国政府将不派自己的代表出席安理会,因为在那种情况下将会讨论中华人民共和国同蒋介石的关系问题,而这是中国的内部事务,不应拿到国际组织中去讨论。③ 可以看出,周恩来会见罗迈进时提出的声明,与周恩

---

① "No.23892 海特转交新西兰政府致中国政府函:缓和远东的紧张局势(1955年1月28日)",见沈志华主编《俄罗斯解密档案选编:中苏关系》,第五卷(1954.2—1955.7),第213—214页。
② "No.10249 周恩来与杜维廉谈话纪要:中国对台海危机的态度(1955年1月28日)",见沈志华主编《俄罗斯解密档案选编:中苏关系》,第五卷(1954.2—1955.7),第214—220页。
③ "No.09933 罗迈进与周恩来谈话纪要:台湾海峡局势及中国的立场(1955年1月29日)",见沈志华主编《俄罗斯解密档案选编:中苏关系》,第五卷(1954.2—1955.7),第223—224页。

来前一日与英国代办杜维廉会见时的讲话内涵具有某种较实质性区别。在与杜维廉的谈话中,周恩来明确拒绝了英国和新西兰的提议,没有显示出任何转寰的空间;但在与罗迈进的谈话中,周恩来无疑是受到苏联方面立场的影响,采取了某种缓和的立场,显示出参加这样一种会议的可能性。很大程度上可能正是因为1月28日周恩来与杜维廉谈话内容显示出与苏联立场的某种不一致性,周恩来在1月29日跟罗迈进说,中国不准备刊登周恩来与杜维廉之间的谈话内容。① 苏联方面在这一过程中显然发挥了某种折中性、协调性的作用,在缓和台海地区紧张局势方面苏联与英国,甚至美国,具有某种共同的愿望。当然,在关键的会议形式上,苏联更多采取的是谴责美国在台湾地区侵略中国的形式,这一点是显然不同于英国的亲美立场的。

1月30日,苏联驻华使馆临时代办罗迈进面交周总理一件备忘录。其中说,中华人民共和国近来采取解放台湾的行动,引起了美国统治集团的敌对的反应。艾森豪威尔正建议国会通过一项赋予"总统在台湾地区为进行侵略而使用美国武装力量的权利的决议"。同时,美国及其伙伴正设法在联合国扮演"和事佬"的角色,以掩盖其侵略行动。鉴于这种情况,苏联政府认为将"关于美国在中国的台湾和其他岛屿地区对中华人民共和国的侵略行动"的问题,提交安理会讨论是适宜的。苏联还准备提出一项采取措施的决议草案。31日,莫洛托夫接见英国驻苏大使海特尔时说,苏联政府同意英国关于有必要在安理会讨论台湾问题的看法。苏联政府并建议邀请中华人民共和国参加这个问题的讨论。同日,苏联驻联合国安理会副代表索波列夫致函安理会主席孟罗,要求就台湾问题召开紧急会议,讨论制止美国侵略中国的行为;安理会通过将苏联关于这个问题的提案列入议程。2月1日,苏联《真理报》发表社论,题为

---

① "No.09933 罗迈进与周恩来谈话纪要:台湾海峡局势及中国的立场(1955年1月29日)",见沈志华主编《俄罗斯解密档案选编:中苏关系》,第五卷(1954.2—1955.7),第224页。

《美国必须立即停止对中国的侵略行动》。同日,苏联驻华大使馆临时代办罗迈进将莫洛托夫致英国驻苏大使海特尔的声明副本面交章汉夫副部长。声明中说,苏联政府认为,美国在蒋介石的支援下几年前强占了属于中国的台湾、澎湖列岛加其他某些中国岛屿,是在这里造成目前紧张局势的原因。而最近时期以来,美国方面又在这个地区采取了新的侵略行动,这就更加加强了这里的紧张局势。苏联政府同意英国的意见,即必须在联合国讨论整个这个问题。但是当讨论这个问题的时候,必须邀请中华人民共和国代表团,因为讨论的问题是关于美国对中国的侵略和对中国内政的干涉。苏联政府特别指出,苏联把这个问题提交安理会讨论的目的是为了缓和远东的紧张局势,并有助于巩固世界和平。

结果是,1955年1月31日召开的安理会会议同时将苏联和新西兰的提案列入议事日程。联合国秘书长哈马舍尔德以自己的名义建议给中国政府发电报,邀请中国代表参与讨论安理会议事日程中所包括的这两个议程,苏联代表在对这一建议进行表决时投了弃权票。1955年2月2日艾登交苏联驻英代办的声明中,英国政府还希望苏联政府能运用它的影响,说服中国人接受安理会关于派遣代表赴纽约的邀请。面临这种形势,1955年2月2日的中共中央会议持续到接近23点,详细讨论了当时中国面临的外交形势,并通过了关于向安理会提出台湾地区局势问题的行动计划。根据这次会议,中国政府给联合国秘书长哈马舍尔德回电,主要内容有:批评、坚决反对、拒绝参加审议新西兰的提案,因为这一提案让联合国干涉中国内政;在安理会中由蒋介石的代表作为中国代表参与讨论涉及中国的问题,使中华人民共和国的代表不可能出席安理会;只有在安理会讨论苏联的提案,并且把蒋介石代表驱逐出安理会,使中华人民共和国的代表作为中国代表出席的情况下,中华人民共和国才会同意派出自己的代表出席安理会。① 中共中央的决定实际上最后取消

---

① "No.09935 罗迈进与周恩来谈话纪要:中国针对台海危机的行动计划(1955年2月2日)",见沈志华主编《俄罗斯解密档案选编:中苏关系》,第五卷(1954.2—1955.7),第231—232页。

了苏联,以及具有某种共同意愿的英国,通过联合国安理会会议途径缓和远东局势的努力。不过,某种程度上也是为了顾及苏联的愿望,中共中央在做出以上决定的同时,让苏联出面提出一个新的提议,即"必须走别的路"。这就是,"为了缓和远东地区的紧张局势,其中包括台湾地区的紧张局势,最好是由那些与远东局势利害攸关的国家,如苏联、印度和英国,倡议召开远东会议。这一会议可以吸收 10 个国家参加:美国、中国、英国、苏联、法国、印度、缅甸、印尼、巴基斯坦、锡兰,可以于今年 2 月在上海或新德里召开"。并且,"召开会议的时间和地点可视情况而改变,其成员可以扩大。但是必须坚决反对蒋介石集团的代表参加会议"①。2 月 4 日,莫洛托夫接见英国大使海特尔,提出关于召开十国会议讨论台湾问题的建议。② 2 月 17 日,周总理在接见尤金大使时谈到台湾问题,还再次强调:一是无论如何不能同意蒋介石代表参加提议中的国际会议;二是关于提议中的国际会议,不应同联合国有任何关系。③

这样,十国会议提议取代了联合国安理会会议的讨论途径。不过,蒋介石在这样一次国际会议的代表权问题成为这次会议能否开成的一个关键点。2 月 21 日,印度代办就国际会议向中国驻苏刘晓大使试探态度,刘大使表示,我们绝不容许蒋介石派代表参加。印代办表示同情中

---

① "No.09935 罗迈进与周恩来谈话纪要:中国针对台海危机的行动计划(1955 年 2 月 2 日)",见沈志华主编《俄罗斯解密档案选编:中苏关系》,第五卷(1954.2—1955.7),第 232 页。
② 2 月 5 日,苏联驻华使馆临时代办罗迈进交来"莫洛托夫就 1955 年 2 月 2 日艾登的声明向英国大使发表的声明"副本。声明中说,苏联政府建议邀请中华人民共和国中央人民政府的代表作为中国的合法代表参加安理会,并把联合国中非法窃据席位的蒋介石代表驱逐出安理会。美国和英国不愿意考虑中华人民共和国的合法要求,使得安理会不可能讨论上述问题。为了巩固和平以及缓和远东国际紧张局势,苏联政府认为,在现有的条件下尚可试图寻找有助于解决上述问题的办法。苏联政府认为,有关各国在适当的会议上讨论解决台湾和中国其他岛屿地区所造成的局势问题,将是适宜的。参加会议的可以有中华人民共和国、英国、法国、印度、缅甸、印度尼西亚、巴基斯坦和锡兰。"中苏关系大事记之二(1955)",中华人民共和国外交部档案馆,档案号:109-01353-01(1),第 3—8 页。
③ "中苏关系大事记之二(1955)",中华人民共和国外交部档案馆,档案号:109-01353-01(1),第 12 页;这一立场另外还见中华人民共和国外交部解密档案"英国驻苏联大使邀请我驻苏大使刘晓事",档案号:105-00195-02(1)。

国的态度,但提出蒋介石名义上没有代表但其权利和利益由美国来代表的选择方案。① 中国绝不允许蒋介石派代表与会,美国又拒绝参加任何没有国民党参加的讨论。在这种情况下,召开会议的想法难以实现。因此,对于极力促成这样一次会议以导致局势缓和的英国、印度和苏联等国来说,显然需要找到某种途径,进行非正式的接触,以便找出打开僵局的办法。当然这三国的态度是有差异的,英国更倾向国民党派代表与会。而印度则对中国持同情态度,不同意蒋介石同中华人民共和国在平等的基础上参加会议,但希望为促成这样一次会议的召开而采取一些变通的方法,使蒋介石在其他基础上参加会议。苏联方面对中国的立场一直给予理解和支持,多次表示苏联不能同意蒋介石代表以任何形式参加会议。② 印度方面提出,"对这件事我们别无其他考虑。我们所关怀的是:甲,应采取某些初步的步骤以求得和平谈判;乙,不应在任何情况下危及中国的地位"。"我们认为应该有一个初步的旨在缓和紧张局势和寻求共同谈判基础的和平倡议。基于现实的理由,这种谈判必须有中美双方参加。我们的建议是:这种谈判应该很快地引导到召开这样的会议,而不应过分延迟。""在我们看来主要的考虑是:应召开一次会议,主要双方——中国和美国——均应参加,因为如果没有它们的参加就不成其为一个会议了。为此我们认为进行初步的和私人的会谈以建立召开这种会议的基础,或如果可能的话,建立由中国和美国直接进行谈判的基础。苏联、印度、联合王国进行的初步谈判应设法寻求某些办法来使美国和中国参加一次会议,并设法缓和双方的紧张局势。""必须寻求某

---

① "我驻苏大使刘晓同印度驻苏代办谈台湾问题",中华人民共和国外交部档案馆,档案号:105-00195-01(1)。
② "印度、苏联就台湾海峡问题进行接触的情况",中华人民共和国外交部档案馆,档案号:105-00195-03(1);"中苏关系大事记之二(1955)",中华人民共和国外交部档案馆,档案号:109-01353-01(1),第14、17页。

些出路来打开僵局和避免武装冲突。"①不过,由于中国无法同意蒋介石代表参加这样一次会议,美国又无法同意没有蒋介石代表参加的会议,加上随着台海局势在事实上的逐渐缓和,这样一次十国会议实际上也并没有开成。正如周恩来所说的,"我们认为,拟议中的国际会议未必能够召开。那又有何妨,就让这种状况持续下去吧!"②

不过,在这一国际协调的过程中,危机态势还是得到了大大缓解。1955年2月8日凌晨,在大批美国海空军部队的支援下,蒋介石开始从大陈岛撤退,将大陈岛上的居民与军队全部迁移到台湾。中国军队并没有对蒋介石军队的撤退进行干扰。中国也并没有在国民党撤离大陈岛后再进攻金门、马祖这两个岛屿,从而缓和了危机。

应该说,这时围绕台湾问题密切的中苏协调背后,中苏之间并非没有政策分歧。这种分歧也常常被美国与西方国家发现。在1955年2月庆祝中苏同盟条约签署五周年之际,苏联表现出的矜持与克制,与中方的热情欢迎形成较大的反差。参加庆祝会的苏联官员的祝酒与言辞中都小心避免提到台湾问题。苏联的声明和言论中也显然避免提及依据1950年条约而承担的义务。苏联的策略是,一方面,关于中国在台湾问题上的公开立场上,苏联给予中国在道义上、政治上和心理上的完全支持;另一方面,在台湾问题可能发生的中美冲突方面,苏联小心谨慎,避免作出一旦中美出现冲突,1950年中苏同盟条约将发挥效力的意思表示。③ 1955年2月28日刘少奇与苏联大使尤金会谈时说,"中国的远程火力可以打到这些岛屿(马祖和金门),但是我们现在不打他们,因为在

---

① "印度、苏联就台湾海峡问题进行接触的情况",中华人民共和国外交部档案馆,档案号:105-00195-03(1)。
② "No.09937 罗迈进致莫洛托夫电:周恩来通报大陈岛蒋军撤退(1955年2月8日)",见沈志华主编《俄罗斯解密档案选编:中苏关系》,第五卷(1954.2—1955.7),第236页。
③ Telegram From the Ambassador in the Soviet Union (Bohlen) to the Department of State, Moscow, February 18, 1955, Foreign Relations of the United States, 1955—1957, Volume II, pp.289-291.

布置这些武器的附近地区,既没有铁路可运送武器和弹药,也没有飞机场可停降飞机,以便利用空中火力来支援地面炮火的打击。现在铁路和机场正在建设中。先让蒋介石的追随者在那里呆一段,以后他们一个也跑不掉。如果现在增强炮火,他们就会跑掉的"。当时尤金大使听了刘少奇的这段谈话未作反应。随后他将此次谈话记录呈送给莫斯科,也未作任何附加评论。① 这表明,中国政府在台海问题上已经采取了暂时放一放的方针,维持现状。无疑,这也是苏联政府所希望看到的某种最低程度的目标。

基于苏联方面希望更明确地获知中国在台湾问题上的立场和进一步行动,1955 年 3 月 5 日,毛泽东就台湾地区的局势和解放台湾问题复电赫鲁晓夫。电报指出:

> 即使夺取马祖和金门的准备工作做好,是否就发起军事行动,也还要看当时美国军队在沿海岛屿地区的具体情况再定。目前在台湾海峡靠近沿海岛屿地区,美国想长期维持一个包括数艘航空母舰的庞大舰队是很困难的。美国又很难以自己的地面部队代替蒋介石军队防守马祖和金门。从这种军事形势看来,在中国沿海岛屿地区保持紧张的局面,对敌人不利,而对我们有利,因为敌人不知道我们将在何时何地打击他们,较大的主动操在我们手里。美国想要我们答应不以武力解放台湾和沿海岛屿,来交换沿海岛屿的撤退,从而在事实上承认美国对台湾的霸占,并在事实上造成"两个中国"的形势。……我们设想,在亚非会议期间,我们将有可能同印度、缅甸、印度尼西亚做更多的接触,利用同这三国主要是印度的接触和会谈去创造解决台湾地区局势问题的机会,也许对我们有利。

电报又指出:

---

① 俄罗斯联邦对外政策档案馆,l.49,全宗 9,全宗 410,sh. 37,转引自[俄]谢·冈察连柯:《中苏分裂的军事因素》,载李丹慧编《北京与莫斯科:从联盟走向对抗》,第 248 页。

解放台湾应该分两个步骤:第一步是解放沿海岛屿,第二步(可能需要很长的时间)是解放台湾本岛。解放台湾是中国的内政,因为美国武装干涉中国解放台湾,造成台湾地区的危险局势,所以才需要同美国进行谈判,要求它放弃干涉和撤离台湾和台湾海峡。我们在国际会议以前和在国际会议上坚决不能同意美、英国人用沿海岛屿交换台湾澎湖造成"两个中国"的要求,这种情况可能使国际会议要经过许多曲折才能开成,而这一点我们是不能让步的。即是说,我们宁可让美国人在一个时期内事实上占领台湾而不去进攻台湾,但不能承认美国的占领合法化,不能放弃解放台湾的口号,不能承认"两个中国"。①

1955年3月11日,周恩来总理再次接见尤金大使和苏联经济总顾问弗·谢·阿尔希波夫。总顾问转达了苏联政府的通知:请中国派出代表团前往苏联商谈设计实验性原子弹、供应有关设备、苏联向中国派遣专家和中国向苏联派遣留学生等事宜。1955年4月27日,以刘杰、钱三强为正副团长的中国政府代表团与苏联政府签订了《关于为国民经济发展需要利用原子能的协定》,确定由苏联对中国发展核物理学研究以及为经济发展利用原子能而提供帮助。根据协定,苏联将免费向中国提供核技术。② 如祖波克所分析,苏联向中国提供原子弹制造项目上的帮助,这毫无疑问正是赫鲁晓夫向1955年初正欲发展原子弹的毛泽东的一份

---

① 中共中央文献研究室编:《毛泽东思想年编(1921—1975)》,中央文献出版社,2011年版,第779—780页。
② 1955年1月17日,塔斯社报道,苏联部长会议主席发表声明,就促进原子能用于和平目的的研究方面给予中、波、捷、罗、德以科学、技术和工业方面的援助。苏联政府已向上述五国提出了关于帮助它们建设实验性原子堆和原子微粒加速器的建议。1月31日,我国国务院第四次会议通过决议,欢迎苏联在研究原子能方面援助我们的建议。3月31日,尤金大使和阿尔希莫夫总顾问通知周总理,为了就苏联在促进原子能和平用途研究方面给中国以科学、技术和工业上的帮助问题进行具体商谈,苏联政府请中华人民共和国派一代表团去苏联。4月29日,塔斯社报道,苏联同中、波、捷、罗、德分别签订关于苏联帮助这些国家和平利用原子能的协定。"中苏关系大事记之二(1955)",中华人民共和国外交部档案馆,档案号:109-01353-01。

厚礼,也是苏联为争取中国在外交政策上与苏保持一致所付出的代价。①1955年4月5日,中共中央政治局会议讨论并通过了《参加亚非会议的方案》。该方案中指出,"我们主张通过国际协商和缓并消除国际紧张局势,包括台湾地区的紧张局势在内"。4月23日,周恩来在万隆会议阐释中国政府在台湾问题上的立场和意见,发表声明称,"中国同美国人民是友好的。中国人民不要同美国打仗。中国政府愿意同美国政府坐下来谈判,讨论和缓远东紧张局势的问题,特别是和缓台湾地区的紧张局势问题"。这一声明在国际上引起强烈反响。4月25日周恩来总理接见美国《民族》周刊记者时再次提出,"为了和缓台湾地区的紧张局势,中国提议,中国和美国应该坐下来谈,解决这个问题"②。

不管中国政府的政策调整在多大程度上受到苏联的影响,但毫无疑问,这场台海危机在1955年4月份宣告结束是苏联政府所乐意见到的。到1955年5月26日,毛泽东在同印度尼西亚总理沙斯特罗阿米佐约的谈话中指出,"就是西方国家,只要它们愿意,我们也愿同它们合作。我们愿意用和平的方法来解决存在的问题。打仗总是不好的,特别是对西方国家是没有好结果的。正是考虑了这一点,我们说,用谈判来解决问题。况且朝鲜战争和印度支那战争最后都是用谈判解决的,台湾问题也可以用谈判解决。因此结论还是一个:和平为上。……即使有战争,我们也可以把它推迟。我们要争取和平的环境,时间要尽可能地长,这是有希望的,有可能的"③。

第四节 核力量、核政治与苏联"火箭核武器"战略

核武器在苏联战后对外政策中发挥了关键作用,特别是在赫鲁

---

① Vladislav M. Zubok, "Soviet Policy Aims at the Geneva Conference," in Gunter Bischof and Saki Dockrill eds., *Cold War Respite*, p. 69.
② 《周恩来年谱》(1949—1976),上卷,第460—461,470—471页。
③ 《毛泽东思想年编》(1921—1975),第783—784页。

晓夫时期,它在很大程度上成为苏联与美国进行对抗的标志性力量。1949年8月29日,苏联成功地在哈萨克斯坦的塞米巴拉金斯克进行了第一次钚弹试验,成功地改写了美国一家垄断原子弹的历史。① 也就是从此时开始,苏联政府正式启动了研究氢弹的阿萨姆斯-16(Arzamas-16)计划。美国的第一枚热核概念装置麦克-4(Mike-4)1952年11月1日的成功爆炸②,给苏联当政者以及氢弹研制人员都施加了极大的压力。斯大林去世之时,苏联的氢弹研制也接近于成功。

在1953年3月斯大林去世后至1953年6月间,贝利亚事实上成了苏联领导层内唯一完全知晓苏联核计划的人,马林科夫及其他领导人均不了解热核项目的发展情况。正如马林科夫在1955年7月苏共中央全会上对贝利亚的指责,他说,贝利亚在斯大林去世后不久做出组织进行氢弹试爆的决定,但没有告诉苏共中央委员会和苏联政府。③ 马林科夫甚至暗示,贝利亚可能考虑利用他对原子项目的独掌大权来施行某种形式的"原子政治",以夺取克里姆林宫的权力。④

贝利亚6月26日被捕后,苏联核武发展情况便被苏联新领导层的其他成员掌握,马林科夫处于更为有利的地位去立即了解核项目的意

---

① 苏联于1949年8月成功进行核试验后,美国战略界要求政府做出反应,研制超级炸弹以防被办联赶上,甚至有人担心苏联在发展热核武器方面走到美国的前面。美国杜鲁门总统1950年1月31日称,他已经命令美国原子能委员会开始进行氢弹的研制工作。1950年3月10日,杜鲁门决定加速研制热核武器,不仅仅是为试验作准备,而且要准备生产武器。David Holloway, *Stalin and the Bomb*, pp. 300-302.
② 美国这次在南太平洋恩尼威托克岛(Eniwetok)试验的是一枚不可投送的概念性热核装置。这是一个庞大的笨拙装置,重约60吨。热核燃料为液态氘,需要贮藏于摄氏零下250度。液态氘外围是铀-238。这次"麦克"试验产生的爆炸当量相当于1千万吨TNT的爆炸威力,其威力是广岛原子弹的1 000倍。而苏联在1953年8月试验成功的是一枚可投送的热核武器。David Holloway, *Stalin and the Bomb*, p. 303.
③ Transcript of 3 July 1953 CC CPSU Plenum, Izvestiia TsK KPSS, no. 1(1991), pp. 204-206, 144, quoted from Vladislav Zubok, Constantine Pleshakov, *Inside the Kremlin's Cold War*, p. 152.
④ Vladislav Zubok, Constantine Pleshakov, *Inside the Kremlin's Cold War*, p. 152.

义。就在贝利亚被捕的那一天，马林科夫签署命令，取消原子能特别委员会，将管理原子项目的第一总局（the First Chief Directorate）改名为中型机械制造部，具体负责核武器研制，由马利谢夫（Malyshev）负责，直接受政府首脑领导。之后，马林科夫和赫鲁晓夫继续加大核弹的研制和生产力度，核试验的准备速度也进一步加快。

在即将进行热核试验之前，8月8日，马林科夫在最高苏维埃的演讲中宣布，美国在氢弹上面没有垄断权。[①] 马林科夫的讲话无疑对即将进行的氢弹试验的准备工作施加了更大的压力。1953年8月12日，苏联终于成功试验了世界上第一枚可投送型氢弹。

苏联试验的这枚氢弹系根据苏联科学家萨哈罗夫的"夹心蛋糕"理念而设计[②]，其试验当量估计在40万吨左右，相当于苏第一颗原子弹威力的20倍，比美国麦克试验的氢弹装置威力小25倍左右。但不同于麦克试验的是，苏联的氢弹装置是可投送型的，尺寸跟第一颗原子弹差不多大小。它使用氘化锂和氚作为燃料，而美国人直到1954年才开始使用氘化锂。

当时，美国政府组成以汉斯·贝瑟为主席的委员会来评估苏联这次核试验。该委员会不久得出结论，这次苏联核试验（他们称之为Joe-4，美国人将苏联的核试验按斯大林名字命名，分别称为Joe-1, Joe-2, 等等）的爆炸当量为50万吨左右，认为这不是一颗超级炸弹，更像是一枚增强型的裂变炸弹；并认为其设计理念本身也不能制造出无限大爆炸当量的炸弹来（而苏联科学家萨哈罗夫则认为，这种"夹心蛋糕"设计经过修正后，爆炸威力至少可以达到100万吨级）。但贝瑟委员会无法知道苏联试验的这枚炸弹的确切大小，他们认为这肯定是一枚非常笨拙的装

[①] David Holloway, *Stalin and the Bomb*, p. 306.
[②] 1948年9月，苏联科学家安德雷·萨哈罗夫（Andrei Sakharov）提出了著名的"夹心蛋糕"概念，也就是逐层反应的热核燃料理论，即把热核燃料（氘、氚及它们的化合物）和铀-238放在一个置于高性能炸药和可裂变材料中间的裂变弹之上。苏联的第一枚氢弹就是按这种理念进行设计的。

置。虽然在这点上该委员会的判断明显不对,但总体上看,该委员会的评估基本正确。①

虽然苏联试验的这枚热核装置在威力上小于美国,但正如中型机械制造部副部长札文雅金(Avraami Zavenyagin)在7月苏共中央全会上所说,"氢弹的爆炸将意味着美国人正准备的第二次核武垄断的破产,这在世界政治中是一个具有极其重要意义的事件"②。

1953年11月,苏共中央主席团会议决定,在接下来的两年里,苏联中型机械制造部将致力于发展第二代热核武器。当时,尽管苏联已经成功地试验了第一枚可用于实战的可投送型氢弹,但是苏联并没有有效的洲际战略投送工具。弗·米·米亚西谢夫设计的M-201轰炸机是苏联最新式轰炸机,它可以飞到美国,却无法返回,仅具有单程的飞行能力。③因此,尽快发展有效的战略投送工具成为苏联领导人非常关心的重要战略任务。这次苏共中央主席团会议同时决定,发展可以携带新武器的R-7型洲际弹道导弹。④

到1954年春,由于苏联第二代热核武器在设计理念上取得突破,苏联科学家们放弃第一代热核武器使用的"夹心蛋糕"模式而使用新的"第三理念(Third Idea)",很快苏联的第二代热核武器研制取得巨大进展。新的设计理念与1954年3月美国在太平洋进行试验

---

① David Holloway, *Stalin and the Bomb*, p. 308.
② Transcript of the 3 July 1953 CC CPSU Plenum in Izvestia TsK KPSS 2(1991), 166-170. Quoted in Yuri Smirnov and Vladislav Zubok, "Nuclear Weapons after Stalin's Death: Moscow Enters the H-Bomb Age," Woodrow Wilson International Center For Scholars, CWIHP, Issue 4, Fall 1994, p. 14.
③ David Holloway, *Stalin and the Bomb*, pp. 323-324;《赫鲁晓夫回忆录》(第二卷),第1398页。
④ R-7型火箭第一次飞行试验是在1957年5月进行的。而系列生产的该型火箭产品的首次飞行试验在1959年2月进行。正是该型火箭在1957年10月把苏联第一颗人造卫星送上了地球轨道。但作为军事导弹,R-7缺陷也比较明显,一是它必须在地面上进行发射,二是它的发射准备时间比较长,因此只有少量被部署。David Holloway, *Stalin and the Bomb*, p. 438, note 30.

的核武器是相同的。① 1955 年 11 月苏联对这种第二代热核武器进行了成功的试验,这颗试验弹设计爆炸当量达到约 300 万吨,试验时通过特别措施处理使爆炸当量缩减一半,也达到 160 万爆炸当量。

比较来说,苏联的热核武器和战略力量在这些年中取得巨大进展②,但比起美国来说还是处于劣势地位。③ 苏联第一批系列生产的核弹到 1953 年才进入其核武库。1952 年 11 月美国情报机构估计,苏联到 1953 年年中大概拥有 100 枚原子弹,但由于当时苏联没有这方面的公开数字,因此美国中情局也很难作出准备的判断,认为这一数量也可能少到只有 50 枚,或多到 200 枚。生产反应堆以及扩散工厂的启动问题④表明,到斯大林去世时苏联拥有的原子弹数量可能在中情局估计的 50 枚或更少的水平。1953 年 5 月 18 日美国国家安全委员会特别评估组向国

---

① 在热核武器研制过程中,1951 年初美国科学家 Edward Teller 和 Stanislaw Ulam 提出,第一,热核燃料不仅仅要加热,而且要进行压缩以提高其密度。压缩是关键,因为这样使燃料燃烧更快,减少热量损失。第二是使用裂变爆炸中产生的 X 射线对热核燃料进行压缩。这就是辐射内爆的概念。第三是将裂变物质(primary)从热核燃料包中分离出来,使用炸药管(bomb casing)导引并对准裂变爆炸所产生的辐射以对热核燃料进行压缩或者进行内爆。因为裂变物质在物理上已经从热核燃料中分离,这类炸弹常常被称为"两阶段武器(two-stage weapons)"。这也被称为"特勒-乌拉姆结构(Teller-Ulam configuration)",它大大推动了美国的热核弹研制,1952 年 11 月 1 日美国进行了第一次热核概念弹的试验,1954 年春美国又进行了 6 枚可投掷型的热核弹试验。苏联科学家在 1954 年春掌握这一设计理念。Ibid., pp. 302 - 303.
② 从 1953 年 8 月至 1954 年 10 月,苏联先后进行了 11 次核试验,除 1953 年 8 月 12 日进行了一次 40 万吨当量的热核弹试验外,其余皆为裂变弹试验。但从 1954 年 10 月到 1955 年 7 月底,苏联没有进行核试验。1955 年 7 月 29 日又进行了新的核试验,除这次之外,1955 年下半年还进行了 4 次核试验。而 1955 年 11 月 22 日试验成功首枚爆炸当量为 160 万吨的两阶段热核弹。
③ 1954 年春美国在南太平洋又进行了 6 次氢弹试验。其中第一次也是最具威力的一次试验是 1954 年 3 月 1 日在比基尼岛进行的。这是一枚可投送型的氢弹,使用氘化锂作为热核燃料,爆炸当量达到 1500 万吨级。
④ 1948 年 7 月第一座铀-石墨生产反应堆在车里雅宾斯克- 40(Cheliabinsk - 40)开始按照钚生产计划进行运行。1949 年 8 月 29 日首次在塞米巴拉金斯克核试验成功的是一颗爆炸当量为 2 万吨的钚弹。随后 1950 年 9 月、1951 年 4 月和 1952 年 9 月又建立了另外三座反应堆。扩散工厂在 1950 年底在技术上解决了铀的浓度问题。1951 年开始生产 90% 以上的高浓缩铀。1951 年 9 月 25 日苏联成功试验了一颗使用铀 235 和钚为核燃料、爆炸当量为 4 万吨的核弹。David Holloway, *Stalin and The Bomb*, pp. 183 - 192,323。

安会提交的报告认为,到1953年中,苏联的核武库内可能有约8万吨级的核弹120枚,到1955年中则达到300枚。① 而据另一份国家安全委员会报告,在1953年估计苏联该年核武器储备约600万吨(其中最大当量核弹为50万吨—100万吨),1954年估计苏联该年核武器储备约达到2500万吨(其中最大当量核弹为100万吨)。② 在战略运载工具方面,美国国家安全委员会NSC140/1号文件估计,苏联到1953年中可能拥有1 000架图-4型中程轰炸机③;到1955年中,这一数字将提高到1 100架,届时苏联还将拥有180架重型轰炸机,航程约为图-4的两倍。该文件同时指出,图-4显然大大落后于美国空军使用的新式轰炸机。④ 此时美国的新式远程轰炸机B-36的航程达到8000英里。NSC162/2号文件虽然认为苏联以核武器攻击美国的能力在不断增长,但也指出苏联飞机还只能用"单程的方式"对美国投掷炸弹。⑤ 即使到1955年,苏联的核武库也比美国要小得多,远程空军力量也只有大量过时的图-4,另外还有1955年交付使用的少量中程轰炸机图-16(最大航程6000公里)。1955年中,苏联拥有的战略轰炸机不过30架左右。1954年五一阅兵仪式上"大量"出现的M-4"野牛"重型轰炸机也要到1957年才开始服役。而且,M-4性能不太稳定,不进行空中加油根本无法对美国任何一个城市进行空袭并返回基地,但为了增加苏联的军事实力筹码,苏联还是批准将其投入生产。美国方面十分关注该机性能,一度花了大量精力获取该机情报。

---

① 爆炸当量可能比8万吨高或低,相应的其核武库中的核弹数量也会减少或提高。A Report to the National Security Council by the Special Evaluation Subcommittee of the NSC on Summary Evaluation of the Net Capability of the USSR to Inflict Direct Injury on the United States up to July 1 1955, NSC140/1, May 18, 1953, DNSA, Presidential Directives, PD000313, p. 8.
② Study Prepared by the National Security Council Planning Board, June 14, 1954, FRUS, 1952-1954, v. 2, pp. 651-652.
③ 图-4为美制B-29轰炸机的仿制品,B-29航程为1 500—1 700英里。
④ NSC140/1, DNSA, Presidential Directives, PD000313, p. 8.
⑤ NSC162/2, DNSA, Presidential Directives, PD00353, p. 2.

但是,从总体上说,从 1952 年 11 月、1953 年 8 月美苏两国竞相试验第一枚热核弹以来,双方的核武库都更为充实,热核能力也都大幅提高。然而,核武器的巨大破坏力不仅在世界范围内引起了对核军备和核战争的广泛反对浪潮,而且在美苏两国国内也出现了对核武器本身作用的质疑。美国政府决策界在 1953 年下半年的国家安全委员会会议讨论中一直涉及这一敏感问题,NSC162/2 号文件最终确立了核武器的可用性,随后 1954 年 1 月,美国政府正式宣布了依赖核武器的大规模报复战略。至于 1953 年 12 月,美国艾森豪威尔总统在联合国大会上发表的题为《原子用于和平》的演讲,则显然是其争取国际舆论的一种两手策略运用。① 对苏联领导层来说,同样面临这样矛盾的思考,一方面是世界舆论及国际社会的反核呼声,另一方面则是应对美国政府决策对苏联产生的压力。尤其是 1954 年 1 月 12 日杜勒斯在纽约对外关系理事会发表"大规模报复"演说之后,克里姆林宫内出现了新的警惕和紧张。

正是在这种背景下,1954 年春苏联政府决策层出现了关于核武器作用的一场深刻讨论。1954 年 3 月,苏联秘密原子项目的四位高级物理学

---

① 1953 年 12 月艾森豪威尔总统在联合国大会发表演说,建议核大国(美、苏、英)共享其裂变材料储备以建造一个用于世界范围内和平利用原子能的国际共同机构。后来艾森豪威尔曾在回忆录中说:"我们的技术专家使我确信,即使苏联同意与我们进行这种计划的合作,……美国也能够做到比苏联可能捐献的裂变材料数量多两到三倍,并且还会提升我们的相对(战略)地位。"显然该演说带有舆论战的意味。See Dwight D. Eisenhower, *The White House Years: Mandate for Change, 1953 - 1956*, Doubleday, 1963, p. 254; Raymond L. Garthoff, *Assessing the Adversary*, p. 8. 针对艾森豪威尔的演说,苏联科学家们在一份交给中央领导集体的秘密报告中指出,和平原子能技术的扩散和发展将不是导致核武器减少,而是核武器扩散。核电站运行技术同样可用于对军用原子能生产方法进行改进。民用核电站同时也是生产核原料的一种途径。他们举例指出,一个设计 1 万千瓦能力的核电站,除生产核电以外,每年还将生产 130—200 公斤的钚,这足够生产数十枚原子弹。而且,用这些原材料制作原子弹,只需要很短的时间即可完成。因此,他们指出,艾森豪威尔的提议根本不能消除核战争的危险,只是用于迷惑世界舆论。苏联科学家们的这些观点被作为苏联政府反对艾森豪威尔倡议的正式意见,在 1954 年春季稍后时间由莫洛托夫递交给美国国务卿杜勒斯。See Yuri Smirnov and Vladislav Zubok, "Nuclear Weapons after Stalin's Death: Moscow Enters the H-Bomb Age," Woodrow Wilson International Center For Scholars, CWIHP, Issue 4, Fall 1994, pp. 14 - 15, 18.

家,他们分别是库尔恰托夫(苏联"原子弹之父",1943年后一直为核工程科学主任),阿利哈诺夫(Abram Isaakovich Alikhanov,领导建立第一座苏联重水核反应堆),基科因(Isaak Konstantinovich Kikoin,气体扩散和离心机铀同位素分离项目主任),维诺格拉多夫(A. P. Vinogradov,将钚提纯和转化成武器级原料的车里雅宾斯克-40工厂科学主任),以一篇文章的形式提出了一份秘密报告,题目是《原子战争的危险和艾森豪威尔总统的建议》。这份报告1954年4月1日被中型机械制造部部长马利谢夫递交给苏共中央委员会第一书记赫鲁晓夫,报告并且建议以其他人的名义发表这篇文章。据称,马利谢夫同时也给马林科夫和莫洛托夫送呈了这份报告。①

文章中,库尔恰托夫和其他作者们生动有力地说明,聚变武器的到来意味着核竞赛已经到了一个新的、更大危险性的阶段。文章写道:"利用热核反应的现代核实践,使我们实际上无限制地提升了蕴藏在炸弹中的爆炸能。……防御这种武器实际上是不可能的,很清楚大规模地使用原子武器将导致国家的毁坏……除原子弹和氢弹的破坏性后果外,人类还面临着核战争中的另外一种威胁,即地球表面和大气层都受到核爆炸产生的辐射物质的污染……原子爆炸物的增长速度如此之快,短短几年内,原子爆炸物的储备已经足以造成这样一种情势,即使得人类在整个地球上的生存将不再可能。爆炸大约 百颗氢弹也会导致同样的效果……因此我们不得不承认,人类面临着地球上全部生命被毁灭的一种巨大威胁。"②

库尔恰托夫及其同事们向苏联新领导人极力陈述了核危险,强调完全禁止核能军事使用的必要性。他们说,热核武器的爆炸当量已经达到

---

① Yuri Smirnov and Vladislav Zubok, "Nuclear Weapons after Stalin's Death: Moscow Enters the H-Bomb Age," Woodrow Wilson International Center For Scholars, CWIHP, Issue 4, Fall 1994, p. 14.
② Ibid., p. 14.

几百万吨,"一颗这样的炸弹就能完全破坏半径10—15公里范围内的所有居住的房屋和建筑,也就是说,一个有几百万人口城市的地面建筑将被摧毁殆尽,一两颗这种氢弹的爆炸力能够抵得上过去那场战争中交战双方所总共使用的爆炸物"①。

在很大程度上可能受苏联科学家们的影响②,1954年3月12日,马林科夫在最高苏维埃选举大会上的演讲中说,"若说人类面临着要么是一场新的世界战争,要么是所谓冷战,两者必选其一,这是不正确的。人们对长期巩固的和平极其关心。苏联政府支持进一步缓解国际紧张局势,支持稳定和持久的和平,坚决反对冷战,因为冷战政策是准备一场新的世界战争的政策,在现代武器条件下,世界战争将意味着人类文明的毁灭"③。

虽然苏联科学家们以及马林科夫讲话中提到的这些观点实事求是地反映了核战争的现实威胁,然而,这种强调全人类普遍面临核战争的极大危险的观点,与苏联传统的意识形态宣传的阶级观点,与传统的社会主义必然会对资本主义取得最终胜利的观点是不相符合的。这在斯大林刚去世不久,传统意识形态宣传仍占主导地位的时期,显然不能代

---

① Ibid., p. 15.
② 事实上,马林科夫这次讲话与他以前的观点有相当大出入。他在1949年11月和1952年10月就曾提出过,一场新的世界战争将意味着资本主义制度的结束。当然这也可能是斯大林授意或指示他这么说的。但也可能是,1952到1954年间因为热核武器的发展,尤其是1954年3月初美国进行的氢弹试验,马林科夫改变了他的观点,还可能是,他深受上述科学家报告的影响。Yuri Smirnov 和 Vladislav Zubok 分析,在1954年3月,即在苏联科学家们那份秘密报告4月1日递交给赫鲁晓夫之前,马利谢夫,或者库尔恰托夫本人已经向作为当时一号领导人的马林科夫汇报了这份文件的内容。但 David Holloway 则指出,马利谢夫是马林科夫的亲信,苏联科学家们这份报告是为了替马林科夫辩护而匆匆撰写出来的。Yuri Smirnov and Vladislav Zubok, "Nuclear Weapons after Stalin's Death: Moscow Enters the H-Bomb Age," p. 15; Vladislav Zubok, Constantine Pleshakov, *Inside the Kremlin's Cold War*, p. 166; David Holloway, *Stalin and the Bomb*, p. 337.
③ Quoted from David Holloway, *Stalin and the Bomb*, p. 336.

表广大苏联干部的主流思想。① 就在同一天,米高扬在选举演讲中还说到,"原子武器和氢弹在苏联手里,只是吓阻侵略和寻求和平的手段"②。因此,对于严格按照传统的马列主义意识形态来思考的莫洛托夫等人来说,马林科夫这种核战争将意味"人类文明毁灭"的观点是不能接受的,也是需要加以批判的。而对于赫鲁晓夫而言,不排除他已经对核时代战争的危险性有了新的认识,也不排除他有希望改变核时代关于战争与和平观点的想法,但作为苏联党的首要领导人,出于对传统意识形态的信仰,出于捍卫传统意识形态和进行权力竞争的现实要求,也需要对马林科夫这种急剧改变传统意识形态的观点进行批判。其实,赫鲁晓夫本人也认识到核武器的巨大危害性。还在1953年9月刚刚担任苏共中央第一书记时,赫鲁晓夫在看过一份关于核武器的报告之后,他后来这样描写当时的心情:"看到核武器所有这些事实之后,我好几天睡不着觉。之后我愈益认定,我们再也不能使用这种武器了,当我认识到这一道理后,我才能再次睡得着觉。但我们仍然必须准备。面对帝国主义者的傲慢,我们的理解是不够的。"③确实,在"仍然必须准备"这点上,赫鲁晓夫有着比马林科夫更深的理解。赫鲁晓夫回忆录中就反复说明了核武器以及新武器在军事斗争中的重要性。他说,"我国的军队不比美国弱,它斗志昂扬。然而离开精良的武器,昂扬的斗志很快就会化为乌有,因此应当对形势有个清醒的认识"④。

---

① "战争是政治通过另一种手段(即暴力)的继续。"这是苏联意识形态和军事思想的首要命题。核战争,甚至是世界核大战,也不例外。苏联人强调说,美国的一条重要想法,即认为核战争不是政治的继续而是政治的结束,是站不住脚的。进行核战争,首先是进行世界核战争,并赢得战争的胜利,这是苏联对核战争的基本看法。因此,战争的准备,特别是世界核战争的准备,是苏联战略的主要任务。[美]小约瑟夫·D.道格拉斯、阿莫雷塔·M.霍伯:《苏联核战争战略》,张雪涛译,新华出版社1980年版,第20—22页。

② Yuri Smirnov and Vladislav Zubok, "Nuclear Weapons after Stalin's Death: Moscow Enters the H-Bomb Age," p. 15.

③ David Holloway, *Stalin and the Bomb*, p. 339.

④ 《赫鲁晓夫回忆录》(第二卷),第1371页。

正如苏联科学家们公开发表那篇报告的要求在4月苏共中央全会上被拒绝并遭到严厉批评,马林科夫也被迫改正自己的说法,他在4月26日最高苏维埃会议上的讲话中公开声明:在另一次世界大战中,毁灭的只是资本主义的社会制度。① 但尽管马林科夫作了公开纠正,直到1955年1月31日苏共中央全会上,赫鲁晓夫、莫洛托夫还对马林科夫的那篇讲话进行了批判。赫鲁晓夫指出,这种关于热核战争会导致人类文明毁灭的观点,"在理论上是错误的,在政治上是有害的",并且把同志们弄糊涂了,还以为这是苏共中央的正式立场。② 据称,莫洛托夫的批评甚至更为严厉,他说,"一个共产党人不应该说'世界文明的毁灭'或者'人类的毁灭',而应该说需要准备和动员所有的力量去摧毁资产阶级"③。

经过这次讨论,对于赫鲁晓夫来说,通过维护斯大林时期传承下来的正统意识形态的地位,通过阐述比马林科夫更为深远的现实国家安全认识,他在苏联党内的威信和地位得到进一步提升。当然,这次事件不仅仅给了赫鲁晓夫以政治上批判马林科夫的机会,也给苏联政府和党内高级领导人在核武器认识问题上提供了一次充分讨论的机会。因为当时确实存在这样两种观点,第一种认为核战争当中没有胜利者,因此要尽量避免核战争;第二种认为核武器是苏联可以用以致胜的战争工具。很明显,决策层经过争论后,前者遭到了批判,后者确立了地位。此后在赫鲁晓夫、莫洛托夫的主导下,苏联一方面决定加强自身的实力建设,加快社会主义苏联向共产主义的进军,进一步与资本主义国家展开经济实力的竞赛;另一方面,也针对美国的大规模报复战略,极力发展苏联的核力量,强调核战略,作好应对核战争的准备。另外,苏联还积极地通过缓和国际紧张局势,提出和平倡议,遏阻美国发动核战争。对赫鲁晓夫以

---

① 《国际事务概览 1954 年》,第 216 页;Yuri Smirnov and Vladislav Zubok, "Nuclear Weapons after Stalin's Death: Moscow Enters the H-Bomb Age," p. 15.
② Yuri Smirnov and Vladislav Zubok, ibid., p. 15.
③ Ibid.

及苏联新领导集体来说,艾森豪威尔政府的大规模报复战略无疑是基于一种核讹诈,但是,美国到底准备在大规模报复战略上走多远,这是远远不能确定的事情。因此,对赫鲁晓夫以及苏联领导人而言,需要与美国领导人进行接触,以试探美国决策者的真实意图,同时也向美国领导人显示,苏联不会屈服于美国核恫吓的立场和决心,并试图影响美国方面的决策。

在赫鲁晓夫主导下,苏联开始奉行"火箭核武器"战略。① 苏联从国防和军队建设、战略安排到地面部队的战术运用,都已转到以核武器为主的轨道。围绕核武器条件下如何提高苏联军事能力的问题,苏联进行了一系列的改革和建设。例如赫鲁晓夫决定放弃斯大林的海军造船计划,他认为这是斯大林最大的错误之一。赫鲁晓夫认为核武器使那些水面舰船过时了,并把主要精力投放到发展潜艇、陆基军用飞机和轻型水面舰艇上面。而且,赫鲁晓夫和朱可夫还认为,在核武器条件下,军队的火力得到增强,所需要的常规兵力则可大大缩减。战后苏联军队兵力最高的年份是1953年,斯大林去世时军队服役人数为5 394 038人。② 1955年苏联军队在500万左右。③ 1953年斯大林去世之后,苏联新领导

---

① 这是当时彭德怀与朱可夫谈话后得出的判断,但苏联没有对外公开宣布。王亚志回忆,沈志华、李丹慧整理:《回顾与思考——1950年代中苏军事关系若干问题(之二·中)》,《国际政治研究》2004年8月。第3期,第59页。
② 《俄罗斯军事档案》第1期(1993年)第272—274页。引自谢·赫鲁晓夫:《导弹与危机》,第87页。
③ 一般认为,1955年苏联军队为576.3万。见Raymond L. Garthoff, "Estimating Soviet Military Force Level: Some Light from the Past," *International Security*, v. 14, no. 4 (Spring 1990), pp. 93 - 109. 但Matthew Evangelista研究后认为,1955年苏联官方认可的兵力数字约为480万人,实际兵力人数还可能稍低一些。Matthew Evangelista, "'Why Keep Such an Army?' Khrushchev's Troop Reductions", Woodrow Wilson International Center For Scholars, CWIHP, Working Paper, No. 19, p. 4.

人实际上就已经开始着手裁军。① 赫鲁晓夫在 1955 年 8 月又公开宣布,将在该年底前将苏联军队裁减 64 万人。②

同时,苏联也根据北约战术核武器的部署状况,于 1953 和 1954 年间在核武器小型化和应对战术核武器方面作了一系列认真的努力。1953 年 10 月,苏联在喀尔巴阡军区进行的战场军事演习中,便探讨了在敌人使用核武器情况下进行战斗行动的方法。随后,苏联国防部在 1953 年 11 月 9 日发布的第 00215 号指令中明确提出要进行这种训练。③ 这标志着苏联军事政策进入了一个新的阶段。苏军发布了战场和训练手册,在所有军区设立了专门应对大规模杀伤性武器的作战机构和岗位,军事院校也开设了核武器和核作战条件下的专门课程,对核武器和核战争的研究得到大大加强,对美国战术核武器的发展状况也给予了密切的关注,1954 年还在军区开始了核战争条件下的作战训练。当然苏军在演习中主要强调的是对核武器的防御。与此相适应,这段时期苏联进行了一系列小型的核武器试验,1954 年 9、10 月间共进行了 7 次裂变弹实验,尤其是 1954 年 9 月 10 日至 26 日在南乌拉尔军区的托茨科(Totskoe)进行了有核弹实爆的部队作战演习。④ 实弹演习后,苏联军队对核武器条

---

① Matthew Evangelista 认为,从 1953 年到 1955 年 8 月之间,苏联实际上已经进行了 60 万人的兵力裁减。Matthew Evangelista,"'Why Keep Such an Army?' Khrushchev's Troop Reductions", Woodrow Wilson International Center For Scholars, CWIHP, Working Paper, No. 19, p. 4. 谢尔盖·赫鲁晓夫也指出,实际上裁军并非始于 1955 年那次公开宣布的裁军,而是更早,但只见之于秘密决定,没有报道。根据国防部向其父亲赫鲁晓夫提供的资料,1956 年 1 月 1 日以前已有 1 116 216 人退役。见谢·赫鲁晓夫:《导弹与危机》,第 87 页。
② 继 1955 年公开宣布裁减 64 万人后,1956 年裁减 120 万人,1958 年又裁减 30 万人,合计裁减了 214 万人。
③ David Holloway, Stalin and the Bomb, pp. 325,439(note 43).
④ 参加这次演习的苏联官兵有 45000 余人。这次实弹演习邀请了各社会主义国家的国防部长和总参谋长们进行观摩。彭德怀率领中国代表团也到现场观看了演习。据称,布尔加宁和社会主义国家的这些高级将领们尽管在 15 公里以外观看,但是爆炸产生的冲击波还是把他们的帽子都吹掉了。David Holloway, Stalin and the Bomb, pp. 326 - 327. 苏联演习官兵的数字来自于王志亚回忆,沈志华、李丹慧整理:《回顾与思考——1950 年代中苏军事关系若干问题(之二·上)》,《国际政治研究》2004 年 5 月,第 2 期,第 115 页。

件下的战争与战场进行了更多实地的研究和富有成效的讨论,苏联军事学说也围绕核武器作了更多适应性的改变。苏共中央委员会在看到这次演习的报告后,中央书记处还通过一项决定,为国防部以及高级领导人建造地下指挥部。这次演习的成功为制订苏军新的作战条例打下了基础。1955年的战场条例假定,在未来战争中,核武器将在战略和战场两个层面上使用。此后,核武器正式装备部队。1954年底,核武器首次分派给各军区。

与此相适应,苏联对发动预防性核战争的看法也出现了很大变化。一直以来,按斯大林比较传统的观点是反对进行突然的核袭击。据苏联档案显示,苏联对于美国国内关于预防性战争的讨论实际上也是了解的。虽然杜鲁门、艾森豪威尔政府都反对对苏联进行预防性核打击,但美国国内一直存在着支持、鼓动进行预防性核打击的声音,这在苏联看来,大大增加了核战争的危险性。① 到了1955年初,随着美苏之间战略核均势的状态逐渐形成,苏联对美国可能预先发动的核打击对自身造成的巨大伤害有了更大的认识,因此出现了对发动突然核袭击的新的讨论,开始改变对奇袭和先发制人的否定态度,并在苏联军事战略中逐渐成为一种主要的思想。还有一个重要的原因,就是在1955年2月,朱可夫接替布尔加宁任苏联国防部长。这位1941年担任苏军总参谋长的将军当时见证了德军力量的急剧增长,并曾经敦促斯大林作好进行预防性

---

① TsKhSD, f. 5, op. 28, d. 285, p. 79. Quoted from David Holloway, *Stalin and the Bomb*, p. 440, note 81. 美国学者 Russell D. Buhite 和 Wm. Christopher Hamel 则分析了美国国内,尤其是军界,确实存在相当的一股势力,要求政府对苏联和中国进行预防性的和先发制人的核打击,艾森豪威尔总统任期时特别体现在朝鲜战争后期和第一次台湾海峡危机期间。1953年5月20日,在结束朝鲜战争的谈判因战俘问题陷入僵局之际,艾森豪威尔制订了包括动用核武器打击中国目标在内的战争升级计划。由于中苏同盟,因此对中国的核打击计划还导致要同时实施对苏联的"SHAKEDOWN"计划,计划用新型 B-36 型轰炸机对苏联全境范围内的众多目标投掷数百枚原子弹。第一次台湾海峡危机期间,美国国内也有人要对中国进行核打击。但美国也认识到其盟友不会支持自己和中国之间因为台湾而发生战争。Russell D. Buhite and Wm. Christopher Hamel, "War for Peace: The Question of an American Preventive War against the Soviet Union, 1945-1955," *Diplomatic History*, Summer 1990.

打击的准备措施,但不被斯大林采纳,终使苏联遭德军突袭而惊慌失措。因此朱可夫任国防部长后,加强对国家先发制人军事能力的理论探讨和实际准备就更好理解了。① 在1955年5月22日朱可夫与中国国防部长彭德怀举行的会谈中,也反映了朱可夫的这些观点。当时,朱可夫说,在目前条件下的战争,核武器突击具备决定性意义,现代战争几分钟之内就决定胜负了。对于预防性战争,朱可夫认为,以往战争是常规武器战争的情况(指彭德怀所说的积极防御,决不首先动手),在火箭核武器条件下,听任对方先动手,难免陷于一蹶不振。② 此后,苏联的这种进攻性军事战略学说日益发展。

苏联核武器的发展以及核战略的变化,显然是出于对美国以及西方军事力量威胁的反应。面对美国占据优势的核武库、战略运载工具及其存在于苏联周边的军事基地,面对加入了西德军队的西欧联盟和北约军事力量,苏联确实感受到来自美国和西方的强大军事威胁。在这种情况下,苏联政府除了极力加强自身的核力量以及战略投掷能力的发展,还不得不通过多种手段,形成对美国的有效威慑。也只有当苏联的热核武器取得发展,并且与美国形成真正的核恐怖平衡以后,美国战略界也才能真正地尊重苏联的实力,并最终接受与苏联谈判的立场。

---

① David Holloway, *Stalin and the Bomb*, pp. 331-332.
② 王亚志回忆,沈志华、李丹慧整理:《回顾与思考——1950年代中苏军事关系若干问题(之二·中)》,《国际政治研究》2004年8月,第3期,第58页。

第五章 走向日内瓦：美国的决策

随着 1954 年 10 月 23 日《巴黎协定》签署，以及之后 12 月 30 日法国国民议会通过该条约，西德重新武装成功在望，这使美国在西欧所设想的"实力地位"的基本内容有望实现，在很大程度上为美国改变与苏谈判的立场准备了条件。同时，苏联外交务实性和灵活性的增强，苏联热核武器的进展，要求美苏对话与缓和的国际舆论的高涨，以及广泛亚非拉世界表现出来的摆脱两大集团冷战局面的决心，这些均构成了 1954 年到 1955 年初国际形势的突出特征。这些形势的发展根本性地促动了美国对苏联政策的变化。随着《巴黎协定》于 1955 年 5 月 5 日生效，东西方首脑会晤的时机也逐渐成熟。

第一节 NSC5501 号文件出台与美国对苏"演变战略"

随着美苏热核武器研制上不断取得的进展，美苏之间可能发生一场热核战争的危险日益严峻。公众舆论对核战争的可怕前景、核试验带来的巨大危害都表现出异乎寻常的关注。1954 年春美国的核武试验，引起国际社会更为广泛的要求缓和、反对战争、要求禁止核武器的公众舆论热潮。这年 3 月，美国在太平洋马绍尔群岛的比基尼-恩尼威托克岛地区进行了代号为"城堡演习(Operation Castle)"的系列热核弹试验①。其中第一次,也是这次试验中爆炸力最大的一次,即3月1日在比基尼岛试验的一枚代号为"杀手"的可投掷型氢弹,试验爆炸当量达到约1 500万吨TNT,是当时科学家预计当量的三倍,产生的放射性尘埃使一艘日本拖网渔船"祥龙丸"上的船员受到辐射。当时这艘渔船离比基尼岛约80英里,核爆炸产生的白色尘埃散落到他们的船上,两星期后这些船员上岸时发现了核辐射症状,一人死亡。另外,居住在约100英里以外的朗格拉普和乌蒂里克岛上的28名参加核试验的美国军人和236名马绍尔居民,也遭受到同样的核辐射。这次核辐射事件推动了国际社会反核舆论化的高涨。

3月27日,美国又爆炸了第二枚1100万吨TNT当量的氢弹装置,代号"罗密欧"。随着美国继续在太平洋进行其氢弹试验,国际社会要求禁止核试验的呼声也一浪高过一浪。1954年4月,马绍尔群岛的酋长向联合国发出呼吁,要求停止在附近岛屿上进行氢弹试验。他们指出在3月1日核爆后,一些居民受核辐射后发生呕吐、灼伤、脱发、白血球减少等症状。在日本,"祥龙丸"号渔民受辐射引起了巨大的恐惧和愤怒的浪潮,唤起了日本人对二战后期所受原子弹灾难的回忆,并且进而引起有关对辐射鱼和辐射雨的恐惧,认为这将威胁到其国家赖以生存的食物来源。这次核试验中,受放射性尘埃污染的地区范围,在1955年2月美国原子能委员会报告中被披露出来。报告称,受比基尼核爆尘埃污染的地区共达7 000平方英里,形成了一个沿爆炸顺风而下的雪茄烟状的地区。在这个区域内,生命都有重大危险。甚至在这类地区以外,总的放射性尘埃污染程度也会因这次爆炸而提高。

全世界都对这次核辐射事件非常不安,1954年四五月间,英国众多

---

① 美国在3月1日到5月14日间共进行了6次核试验。

民间团体、工会和政党组织接连通过呼吁禁止原子武器的决议。意大利国会在5月以绝大多数票通过了同样的决议。日本国会、巴西国会、英国议会的许多议员也都表示反对原子武器和氢武器。联合国、世界和平理事会、各国红十字会等众多广泛的国际性或各国国内组织,均对核武器对世界和平带来的危险表示极大关注。① 1954年12月底,缅甸、锡兰、印度、印度尼西亚和巴基斯坦在他们发表的《茂物会议联合公报》中写道:"总理们重申他们严重关切为试验目的而进行的核子武器和热核子武器爆炸的毁坏性的潜力,以及它们的长远的和尚未确定的后果,这种后果可能对人类的生命和文明造成永久的损害。他们真诚地要求一切有关方面终止这种试验。"② 到1955年二三月份,在许多国家,关于热核武器的辩论占据了新闻头条。核科学家对热核战争对国际和平的毁灭性危险发出了严肃的警告。1955年4月的《亚非会议最后公报》中指出,"亚非会议考虑了目前国际紧张局势的危险情势和整个人类面临的爆发世界大战的危险——在这种战争中将会使用包括核子武器和热核子武器的所有种类的军备的毁灭性力量——兹促请所有国家注意这样一种战争如果爆发将带来的可怕后果。""会议认为裁减军备和禁止生产、试验和使用核子和热核子作战武器,对于拯救人类和文明免受大规模毁灭的恐惧和前景是紧迫需要的。"③

英国社会当时流行的一句话是,"赤色比死亡好(Better Red than Dead)",在和平主义的浪潮之下,召开东西方首脑会议成为最广泛的公众要求。在法国,民众也一直希望缓和与苏联的关系,在大多数法国人眼中,与苏联缓和关系显然比重新武装西德带来的紧张局势更受到

---

① [苏]阿·阿列克赛也夫:《原子问题和美国的"实力地位"政策》,新知识出版社1956年版,第16—17页;《国际事务概览1954年》,第157—164页。
② 中华人民共和国外交部档案馆编:《中华人民共和国外交档案选编(第二集):中国代表团出席1955年亚非会议》,世界知识出版社2007年版,第10页。
③ 中华人民共和国外交部档案馆编:《中华人民共和国外交档案选编(第二集):中国代表团出席1955年亚非会议》,第103页。

欢迎。

在西德,在阿登纳政府积极谋划在北约框架下重建德国防务之时,西德国内的反对之声不绝于耳。反对者们提出了著名的口号——"不参与(Ohne mich)"。不少西德民众认为,他们的父亲和兄弟们已经在刚刚结束的二战中丧失了生命,德国人应该拒绝建立一支新的军队。1951—1955年的舆论调查显示,在16至30岁的人中,"愿意参军"的只有不到20%。① 1953年6月份的东德骚乱事件,使德国问题再次成为西方尤其是西德舆论关注的焦点,要求乘机与苏联恢复接触、在德国问题上争取主动的呼声顿时高涨,使美国和西德阿登纳当局都感到无法回避。② 到1954年底、1955年初,西德人越来越希望尽早与苏联谈判以促成德国的统一,连阿登纳政府也不得不在压力下改变对与苏联谈判的态度。

处在东西方阵营之外的亚非拉世界更是希望避免卷入美苏之间的核对抗。1955年4月亚非国家召开的万隆会议在关于促进世界和平和合作的决议及宣言中,强调了国际社会裁减军备以及消除核武器的紧迫性,提出了著名的万隆会议十项原则,谋求国际关系的和平发展。一时间,整个国际政治气氛呈现非常惊人的变化,各国政府政策也都受到这种反核和平思潮的影响。

无疑,这些来自美国决策界以外的各种推动缓和的力量,是非常强大的,也是与冷战不一致的力量。它们在西方国家成为直接推动政府重新审视现行政策的力量,并通过其政府对美国施加影响,迫使美国政府

---

① Dennis L. Bark, David R. Gress, *From Shadow to Substance*, 1945-1963, pp. 284-285.
② 东德骚乱事件平息十多天后,美国和西德决定采取两项主要措施:其一是向苏联建议在1953年秋天举行四大国会谈;其二是由美国和西德联合实施一项食品援助计划。这两项行动的目的都在于利用苏联政治上的被动局面发动政治、宣传攻势,同时也是出于美国和西德两国国内政治方面的考虑。石斌:《杜勒斯与美国对苏战略(1952—1959)》,第167页。

165

决策层注意到国际社会广泛的缓和要求。在1954年5月16日的美国国家安全委员会会议上,杜勒斯就以非常强烈的口吻建议暂停核试验。他说,在讨论印度支那问题的日内瓦会议上,英国人所以未能对美国的立场表示更多支持,根本原因是他们被氢弹事件及其对英伦三岛的潜在影响缠住了,甚至有人已在议论美国的"军国主义"倾向,并与"希特勒的战争机器"相提并论。他说,美国不能只顾埋头研制威力更大的炸弹而不管世界舆论的动向,因为,从长远看,不可能单靠炸弹来赢得战争,还必须有公众舆论的支持。①

在这种情况下,对于美国决策者来说,已经到了非要表明一下谈判的意愿不可的程度。尤其是到了1954年底,法国国民议会通过《巴黎协定》之后。其实美国政府领导人对公共关系策略和世界舆论也历来是注重的,艾森豪威尔总统在许多场合表示过对世界舆论的重视,认为这是极其重要的因素。② 1955年3月19日,艾森豪威尔总统决定任命哈罗德·史塔生为内阁级的裁军事务总统特别助理,负责起草关于裁军问题的研究报告和提出裁军问题的政策建议,这可认为是因应世界舆论要求的一种公开的具体政策行动。

实际上从1954年12月开始,美国政府就秘密展开了新一轮国家安

---

① Memorandum of NSC meeting, May 16, 1954, FRUS, 1952－1954, v. 2, pp. 1424－1428; Richard H. Immerman, *John Foster Dulles and the Diplomacy of the Cold War*, Princeton University Press, 1990, p. 51;石斌:《杜勒斯与美国对苏战略(1952—1959)》,第221—222页;[英]科拉尔·贝尔著,F·C·贝纳姆编:《国际事务概览1954年》,第158,159,161页。

② 可以说明艾森豪威尔重视舆论的事件如:早在1953年8月,艾森豪威尔政府正式设立美国新闻署(USIA),此举被认为是美国在冷战时期推行"公共外交"的一个主要工具,旨在宣传美国的对外政策和意识形态,推销和宣传美国的形象;1953年秋,艾森豪威尔又在国家安全委员会内建立了副部级的行动协调委员会以确保各种行动与总统决定的政策相一致和各种行动之间的协调,并且在行动时要注意在世界舆论上产生对美国最为有利的影响。参见: Richard A. Melanson, David Mayers, eds., *Reevaluating Eisenhower: American Foreign Policy in the 1950s*, University of Illinois Press, 1987, p. 56.

全政策的重新讨论。① 国家安全委员会计划部在重新评估了 NSC162/2 号文件的基础上,制订了一份新的国家安全政策草案 NSC5440 号文件。在这份新的国家安全政策草案中,国家安全委员会计划部尤为关注的一个问题就是美国对与苏联谈判的态度。在 1954 年 12 月 21 日国家安全委员会的讨论中,参谋长联席会议对与苏联谈判持非常怀疑的态度,认为除非苏联显示其态度发生了根本性的改变,才有利于达成最终的协议。国防部则担心与苏联人的谈判会使西方降低军事防卫水平。国务院则认为美国应该积极地利用谈判以追求美国的战略利益,但在这样做的同时不应放松美国的防卫态势。最后艾森豪威尔总统指出,如果美国总是对有关与苏联谈判的建议说"不"的话,美国也不能指望在西方世界继续获得舆论支持。艾森豪威尔指出,只要有利可图,无论何时何地,美国就应该谈判。② 这标志着美国政府在与苏联谈判策略上的改变。

1955 年 1 月 5 日,美国国家安全委员会第 230 次会议继续讨论 NSC5440 号文件,最后通过了新的国家安全基本政策文件,即 NSC5501 号文件,取代了 1953 年 10 月通过的 NSC162/2 号文件而成为美国国家安全政策实施的新指导方针。

NSC5501 号文件认为,苏联政策首要的两项目标是其政权和国家的安全,以及对卫星国的控制。认为苏联外交政策上的"和平攻势"除了针

---

① 但在公开场合,直到 1954 年冬,美国政府仍然在与苏联举行首脑会议问题上持强硬的立场,以确保盟国的一致性,不给法国任何"借口"拖延巴黎协定的通过。例如,艾森豪威尔总统 12 月 14 日还对丘吉尔说,"与苏联政权举行高层次会议",可能"造成一种错误的达成妥协的印象,这种印象在我们自由国家可能会使得议会对所需防务拨款的支持变得很难。在被压迫世界,它将会形成一种我们以对当前国际事务状态表示宽恕的印象"。FRUS, 1952 - 1954, vol. v, p. 1499。1954 年 12 月,美国国务卿杜勒斯曾对北大西洋理事会说,莫斯科的政策就像是一条"巨大的河流,水面时而波涛汹涌,时而风平浪静。但它的暗流却不能通过水面来判断。水面不管是波浪还是平静,都不能说明水下的力量"。唯有进一步建设西方的力量,才能避免"被水面的平静而麻痹大意"或"被水面的汹涌而吓得要死"的危险。见 FRUS, 1952 - 1954, v. 5, p. 551。

② Memorandum of Discussion at the 229th Meeting of the National Security Council, FRUS, 1952 - 54, v. 2, part 1, p. 843.

对西德的重新武装,还有其内部政治经济局势的考虑。因此,苏联可能会在不牺牲其根本的安全利益的情况下寻求一段时间的局势缓和。在对和平与战争问题的判断上,该文件不同于之前的 NSC162/2 号文件的是,认为只要美国及其盟国保持足够的力量态势和必要的决心,在接下来的五年内,苏联和中国都不大可能蓄意发动一场战争。① 文件承认,斯大林去世后苏联外交政策上日益增加的灵活性给国际形势注入了新的重要因素。②

在对美国所面临的根本威胁的界定上,NSC5501 不同于之前的 162/2 号文件的地方是,162/2 号文件指出苏联对非共产主义世界,尤其是对美国的根本敌意是美国面临的首要威胁。而 NSC5501 号文件的说法出现微妙的改变,指出苏联共产主义集团的敌对性政策和力量——包括其日益增长的核力量,及其国际共产主义组织是美国的根本威胁,从而在苏联威胁美国的主观意图上作了更为现实的分析。③

NSC5501 号文件认为,美国的根本问题是,在不削弱美国的根本价值观和制度以及不危及美国经济的情况下应对并最终降低这些威胁。而应对这些威胁的路线,文件分析后认为,美国最好是修正苏联共产主义集团的政策,以走向与美国安全利益更一致的路线。而要有效地推行这一战略,美国则需要灵活地结合军事、政治、经济、舆论、隐蔽行动等措施,以充分地保持美国的主动权。成功地推行这一战略则有望至少可以达成与苏联之间的长时间的武装休战局面,并且最终能够达到苏联集团和西方之间冲突的和平解决,以及一种和平有序的世界环境。④ 文件提出,美国应该准备与苏联进行谈判,只要这清晰地表明有助于美国的安

---

① NSC162/2 号文件认为,到 1955 年中,苏联不大可能发动一场战争。见第二章第三节。
② NSC5501, Jan. 6, 1955, DNSA, Presidential Directives, PD00438, p. 6.
③ NSC162/2, October 29, 1953, DNSA, Presidential Directives, PD00353, p. 1; NSC5501, DNSA, Presidential Directives, PD00438, p. 9.
④ NSC5501, DNSA, Presidential Directives, PD00438, pp. 9 - 10,

全利益。① 这份文件表明,美国欲通过顺应苏东内部发生的变化,利用其渐变所提供的条件来加强这一变化趋势,逐步发展到根本改变苏东各国国家性质的目标。也就是说,美国欲通过各种策略,鼓励那些导致共产党政权,尤其是苏联政权自我瓦解的因素,使其逐步放弃社会制度和意识形态方面的诉求,放弃其扩张共产主义影响力的政策,并最终影响其行为,达到促进美国国家安全利益的目的。因此,依据这份新的国家安全政策文件所确立的战略被称为"演变战略"。显然,在这种新的国家安全政策思想指导下,与苏联进行试探性接触有利于实现美国对苏联的政策设想,有助于对苏演变战略的基本条件的形成。

同时期,美国还围绕这一基本国家安全政策制订了一系列文件。1955 年 1 月 27 日出台的题为《利用苏联和东欧卫星国之弱点》的 NSC5505/1 号文件,提出了对苏演变战略的基本原则。该文件指出,"通过利用不满及其他困境,制造和增强民众和官僚机构对苏联政权的压力,以促进苏联政策和行为的演变","继续坚持反对苏联制度这一基本立场,继续揭露其邪恶,但强调演变而非革命"。"对于有待利用的不满和其他困境,一般不把其根源说成只有通过革命才能消除,而应说成如果现政权愿意采取必要的行动就有可能加以纠正。"同时,"将这些原则运用于东欧卫星国,适当利用在这些国家里存在的特殊机会来施加巨大的压力,并且削弱使卫星国依附于苏联的纽带"。② 这一战略的核心即在于强调西方社会的榜样作用,通过艾森豪威尔经常提到的所谓"人心的影响"来制造苏东社会的内部压力,以与西方对苏联施加的外部压力相结合,最终达到改变苏联东欧等共产主义政权的目的。

在这种情况下,美国政府就有必要改变以前不与苏联往来和谈判的做法,比较主动地去运用人员、信息、文化和经济交往的各种手段,使西

---

① NSC5501, DNSA, Presidential Directives, PD00438, p. 16.
② NSC5505/1, "Exploitation of Soviet and European Satellite Vulnerabilities," FRUS, 1955 - 1957, v. 24, pp. 20 - 22.

方的影响能够合法进入苏东社会,诱发或增强苏东各国民众和政府仿照西方模式逐渐改变本国社会的意愿,推动或迫使其政府实施西方所想要的这种变化。

基于此,美国政府有关部门还制定了新的"美国意识形态计划"及其行动方针,强调要选择最有效的时机和地点,充分利用现有的一切手段和机会,并创造新的机会和方法来达到宣扬美国和西方的自由制度,"揭露共产主义立场谬误"的目的。美国政府制订了东西方文化交流的计划,把东西方交流作为一种积极的美国外交政策方式予以施行。1955年3月26日,艾森豪威尔总统批准了NSC5508/1号文件。它规定,放宽对苏联东欧公民的入境限制,只要是短期访问并受到适当的监控,原则上将准许入境。① 随后,美国政府还为在苏联境内分发美国政府刊物而采取了与苏联对等交换出版物的政策措施。到日内瓦首脑会议前后,美国政府已经形成了一套促进东西方交流的范围广泛的方案。②

第二节　美国政府确保《巴黎协定》生效

美国新的国家安全基本政策意味着其对苏政策上的相应调整,即放弃原有的孤立、遏制和解放政策,代之以接触、演变加遏制的政策。由此,进行试探性接触并施加压力就成为一种非常有用的策略手段。尤其是,苏联在1955年2月份开始在奥地利国家条约问题上的政策变化③更

---

① 1955年3月26日美国国家安全委员会会议通过的NSC5508/1号文件,《关于允许现行法律拒绝接受的一定的欧洲非官方临时访问者进入美国的声明》指出,指责"美国铁幕"(American Iron Curtain)的声音不仅仅来自共产主义国家,而且来自自由世界的友好人士。杜勒斯虽然认识到东西方交流是有益的,但害怕这种交流会被看成是美国接受现状的体现。而且,国务院害怕文化交流可能导致美国公众夸大缓和的真实机会。该文件的结论是,减少对进入美国的限制利大于弊,但也要注意一些不利之处,诸如导致出现间谍行为的可能性,以及美国人警惕性的放松。因此该文件建议反对苏联公民的大批进入。NSC5508/1, FRUS, v. 24, pp. 200 – 204.
② 参见石斌:《杜勒斯与美国对苏战略(1952—1959)》,第180—185页。
③ 见本书第六章第二节内容。

是决定性地改变了美国高层的对苏政策和态度。不少美国政府高层人士把苏联在奥地利问题上的让步解释为软弱的标志,譬如中情局局长艾伦·杜勒斯,就把苏联在奥地利国家条约问题上的行动看作是"苏联在二战结束后在欧洲对西方的第一次实质性妥协"。当时美国驻苏大使查尔斯·波伦说道,苏联答应只要奥地利中立就从奥地利撤退,说明他们认识到,西德的重新武装已经不可阻挡。他们希望确保奥地利不会跟着联邦德国后面加入北约。① 参议院外交委员会的沃尔特·乔治也支持可与苏联进行"试探性的会谈"。

但是,由于此时《巴黎协定》尚未生效,艾森豪威尔总统坚持,新政策的实施仍然需要等到《巴黎协定》完成生效手续以后。对美国决策界来说,无论如何,实现西德重新武装,这是到此时为止最重要的任务,是不允许有任何疏漏的。然而对于英法来说,迫于其各自国内公众的呼声,显然已经非常迫切地希望实现东西方大国首脑会晤了。

作为一直支持东西方首脑会晤的国家,英国政府(特别是艾登领导的英国外交部)虽然在 1954 年夏末和 1955 年初春权宜性地和美国方面保持一致的立场,但其仍然是首脑会议的支持和推动力量,尤其是赫鲁晓夫在奥地利问题采取主动姿态以后。随着 1955 年 4 月 6 日丘吉尔将辞职并把首相职位交给艾登,丘吉尔显得更加急迫。这时,丘吉尔和艾登都认为,达成一个召开首脑会议的四国协议对于英国保守党在 1955 年 5 月份举行的英国大选中的表现是非常重要的。艾森豪威尔政府在这点上也确实准备支持英国保守党,正如杜勒斯所说,如果与英国工党政府共事,那将是不利的。② 丘吉尔退休后,艾登"为其政治生命而奋斗",在竞选中提出,首脑会晤的"适当时机"已经到来。

在苏联 3 月份公开表明其愿意解决奥地利问题并邀请奥地利总理

---

① 美国中央情报局局长阿伦·杜勒斯语,FRUS, 1955 – 1957, v. 5, p. 4.
② Townsend Hoopes, *The Devil and John Foster Dulles*, New York: An Atlantic Monthly Press Book, 1973, p. 287.

拉布访苏以后,艾登担心苏联会从西方手里夺走外交主动权,决定在首脑会议问题上加紧敦促美国。3月底,英国外交部和美国政府就与苏联谈判问题交换了意见。英国政府提出与苏联的谈判应该达到一定的成果而不仅仅是舆论宣传,而且与苏联的谈判应该在《巴黎协定》生效后立即开始举行。并且建议,西方三国应在4月中旬就召开关于东西方首脑会晤的预备性工作组会议。① 美国政府提出:一是《巴黎协定》生效之前预备性工作组会议不应确立具体日期;二是西德不应被排除在一开始的会议之外。②

艾登及其助手们认为,单单苏联的立场变化也需要有意义的回应。艾登跟美国方面说,"西方国家已经不断宣称他们在《巴黎协定》通过之后与苏联进行谈判的意图";面对苏联强调的"和平共处",如果西方从一直宣称的立场后退,那世界舆论将会哗然。例如在西德方面,考虑到苏联对谈判的公开态度,"除非我们作出认真的努力以重新统一德国,……否则他们将是难以控制的,也不能指望他们去抵制苏联的诱骗"。艾登指出,事实上,1955年中正是认真考虑与苏联进行交往的一个特别好的时间。他说:"不远的将来我们势必要与苏联领导人同等地进行对话,现在正在接近这样的阶段。随着时间的推移,似乎我们的相对地位不大可能上升。相反,随着热核武器达到'饱和'状态,我们的相对军事力量会下降。而且,西方的凝聚力在《巴黎协定》刚刚通过之后还正处于最高点。"③

英国政府强调首脑会晤需要寻求达成一些具体的成果,并且显然在准备考虑长时间的谈判。在英国方面看来,苏联政策的新灵活性提出了

---

① 预备性工作组会议最初由法国总理孟戴斯-弗朗斯和西德总理阿登纳在1955年1月中旬的巴登-巴登会谈中所提出,其目的为研究与苏联的某种对话形式。Antonio Varsori, "British Policy Aims at Geneva," in Günter Bischof & Saki Dockrill, *Cold War Respite*, p. 81.
② FRUS, 1955–1957, v. 5, p. 136.
③ 26 March 1955, FO371/114367; 26 March 1955, prem 11/893, PRO. Quoted from Ronald W. Pruessen, "Beyond the Cold War-Again: 1955 and the 1990s," p. 64.

一些希望,至少能达成一些零碎的协议。有些英国官员暗示,西方应该准备比其在柏林会议上表现出的更多的灵活性。当然他们也强调不应对北约的地位造成危害。① 艾登还修改了他在柏林会议上提出的艾登计划,设想建立包括北约、华约及其中间的非军事区的一种欧洲军控机制,并把这同苏联接受德国重新统一联系起来。这实际上是对柏林会议上苏联立场的一种妥协。因为柏林会议上苏联人提出要把德国的重新统一和全欧洲的安全安排联系起来。但是,美国政府无疑害怕任何这种新的欧洲安全机制会损害美国主导的北约的地位和西方的团结,以及损害德国和北约之间的联系。

艾登还担心,在《巴黎协定》最后生效后,苏联也许会试图单独与华盛顿达成一种双边协定,美国方面则由于西德重新武装计划费了这么长时间也对欧洲感到泄气而受到苏联的引诱。正是在这一点上,英国与法国一样认为,四国峰会将是避免被两个超级大国晾在一边的一种手段。②

总体上说,艾登在1955年春对四国首脑会议的推动还是卓有成效的。美国方面最终同意召开这样一次会议,在某种程度上也与英美关系相关。例如杜勒斯就担心英国的左翼在即将进行的选举中上台。他甚至还受到英国外相哈罗德·麦克米伦为说服美国而提出的一种观点的影响,即设定一个首脑会议日期将使北京在此期间内不会对棘手的近海岛屿动武。③

在法国,总理孟戴斯-弗朗斯④及其继任者埃德加·富尔⑤都是四国首脑会议的倡导者。1954年底,孟戴斯-弗朗斯总理就呼吁这样一次首

---

① Annexes to NSC 5524, June 28, 1955, Annex 3, DNSA, Presidential Directives, PD00464.
② 31 December 1954, FO371/116650; 12 February 1955, FO371/116664, PRO. Quoted from Ronald W. Pruessen, "Beyond the Cold War-Again: 1955 and the 1990s," p. 64.
③ 7 July 1955, memorandum of conversation, Telephone Conversation Series, John Foster Dulles Papers, Seeley G. Mudd Library, Princeton Univ., see Ronald W. Pruessen, "Beyond the Cold War-Again: 1955 and the 1990s," p. 64.
④ 法国孟戴斯-弗朗斯总理任职时间:1954年6月至1955年2月。
⑤ 法国富尔总理(Edgar Faure)的任期:1955年2月23日至1956年1月31日。

脑会议能在 1955 年 5 月份召开,并且《巴黎协定》的通过将视这样一次会议的结果而定。但孟戴斯-弗朗斯的这一主张显然遭到英美的一致反对。① 1955 年 3 月,法国新任政府总理埃德加·富尔上台后,再次提出了与苏联尽早进行谈判的要求。富尔与外长皮内均执行亲北约的立场,但无疑更担忧美英所设想的一个重新武装的统一的德国,即使是一个加入西方阵营的德国,因此宁愿继续分裂德国,而且支持一种全欧洲的松散的安全机制,并急于达成任何可能的裁军途径,无疑法国希望在这些问题上与苏联寻找某种共识。法国并且愿意与苏联讨论包括远东问题在内的广泛问题。3 月 22 日,富尔政府在给美国政府的一份外交备忘录中指出,要迅速召集工作组会议以准备与苏联政府的谈判。富尔重申在《巴黎协定》的生效问题上他将得到法国参议院无条件的立即支持,但他指出,为促成法国参议院的无条件支持,他与外相都就尽可能早日促成与苏联谈判作了道义上的许诺。在法国国内,一些国会议员以及公众舆论仍然期待与苏联的会晤能按照当初孟戴斯-弗朗斯所提的 5 月份举行。②

在美国国内,四大国首脑会晤也越来越成为公众谈论的话题。1955 年 3 月 23 日的记者招待会上,当记者问到艾森豪威尔总统对四大国首脑会议的看法时,艾森豪威尔称,国际会议有许多目的,其中之一就是纯粹的宣传。然而,"我们决不放弃这样一种希望,即在一些新的会议上采取一些建设性的步骤",从而达成更好的协议。但是他也强调,"当《巴黎协定》在某些国家仍然没有批准之际,最好不要把水搅浑,不要引入任何新的话题"。艾森豪威尔还说,在举行这样一种首脑会议之前,可以先举

---

① Townsend Hoopes, *The Devil and John Foster Dulles*, p. 287.
② FRUS, 1955 – 1957, v. 5, pp. 134 – 135.

行有外长们参加的探讨性会谈。①

　　这时,美国政府尤其害怕法国利用《巴黎协定》的生效问题,在其与西德就萨尔等问题进行双边谈判时讨价还价,由此造成协定生效的长时间拖延,因此坚持要在主要国家——美、英、法、西德完成条约生效程序之后,关于首脑会议的预备性工作组会议才开始工作。1955 年 4 月 7 日,美国国务院在致美国驻法大使馆的一封电报中,指示美国驻法大使狄龙向法国政府说明,美国急于使《巴黎协定》尽快生效,因此打下与苏联谈判的"实力地位"和一致性基础。美国希望各国在 5 月初能够完成《巴黎协定》的生效程序②,并于随后召开北约理事会,以此标志大西洋共同体进入到一个新的阶段。而讨论首脑会议的工作组会议则可在协定生效之后,即 5 月上旬举行。③ 而法国也确实希望在交存《巴黎协定》批准书之前解决与联邦德国之间的萨尔等问题。④ 在美国的斡旋下,法国在萨尔问题上得到了西德对法德所签协定的承诺。4 月 14 日,法国总理富尔约见美国驻法大使狄龙,提出法国可以将协定生效的日期确定在 5 月 7 日,但是坚持要求工作组会议尽早召开,无论如何要在 4 月份举行。

---

① 这时沃尔特·乔治参议员提出议案,要求美国在《巴黎协定》批准后采取主动与苏联进行会谈。就此,国际新闻社(International News Service)记者罗伯特·E. 克拉克(Robert E. Clark)在总统记者会上向艾森豪威尔总统问道:"乔治参议员提议美国采取主动在《巴黎协定》批准之后安排一次四大国会议,而不再等待苏联方面表示善意。总统先生,能说说你最近对四大国首脑会议的想法吗?"关于这次记者招待会的情况,见 John T. Woolley and Gerhard Peters, *The American Presidency Project* [online]. Santa Barbara, CA: University of California (hosted), Gerhard Peters (database), http://www. presidency. ucsb. edu/ws/index. php? pid=10437.
② 法国国民议会虽然已经在 1954 年 12 月 30 日批准了该条约,但要完成多边条约的最后生效程序,还需要向条约保存国或国际组织交存批准书。
③ FRUS, 1955 - 1957, v. 5, p. 139.
④ 关于萨尔问题,法国孟戴斯-弗朗斯总理与西德阿登纳总理在 1954 年 10 月 19 日签订协定,阿登纳同意在西欧联盟的框架下实现萨尔的欧洲化,但此方案需要经过萨尔公民投票来进行表决。法国将萨尔欧洲化的真正目的是建立一个和法国密切联系的永久性国际管理机构,保持法国在萨尔的既得经济利益。但后来 1955 年 10 月 23 日萨尔公民投票否决了萨尔欧洲化方案,在 12 月份选举中赞成与德统一的党派获得决定性多数。1957 年 1 月 1 日,萨尔成了联邦德国第 11 个州。

富尔尽力争取美国方面的同意,他指出,否则他将会在国内遇到确实的困难和国会的质询。①

针对法国提出的新建议和请求,美国作出相应妥协:如果法国保证其协定生效日期不迟于5月4日,工作组会议可以在4月27日开始在伦敦或巴黎举行。② 经过讨价还价,最后美英法三方商定,法国将协定生效的日期确定为5月5日,工作组会议则在4月27日于伦敦开始。最后,1955年4月25日美英法三国发表公报指出,三国外长将于5月8日开始在巴黎(后改为伦敦)讨论召开西方三国和苏联的四国会议的具体计划。③

大致从1953年以来,美国向其盟国努力强调的就是:西德实现重新武装并加入北约,才能构筑西方的"实力地位",这是成功地同苏联谈判的一个前提。1955年5月5日《巴黎协定》正式生效④,5月6日西欧联盟正式建立,联邦德国在军事上以与西方一体化的方式进行重新武装。在此情况下,以这种"实力地位"为基础,召开东西方会议既可以顺应世界舆论的广泛呼声,还可趁机打探苏联的虚实,可能的话进而迫使苏联作出更大让步,这成为美国政府的新设想。

第三节 伦敦工作组会议及美英法外长协调

1955年4月23日,美国政府召开了关于参加伦敦工作组的代表团授权范围的会议。会议决定:美国政府代表团可就德国以及欧洲安全交换总的看法,以利于形成对形势的共同看法以及对拟议中的四国会议召

---

① FRUS, 1955–1957, v.5, p.141.
② FRUS, 1955–1957, v.5, pp.143–144.
③ FRUS, 1955–1957, v.5, p.145.
④ 《巴黎协定》(1954年10月23日)共包括五个部分,其所有文件除关于西欧联盟的文件于1955年5月6日生效外,其余条约、协定均于1955年5月5日生效。具体内容见:《国际条约集(1953—1955)》,第275—353页。

开时间及其议程提出参考性建议。代表团不应讨论有关欧洲安全安排方面的任何建议,尤其不得提出涉及可能扩展西欧联盟军控条款的任何详细建议。美国的根本立场是,维系和加强北约以及通过北约来加强德国与西方的联系。① 可见,美国一开始对四国首脑会议的态度是极其谨慎和消极的,贯彻了艾森豪威尔总统在参加会议前多次说明的不讨论实质性问题的立场。

4月27日,工作组会议正式在伦敦开会,英、法、美三国代表首先出席。次日西德代表在美国的要求下应邀出席。而英国和法国的态度则明显不同于美国。即将面临选举的英国保守党艾登内阁,急切地希望有一次东西方的最高级首脑会晤,并且强调应对四国会议持乐观积极态度,可寻求真正解决与苏联之间的问题。法国代表指出,法国舆论期待具体的结果,要以缓和的精神参加会议。面对英法方面的推动,美国则一再强调加强西欧团结的必要性,强调要保持参会立场的一致性。② 而西德阿登纳政府的基本立场则是要坚定地融入西方,认为使西德先纳入西方的条约体系比立即重新统一显得更重要,强烈反对德国中立化。这无疑与美国的立场是完全一致的。③

伦敦工作组会议讨论了四国首脑会议的具体时间和地点。关于会议召开时间,英法美三方和西德均认为最早要到7月初召开。分歧涉及会议的具体议程。最后各方均同意四国会议议程的第一项应该是"涉及德国以及欧洲安全的问题"。各方均同意远东问题不应包括在会议议程内。但分歧是,英法认为第二项议程应该是"研究解决东西方之间所有其他突出问题的方式和手段,包括推进当前在联合国支持下的裁军会谈"。美国国务院则多次指示:会议应限于欧洲问题的有限议程。④ 杜勒

---

① FRUS, 1955 - 1957, v.5, p.146.
② FRUS, 1955 - 1957, v.5, pp.151 - 152.
③ FRUS, 1955 - 1957, v.5, p.153.
④ FRUS, 1955 - 1957, v.5, pp.161 - 162.

斯在 4 月 29 日给伦敦工作组美国代表雅各布·D. 比姆的电报中再次指出，美国希望与苏联的会议局限于欧洲问题，特别是德国问题。①

伦敦工作组会议从 4 月 27 日开始，一直到 5 月 5 日结束。最后拟定了一份呈交各国外长的四方最后报告。各方同意：西方三国应该采取主动，提议及早召开与苏联的会议。西方国家在这次会议上的主要目标：一是采取主动，维持对苏联的外交压力，并利用苏联立场中的灵活性；二是把苏联引入有关德国以及相关问题的讨论，试探其真实意图。②

通过伦敦工作组会议可以看出，美国和英法对这样一次四国会议的态度的分歧是较为明显的。对于美国来说，参加会议之前必须使西方国家接受美国的领导，而且要让会议局限于欧洲问题，特别是德国问题的讨论。在这一过程中，艾森豪威尔甚至经常拿美国总统不参加这样一次首脑会谈来作为对英法的要挟。5 月 6 日艾森豪威尔总统在给英国首相艾登的信中再次声明，召开这样一次会议，如果事先宣布一个涵盖全球范围各种问题的详细议程肯定是不切实际的。③

随后，西方三国外长又进行了进一步协调。1955 年 5 月 6 日，杜勒斯又动身前往欧洲参加与英、法外长的会议以及 5 月 9 日开始的北约理事会会议。在 5 月 8 日的三国外长会议上，英国外相麦克米伦建议与苏联的会谈应该一开始就采取首脑会晤的形式，然后确定将要谈判的议题并决定是否通过外长会议或其他形式去讨论，以此表明西方准备与苏联进行长期的和有耐心的一系列谈判。④ 杜勒斯在欧洲显然受到欧洲各国对首脑会晤的热情期盼的感染，并且似乎是接受了麦克米伦的提议。5 月 8 日，杜勒斯国务卿在给国务院的电文中，正式提出了两阶段的建议，即一开始召开政府首脑会议。政府首脑会议不需要就世界面临的重大

---

① FRUS, 1955 - 1957, v. 5, p. 159.
② FRUS, 1955 - 1957, v. 5, p. 163.
③ FRUS, 1955 - 1957, v. 5, p. 166.
④ FRUS, 1955 - 1957, v. 5, p. 176.

难题的具体答案达成一致,只是通过为具体工作打下基石而提供一种新的动力。在第二阶段的外长会议中,外长们及其助手将会对这些问题进行仔细考察。① 杜勒斯表现出一种乐观的态度,认为通过必要的准备和有序的谈判,很可能通过渐进的过程达成协议。"重要的是迅速开始这一过程,耐心而坚定地走下去。"②

但是,同一天艾森豪威尔总统给杜勒斯的指示给杜勒斯的热情泼了冷水,艾森豪威尔显然对首脑会晤抱比较冷淡的态度。艾森豪威尔指出:在外长会议就程序、时间和地点进行过详细讨论之后才可召开政府首脑会议;外长会议不进入实质性讨论;关于首脑会议的时间,艾森豪威尔指出不应仓促召开,仅仅指出将要召开一次会议即可;关于苏联最近如签订《奥地利国家条约》等举动,艾森豪威尔认为,这只是代表苏联策略上的变化,不是根本性的,苏联集团的根本目标没有发生改变。③

5月9日,国务院给杜勒斯国务卿的电报中再次传达了艾森豪威尔总统的指示。艾森豪威尔总统甚至再次提到了他在1954年6月丘吉尔访问时提出过的建议,即美国方面由副总统率领代表团出席这次会议。艾森豪威尔担忧会议可能激起西方不切实际的希望,尤其是英法可能会和苏联无意或有意地联合起来从而置美国于困境。应该是在接到总统的指示后,杜勒斯相当秘密地向麦克米伦征询过,如果美国派出副总统参加这次首脑会议是否合适,结果遭到麦克米伦的嘲议。④ 在5月9日经由国务院给国务卿的另一份电报中,艾森豪威尔针对英国方面一开始就召开首脑会议的立场强调,在最高层的首脑会晤之前还是应该有某种

---

① FRUS, 1955 – 1957, v. 5, pp. 171 – 172.
② FRUS, 1955 – 1957, v. 5, p. 172.
③ FRUS, 1955 – 1957, v. 5, p. 173.
④ 当时麦克米伦听了之后,马上讲了一个关于"可怜的琼斯夫人"的笑话,他说道,可怜的琼斯夫人有两个儿子,其中一个在泰坦尼克号失踪了,另外一个成了美国的副总统,两个儿子都再也没有听到过消息。麦克米伦说到精彩处,杜勒斯却一脸庄重地说,"我们不是在开玩笑"。稍后杜勒斯又以一阵开怀大笑打破了适才的紧张气氛。Townsend Hoopes, *The Devil and John Foster Dulles*, p. 293.

外长层次的会议以解决细节问题;外长会议必须指出,随后的最高层会议将是试探性的,以决定下属人员继续工作的问题,最高层会议只进行一般性的观点交流而不达成实质性的决定。① 艾森豪威尔的三阶段会议形式最终被英法接受,各方同意一开始召开外长会议,接着召开首脑会议,尔后再召开第二次外长会议。

在英法的推动下,5月9日,美英法三国外长最终就邀请苏联参加四国会议的信函达成了一致。5月10日,经艾森豪威尔总统和阿登纳首相同意后,美英法三国以照会的形式,通过三国驻苏联大使馆递交给苏联外交部,建议尽早召开四国政府首脑会议。

5月15日,美国国务院给国务卿的电报中(此时杜勒斯已经前往维也纳签订《奥地利国家条约》),艾森豪威尔再次对四国会议的召开时间作出专门指示。艾森豪威尔此时对四国会议的态度有所转变,认为会议应该在一种持续谈判的氛围中召开,但是对会议性质的认识并没有改变,这从国务院电文转达他关于会议召开时间的指示中可以看出:

"关于会议召开的时间,现暂定于夏末,艾森豪威尔总统希望早点举行,最好是7月初。他的理由是:第一,会议的目的仅仅是试探性的,不会考虑实质性的问题或决定。会议就那些紧张和分歧之处,将指定给工作组或者交给联合国一些组织去处理。会议开得越早,使会议控制在此范围内的机会就越多。如果拖延下去的话,艾森豪威尔总统害怕可能会使问题尖锐化,从而又要面临着新的决定。第二,艾森豪威尔总统还预计苏联会试图把中国作为一方拉入会议,或者至少是试图在相关议题上迫使(美国)作出实质性的决定。第三,艾森豪威尔总统担心会议的拖延会在许多方面不必要地出现不切实际的希望和思考,以及出现一些无根据的宣传。"②

---

① FRUS, 1955 – 1957, v. 5, pp. 178 – 179.
② FRUS, 1955 – 1957, v. 5, p. 180.

由此可以看出,直到 5 月中,艾森豪威尔总统虽然同意召开这样一次首脑会议,但仍然保持着明显的谨慎和低调,反复强调会议的试探性,不希望涉及实质性问题的讨论。在会议议题范围上,也坚决拒绝有关远东问题的讨论和新中国参加此次会议。

针对西方国家召开四国首脑会议的提议,5 月 14 日至 15 日,苏联外长莫洛托夫与美英法三国外长在维也纳签订《奥地利国家条约》之余的非正式会议上进行了初步协商。随后,苏联方面于 5 月 26 日对西方三国的 5 月 10 日照会正式作出回复。① 在此回复中,苏联指出,尽管美国在若干场合声称要从"实力地位"出发,以对会议施加无法允许的压力,但苏联还是同意美英法近期召开一次首脑会议的建议。② 至此,美苏英法四大国最终确定将要召开首脑会议。至于会议召开的具体时间、地点,以及最关键的议程,仍然有待进一步商定。

为什么苏联人会突然转变态度呢? 在《奥地利国家条约》签订和日内瓦首脑会议召开之间,艾森豪威尔和他的主要助手们在反复思考这一问题。《奥地利国家条约》5 月 15 日签订时,国务卿杜勒斯给美国国家安全委员会的报告被认为是他的诸多报告中最具热情的一份:"苏联人已经实现了他们的政策的完全转变。他们的政策曾经强硬,但现在正在和缓。铁幕将要消失。将来在自由世界和苏联集团之间将不再有清楚的界线。这一界线将被一片模糊的地域替代……这是一种混合地带。"③他说:"现在我们正面对一个真正的机会……击退苏联的势力。可以把现在的苏联卫星国置于类似芬兰那样的地位","把俄国人赶出卫星国而为这些国家提供真正意义上的自由,现在第一次有了这种可能。"④在 6 月份,艾森豪威尔和杜勒斯至少六次讨论苏联态度转变的原因,并且认为

---

① FRUS, 1955 - 1957, v. 5, pp. 199 - 201, Telegram 2105.
② FRUS, 1955 - 1957, v. 5, p. 200.
③ Memorandum on discussion at the 249th meeting of the National Security Council, Washington, May 19, 1955, FRUS, 1955 - 1957, v. 5, pp. 182 - 189.
④ Ibid.

苏联确实"在千方百计地寻求喘息之机"。在 6 月 30 日的国家安全委员会会议,杜勒斯又强调说,苏联"确实希望减少一些军备负担以便更有效地处理严重的国内问题"。艾森豪威尔对此表示完全同意,并且补充道:苏联人"已经认识到军备竞赛太花钱了"①。在 7 月 7 日的国家安全委员会会议上,杜勒斯还指出苏联领导人固有的实用主义倾向。他说,对苏联来说,阻止西德重新武装进而加入北约的努力的失败是一个关键的教训,"他们把一切都压在那一政策上,结果却失败了",因此认为苏联领导人不得不采取一些权宜性措施而不是继续与自由世界进行对抗。②

从杜勒斯的态度来看,他对首脑会议确实抱着比较大的希望,但这种希望是基于一种现实主义的权势判断,认为通过谈判,能够从备受国内问题困扰的苏联那里得到更多的让步,从而通过军事以外的手段实现"解放"东欧国家的目的。无疑,杜勒斯的观点给艾森豪威尔总统以很大的影响。③ 正是在这段时间,美国政府正式开始启动围绕首脑会议的政策准备工作。但在公开场合,艾森豪威尔以及杜勒斯仍然尽量保持低调和谨慎的态度,尽可能避免使公众产生过多的希望之情。在 5 月 17 日艾森豪威尔和杜勒斯的电视直播谈话中,杜勒斯在向艾森豪威尔报告一

---

① FRUS, 1955 – 1957, ⅱ, p. 253 – 254; 18 May 1955 and 30 June 1955 minutes, NSC; Ronald W. Pruessen, "Beyond the Cold War-Again: 1955 and the 1990s," p. 66.

② 7 July 1955 minutes, NSC; Ronald W. Pruessen, "Beyond the Cold War-Again: 1955 and the 1990s," p. 67.

③ 美国对首脑会晤的基本政策是在艾森豪威尔总统的领导下确立的。但国务卿约翰·F. 杜勒斯则是其最重要的决策智囊以及政策执行者。艾森豪威尔总统经常称杜勒斯国务卿是他的好朋友、值得信任的顾问。在美国国家安全委员会会议上,国务卿也占有很重要的位置,甚至是仅次于总统的一个重要角色,国务卿所提意见也经常得到总统的公开支持。一段小插曲很能说明问题:总统特别助理及心理战顾问尼尔森·洛克菲勒在 1955 年 7 月 11 日向总统递交了一份主题为《日内瓦会议上的心理战》的报告,该报告可以看作是总统特别助理试图绕开国务院而对总统对外政策发挥影响力的一次尝试,但是杜勒斯国务卿毫不迟疑地对洛克菲勒提出了质疑,他对洛克菲勒指出,国务院是总统在对外事务上的首要顾问,总统从国务院以外的来源获得这类建议是不妥当的。参见 Memorandum From the President's Special Assistant(Rockefeller) to the President; p. 305, Memorandum of a Conversation Between the Secretary of State and the President's Special Assistant(Rockefeller), Department of State, Washington, July 12, 1955, FRUS, 1955 – 1957, v. 5, pp. 298 – 300.

些最近的发展情况时,在关于奥地利条约签订的积极描述中又加进了一些警告性的言辞。他说,他并不认为苏联人"陡然信教了,或者改变信仰了","他们可能只是觉得遵守某些文明社会通常适行的规则和惯例会过得更好一些"。艾森豪威尔总统则用他那典型的模棱两可的话语说道:"简单地说,我们要保持强劲,并要保持警惕,但我们不要丢掉一个新的黎明将要到来的希望,即使日出的过程很慢很慢。"①1955 年 6 月 7 日在西点军校毕业典礼的演讲中,艾森豪威尔说到:这次四国会议至多只是一种新的努力的开始。② 在第二天的记者会上,艾森豪威尔又指出,对第一次不要期望太大,希望找到一条新的道路、新的想法,新的感觉或氛围。③ 但是,尽管这样,美国还是为会议作了充分的准备。正如艾森豪威尔在其回忆录中所说,美国国务院和其他部门细致周密地准备了二十份基本文件,并为可能穿插进来的问题准备了一百五十多份辅助文件,还有更多的参考资料和统计分析资料。④

第四节　美国对四国首脑会议的基本政策

1955 年 5 月 19 日,美国国家安全委员会第 249 次会议,讨论了美国对即将举行的四国政府首脑会议的根本政策以及会议的准备工作。会议决定由国家安全委员会计划部具体承担为会议制订计划,起草一份关于美国对四国谈判的基本立场的文件。由国务院顾问麦克阿瑟第二担

---

① Department of State Bulletin, 20 June 1955, pp. 871 - 876. Ronald W. Pruessen, "Beyond the Cold War-Again: 1955 and the 1990s," p. 63.
② Address at the Graduation Ceremonies, United States Military Academy, West Point, New York, June 7, 1955. John T. Woolley and Gerhard Peters, *The American Presidency Project* [online]. Santa Barbara, CA: University of California(hosted), Gerhard Peters (database), http://www.presidency.ucsb.edu/ws/? pid=10251.
③ 艾森豪威尔总统 1955 年 6 月 8 日记者会。John T. Woolley and Gerhard Peters, *The American Presidency Project* [online]. http://www.presidency.ucsb.edu/ws/? pid=10252.
④《艾森豪威尔回忆录》(三),第 86 页。

任计划工作与会议实际工作的协调员。会议讨论了裁军问题、东西方贸易问题、欧洲安全问题以及对首脑会议的政策建议等。当被问及是否要为首脑会议研究中国和远东问题时,艾森豪威尔总统指出,当前没有研究该问题的紧迫性,他也不会参加任何包括新中国在内的五国会议。①会议要求,国家安全委员会计划部就美国对四国首脑会议的根本政策提出建议,包括以下方面:第一,美国对会议的总的态度:包括会议的目的,美国希望达到的目标;第二,在会议前后及会议过程中保持美国有力和自信的状态;第三,依据总统裁军特别助理哈罗德·史塔生 1955 年 5 月 26 日的进展报告提出对裁军问题的政策;第四,欧洲安全方面,研究包括美国对德国的立场,一个中立的欧洲国家地带以及它们与苏联集团贸易的后果,所谓苏联"卫星国"的地位,国际共产主义运动的活动等内容;第五,美国在远东问题上的态度,指明美国反对五国会议的基本理由。②

翌日,美国国务院就四国政府首脑会议召开专题会议,讨论美国方面对会议时间、地点、代表团组成以及与英法的协调事宜。在时间上,国务院提出,会议在 7 月 18 日至 21 日召开,会期四天,四国外长提前在 7 月 16 日开会以安排会议程序。关于会议地点,国务院决定先建议洛桑,其次是日内瓦。此外,还决定提议召开美英法三国外长会议以及一个新的三国工作组作进一步商讨。③ 专题会议后,美国分别就有关四国会议的时间、地点及会议主题向英法发电征询意见。关于会议议题,美国认为,西方可以提出的问题有:(1) 德国统一问题;(2) 军备控制,包括核和热核武器;(3) 苏联卫星国的地位;(4) 国际共产主义活动。④

---

① FRUS, 1955–1957, v.5, pp. 182–188.
② FRUS, 1955–1957, v.5, p. 189.
③ FRUS, 1955–1957, v.5, pp. 190–193.
④ 美国认为苏联方面可能提出的问题有:1. 欧洲安全协定,包括美国撤军;2. 北从芬兰和瑞典,经过德国、奥地利,南到南斯拉夫的中立国家地带;3. 包括共产主义中国在内的五国会议以讨论远东问题;4. 东西方贸易;5. "降低紧张局势"。FRUS, 1955–1957, v.5, pp. 193–195, 195, 196, Telegram 5949, 5950, 5951.

在会期方面,英国建议将会期延长至五天到一个星期。① 但5月31日艾森豪威尔给英国首相艾登的回信中,再次坚持了美国方面对会期的考虑,认为会期不应太长。艾森豪威尔指出,西方应该特别小心这次会议不至于在西方民众中间造成一些不切实际的希望,也不在所谓的苏联"卫星国"中造成绝望的感觉。他说,"如果会议超出了讨论总的态度及其后解决问题的总的方法的范围,试图形成一个最后的公报从而让全世界确信局势真的开始缓和了,这肯定会造成混乱,可能使东欧民众相信我们最后承认了现状,我们不能这样做"②。虽然艾登也不得不同意美国关于会期的主张,但美国与英国的态度还是形成了鲜明的对比。对于艾登来说,更希望即将召开的首脑会议是处理世界面临的各种问题的、多种层次的一系列会议中的第一次会议。③

美国、英国和法国经过充分的协商和沟通之后,三国就首脑会议召开的具体程序问题基本达成了一致意见。6月4日,由美国起草关于召开四国首脑会议的第二份给苏联的外交照会,建议会议于7月18日在日内瓦召开。6月6日,美英法同时向苏联外交部递送了内容一致的照会。6月13日,苏联作出回复,同意按西方的提议于7月18日在日内瓦召开四国首脑会议。四国首脑会议的时间、地点由此确定下来。

按美国决策界这时的一个基本想法,苏联此时处于一种虚弱的地位而不得不改变态度,因此,为了更好地利用苏联方面的弱点,美国由总统特别助理、心理战顾问尼尔森·洛克菲勒出面组织了一个11人的专家小组,W. W. 罗斯托为专家小组主席,于6月5日至10日间在弗吉尼亚的匡恩提科研究当时世界局势之下利用共产主义集团弱点的方法(该专家小组被称为匡恩提科弱点小组)。该专家小组在最后提交的报告中有

---

① FRUS, 1955-1957, v. 5, pp. 204-205.
② FRUS, 1955-1957, v. 5, Letter from President Eisenhower to Prime Minister Eden, pp. 206-207.
③ FRUS, 1955-1957, v. 5, p. 214.

一个基本观点是,美国此时与苏联相比,拥有一种明显然而短期的优势力量,未来两到三年美国可以利用这一时机从实力地位出发与苏联进行谈判,以促成敌方的真正妥协,同时又不致损害自身基本的威慑力量。① 该报告建议,美国在首脑会议上应该准备提出一系列建议,包括:第一,军备控制。建议达成军事设施、军事力量和武器装备的相互不受制约的监督协定,确保任何一国飞机为了和平的目的飞越任何一国领土的权利。第二,人员、信息和产品交流。扩大东西方贸易的协议,极大提升人员出于和平的目的在世界各地旅行的自由,以抗干扰协定为基础签订信息和思想自由交流的协议,进一步探索和平利用原子能以及建立一种全球性基金以促进欠发达地区的共同经济发展。第三,在德国问题上,建议迅速实施重新武装条款、建立自由选举的适当条件、进行自由选举、建立统一政府以及缔结和平条约但不预先决定德国国际地位;只在德国经重新武装为一个强大的军事国家且成为北约的一个必要组成部分的情况下美国才撤军,如果德国拒绝加入北约则只能重新武装至满足其安全需要的水平。第四,在远东问题上,继续采取行动以协调盟国在远东问题上的政策,加剧苏联和共产党中国之间的矛盾。② 据说,尽管杜勒斯从中阻挠,但艾森豪威尔还是看到了会议报告,并且对于相互空中监督的建议尤其热心。③

这样,在各种政策讨论的基础上,国家安全委员会计划部在5月19日249次会议接受任务后,到6月27日,终于完成了一份22页的报告(含4个附件),即 NSC5524 号文件。1955 年 7 月 7 日,美国国家安全委

---

① FRUS, 1955-1957, v. 5, Letter from the Chairman of the Quantico Vulnerabilities Panel (Rostow) to the President's Special Assistant(Rockefeller), pp. 216-217; Attachment, p. 218.
② FRUS, 1955-1957, v. 5, pp. 218-220.
③ Walt W. Rostow, *Open Skies: Eisenhower's Proposal of July 21, 1955*, Austin: University of Texas Press, 1982, p. 46. Quoted from Richard A. Melanson, David Mayers, *Reevaluating Eisenhower: American Foreign Policy in the 1950s*, University of Illinois Press, 1987, p. 248.

员会第254次会议予以修订并通过,此即为NSC5524/1号文件——《对四国谈判的基本政策》,是美国此次参加首脑会议的指导性文件。

总体上,NSC5524/1号文件坚持了NSC5501号文件的基本判断,是在5501号文件精神指导之下的一个具体文件。5524/1号文件指出,英国、法国,以及西德政府受到公众压力以及核战争危险的影响,要求采取各种合理的途径以解决东西方之间的问题,在这种情况下,美国顺应盟国和世界公众舆论的要求而召开首脑会晤,不失为明智之举。

在7月7日会议上,艾森豪威尔审议文件时看到关于欧洲盟国的态度和政策的内容时,他说这可能是这份文件中最重要的内容。该部分写到,美国的欧洲盟国政府强烈地感受到其公众要求缓和国际紧张局势与达成某种形式的东西方协定的压力。艾森豪威尔说,他之所以认为这是最重要的内容,是依据此时西欧国家在美国新闻署支持下所做的民意调查。当时这些民调显示,欧洲相当部分公众支持美国从欧洲撤军,这与当时美国拒绝从欧洲撤军的立场相对立,因此法国,甚至英国的公众态度实际上都令美国感到非常担忧。①

5524号文件指出,"只要西方是从实力出发进行谈判,便可以认为,美国在关于解决方法上的立场,乃至在整个谈判中的地位,会促进美国在欧洲的整体安全地位",因此首脑会晤并非不可以造成对美国有利的结果。②但文件同时强调,在即将举行的谈判中,美国必须"给共产主义政权一种关于美国和自由世界真正目的的清晰概念,以及毫不妥协地抵抗共产主义入侵步骤的决心"。在欧洲问题上,美国则要巩固和扩大其在前期政策中取得的成果,继续在政治上、经济上和军事上加强北约,同时尽力使苏联势力从中东欧撤回,以"最终在欧洲,在尽可能大的区域内,建立起与美国安全利益一致、确保长期安全和各国间密切

---

① FRUS, 1955-1957, v.5, p.273.
② NSC 5524/1, July 11, 1955, DNSA, Presidential Directives, PD00465.

协作的安排"①。

在具体问题上，这时期美国政府内部在国家安全委员会会议上认真讨论了德国和欧洲安全安排问题、苏联卫星国的地位、国际共产主义运动、东西方贸易、裁军、远东问题等各种具体问题的立场、政策。其中，德国问题、苏联卫星国地位、国际共产主义运动三个问题是美国政府预定要与苏联进行讨论的问题；而欧洲安全安排则是苏联自1954年柏林会议后提出来的，本来是艾森豪威尔不想讨论的问题，但在杜勒斯的强烈主张之下还是纳入讨论范围；而东西方贸易、裁军、远东问题都是美国政府不希望过多讨论或干脆反对讨论的问题。除在美国政府决策层内部进行讨论以外，美国政府还与英、法、西德诸盟国进行了密切的沟通以达成一致立场。具体政策讨论的内容为：

第一，德国问题和欧洲安全安排问题的内部讨论。

德国问题是艾森豪威尔总统希望在首脑会议上进行讨论的重点内容，但是，美国并不想与苏联相互妥协以解决德国问题，而是希望借机压使苏联进行让步，以取得东德加入西德从而建立一个西方阵营内的统一德国的最大目标。其实1953年8月美国国家安全委员会曾就德国问题形成过一份文件，即NSC160/1《美国关于德国的立场》。② 在NSC5524/1号文件中，美国声明的政策仍然保持了前后的一致性。美国的具体立场表现为：支持柏林会议上的艾登计划，即在自由选举的基础上建立起一个全德国政府；新统一的德国应该自由选择其自己的结盟并重新武装，然后加入北约并作出适当的贡献。③

欧洲安全安排以及相应的军备控制问题是1955年7月7日第254次国家安全委员会会议上争论最激烈的问题。美国国务院的意见是，支持在东欧建立相当于西欧联盟式的军备限制和控制体制，并规定进行情

---

① NSC 5524/1, July 11, 1955, DNSA, Presidential Directives, PD00465.
② NSC160/1, August 17, 1953, DNSA, Presidential Directives, PD00350.
③ NSC 5524/1, DNSA, Presidential Directives, PD00465.

报交流和相关情报的确认;而其他部门则反对建立任何把西欧与东欧放到一起的地区性军备控制体系。杜勒斯则认为,对于美国国家安全委员会来说,直截了当地宣布反对考虑一种包括东欧的安全安排是错误的,在这一地区美国不得不考虑盟国的意见。而且,他说,"如果能够对东欧国家的军备水平施以限制的话,只要监督体系真正运行使协议得到遵守,这也是一件非常好的事情"①。反对意见包括参联会、国防部等。反对意见认为,这样会使苏联获得对西欧联盟国家军备水平的发言权,并且得到机会阻止德国的重整军备;而美国所能得到的,也就是对波兰和捷克斯洛伐克军备的限制权,但不能得到对苏联自身军备控制的发言权——这才是美国真正需要的。杜勒斯进一步争论说,除非在某种形式的国际控制下(苏联在其中拥有一定的发言权),否则德国的重新统一是不可能的。苏联人不会简单地让东德并入到西德当中,然后又让重新武装的德国来对付苏联自身。而反对者认为,如果美国把德国重新武装的某种程度的控制权交给苏联人,而美国又没有得到对苏联军备的控制权,那美国的安全便会遭到损失。最后,杜勒斯坚持,国家安全委员会决议不能直接反对讨论这一欧洲地区性安全安排的可能性,认为这样只会在即将召开的首脑会议上束缚美国代表团的手脚,但杜勒斯也不得不作出让步,称除非在德国得到重新武装和统一的前提之下,否则他不会同意支持建立包括西欧和东欧在内的军备限制体系。对此,艾森豪威尔总统认为应该予以清楚说明。②

第二,裁军问题的讨论以及美国政府监督优先立场的确立。

裁军问题也是美国政府内部争议性较大的问题。实际上早在1951年7月,当时美国国务院和国防部曾联合向美国国家安全委员会提交了一份关于美国政府裁军立场的报告,即 NSC112 号文件。③ 该文件的基

---

① FRUS, 1955 – 1957, v. 5, p. 276.
② NSC5524/1, DNSA, Presidential Directives, PD00465, p. 9.
③ NSC112,July 6, 1951, DNSA, Presidential Directives, PD00262.

本原则是先要就总的原则达成国际协议并建立起对原子能的国际控制。依据这一原则,1953年9月9日,美国国家安全委员会讨论了其计划部提交的"在第八届联大提出一项新的美国裁军建议可能性"的报告。①1953年12月8日,艾森豪威尔总统据此在联合国大会作了著名的"原子用于和平"演说。在这篇演说中艾森豪威尔倡议,有关政府应立即把他们库存的天然铀和可裂变材料交给国际原子能机构,用于诸如医药和农业等和平及慈善的目的。

但在裁军问题上,美国国内一直存在较大的争论,尤其在国务院和国防部之间。国防部向来反对与苏联达成任何裁军协议。认为裁军协议只会损害美国的国家安全利益,因为不可能设计出一种技术手段以有效检测苏联转移或匿藏大量核材料和武器,从而对美国国家安全造成难以承受的危害。这也是美国原子能委员会的立场。国务院则认为,一种渐进的裁军控制是可行的,也是符合美国利益的,实施裁军计划的危险会小于继续军备竞赛。国务院并且提出四阶段裁军计划,逐步展开核生产、核储备、核投送能力以及常规军备的谈判和裁减,逐步加强、扩大检查的力度和范围。②

正是由于两种不同立场之间的矛盾性,艾森豪威尔总统在裁军领域面临着相互矛盾的两种不同的信息来源和要求。一方面是美国国内安全专家们对苏联核威胁的严重性判断。到1954年6月,美国国家安全委员会的分析专家们还建议大幅调高对苏联的核能力估计。1955年初,由麻省理工学院院长詹姆斯·基利安领导的一个特别委员会就苏联的核攻击危险提出了一份令人担忧的多卷本报告。就在艾森豪威尔收到这一报告后不久,国家安全委员会的分析专家们还声称,当紧张局势升级时,在核攻击之前可能会有某种动员,但是,完全突然袭击的可能性也

---

① NSC112/1,September 1, 1953, DNSA, Presidential Directives, PD00263.
② The Disarmament Problem and U. S. Policy before the NSC, DNSA, U. S. Nuclear Non-Proliferation Policy, 1945 - 1991, 00199, pp. 5 - 6.

不能排除。1955年6月,中央情报局还重新计算了有关苏联铀生产的数据,声称苏联拥有的裂变材料是以前估计的三倍多。① 在50年代的大部分时间中,苏联轰炸机可能的攻击对美国安全构成了主要的威胁。为此,艾森豪威尔任命了一个常设委员会以对苏联的进攻能力进行跟踪研究。② 随着运载工具技术的发展,苏联很快开始建造火箭,美国对此非常担心。1953年前,美国武器设计者们曾经怀疑氢弹能否小到可以装到远程导弹上。但在1954年初,美国技术专家告诉国家安全委员会:这个根本性的问题已经解决,技术上完全可以做到;而且,近期的试验说明苏联肯定不会落后多少,情报表明苏联甚至可能比美国还要领先。③ 在这种情况下,与苏联进行裁军谈判自然面临着来自美军的强烈反对,他们认为不真正摸清苏联的军事能力就与苏联谈裁军无疑是危险的。

但另一方面是国际社会舆论日益强烈的反核、禁核和裁军的呼声,尤其是自苏联在1955年5月10日提出一份与英法立场非常接近的裁军建议后,裁军问题已经成为国际谈判的焦点问题。不谈裁军问题,势必会在国际舆论上使美国处于不利和被动的处境,并且在与苏联的外交斗争中丢分。鉴于此,5月19日美国国家安全委员会第249次会议上,杜勒斯指出裁军问题将是首脑会议最重要的问题之一,美国必须要准备在首脑会议上对此予以讨论。杜勒斯也承认,苏联5月10日的建议作了很重要的让步,其立场已经与英法很接近。

1955年6月30日的美国国家安全委员会第253次会议专门讨论了美国在裁军问题上的政策。这次会议对总统裁军事务特别助理史塔生

---

① NSC 5442, June 14, 1954, FRUS, 1952–1954, Vol. 2, pp. 647–667; Technological Capabilities Panel(Killian) report, February 14, 1955, Office of the Staff Secretary Records, Eisenhower Library; NSC 5515, March 21, 1955, NSC series, OSANSA Records; Allen Dulles to Cutler, June 8, 1955, NSC series, Eisenhower Papers. Quoted from H. W. Brands, "The Age of Vulnerability: Eisenhower and the National Insecurity State", p. 974.
② H. W. Brands, "The Age of Vulnerability: Eisenhower and the National Insecurity State", p. 975.
③ Ibid.

提交的裁军问题进展报告进行了审议。史塔生的进展报告提出两方面的问题：一是将美国和苏联的军备水平稳定在现有的水平上，实质上是把美国在当时对苏联的核优势固定化；二是对任何达成的协议进行监督执行的问题。国防部长威尔逊指出，应该在苏联方面作出一定的政治妥协以及和苏联达成某种政治协定后才能谈判裁军协议。参联会主席雷德福则根本反对讨论裁军协议。国务卿杜勒斯的态度则相对积极。杜勒斯指出，一方面美国必须准备朝着裁军的方向作出某些积极的举措。"如果不这样做的话，美国将会失去非常重要的资源，譬如盟国的支持以及使用盟国基地的权利。""军备控制和与苏联的政治协定可同时进行谈判，政治协定不应成为美国就军备控制进行谈判的前提条件。"但另一方面，杜勒斯也不想使自己显得过于靠近苏联的立场，即使是谈裁军也要以不同于苏联的方式来进行裁军。杜勒斯称过去苏联总是要求先有一个裁军计划，而后解决检查问题，现在他则建议把顺序反过来，先研究监督执行的问题，然后再形成具体的计划。而且，杜勒斯认为，"苏联方面确实想进行一些军备负担的削减以能更有效地应付他们的国内问题。因此，苏联可能会准备进行妥协"。或许是出于更想利用所谓的苏联国内困境的动机，杜勒斯强调，任何实质性的军备控制计划的接受都取决于美苏双方愿意就计划实施进行监督，并且他建议此后美国对检查和监督问题给予特别强调。但史塔生报告中显然还没有就此进行详细具体的研究。

艾森豪威尔总统在讨论时虽然一开始并不完全赞成杜勒斯的这一建议，认为监督和检查不能与裁军计划的实质性内容分开。但他显然很快就出现了转变，并表现出对这一建议的很大兴趣。[1] 而从后来艾森豪威尔总统对"开放天空"倡议的热衷来看，他确实是接受

---

[1] Discussion at the 253rd Meeting of the NSC, Thursday, June 30, 1955, DNSA, U. S. Nuclear Non-Proliferation Policy, 1945–1991, 00209, p. 14.

了这一主张。①

第三,与盟国在德国问题、欧洲安全与裁军问题上的进一步磋商。

除了在决策层内部进行充分的讨论,美国还与英、法围绕西方在首脑会议中采取的共同立场进行了更深入的讨论。对于美国来说,主要是为了形成西方的共同立场,尽力避免英法提出对美国不利的实质性建议。而对于英法来说,则为了尽可能依据其本国的利益及其民众的要求,在首脑会议上提出更具有实质性意义的提案。从6月初到7月初,美英法三国外长以及西德总理阿登纳之间除了频频通信、会面和交换看法,三国代表还先后在华盛顿、巴黎召开工作组会议。西德代表也应邀参加了部分关于德国问题的工作组会谈。

其中巴黎工作组的会谈最具有实质性,也是离日内瓦首脑会议召开最近的一次工作组会议。巴黎工作组会谈的一个重点内容是德国问题和欧洲安全,而且在很大程度上采纳了西德方面的意见。会谈中西方达成共识,坚持德国经由自由选举而达到重新统一是首要的和紧迫的问题,承认自由德国的统一和欧洲安全之间的联系,认识到在后续的谈判中有提出同时解决这两者的办法的必要性。

在裁军问题上,巴黎工作组最后提出,西方国家应该集中于向苏联政府说明接受一种有效的监督和控制体系的适宜性,同时也表明西方认识到这样一种体系所包含的困难,特别是在核领域。西方应坚持说明裁军问题太具有技术性而无法在日内瓦进行细节性的讨论,并建议在联合国裁军小组委员会内进行进一步的谈判。

另外,巴黎工作组还认为西方应在首脑会议上提出下列问题:(1)国际共产主义活动。西方国家希望强调国际共产主义是局势紧张的根源。(2)"卫星国"的地位。西方同样希望强调所谓"卫星国"的形势,尤其是

---

① 杜勒斯提出此建议,是否从匡恩提科弱点小组的报告中得到启示尚无法知晓,但杜勒斯肯定预先已经看过这份文件。

其政府组成。(3) 促进西方和苏联集团国家之间的交流。① (4) 战俘问题,促请苏联政府考虑遣返战俘。而针对苏联可能提出的远东问题,认为西方应该努力避免在日内瓦进行任何关于远东问题的讨论,反对苏联关于召开远东会议的建议,反对任何关于印度支那的五国会议或重新召集类似 1954 年日内瓦会议的主张。针对苏联可能提出的召开世界经济会议以发展国际贸易的建议,西方可声明非常欢迎但应指出时机尚不成熟,而且西方应坚定地表明拒绝就战略物资贸易与苏联进行谈判,认为坚持西方的贸易控制是与苏联政府的任何谈判中一项非常有用的筹码,放弃这种控制将得不偿失。② 从巴黎工作组最后报告中形成的结论来看,这些观点在很大程度上均是美国政策的反映,只是部分参考了英法方面的意见,显然美国在西方三国准备首脑会议的过程中占主导性地位。

当然,美国也并不能完全掌控盟国。巴黎工作组会谈过程中,法国代表提出,西方提出讨论所谓的"卫星国问题"可能使他们面临政治困难,希望该问题不会妨碍在其他问题上达成协议。英法代表认为,应把重点放在促进人员和思想交流上面以促进苏联的变化。美国则再次强调了坚持在东欧问题上对苏联施加压力,并强调英法也应对苏联施压,向苏联强调欧洲局势真正缓和之前苏联需要解决"卫星国"问题。③ 首脑会议开会前几天,杜勒斯和英国外相麦克米伦、法国外长皮内在一起讨

---

① 这里主要指东西方的文化交流问题。实际上斯大林去世之后,苏联和美国人员之间进行了许多有益的文化、体育等交流活动。但总的来看,美国方面对苏联人员限制更多,苏联对美国人访问显得更为开放一些。参见 NSC5508/1, FRUS, v. 24, pp. 202 - 204.
② FRUS, 1955 - 1957, v. 5, pp. 325 - 331.
③ FRUS, 1955 - 1957, v. 5, pp. 312 - 313. 关于东欧问题,杜勒斯 1955 年 6 月为美国参加四国首脑会议起草的谈判方案中指出,美国的目的之一是"增强卫星国的独立性和自主权,使之在事实上不再是苏联帝国在欧洲的延伸"。但考虑到公开讨论东欧问题的困难,他建议不必将其作为"重要问题"对待,而主要通过私下会谈来处理。杜勒斯指出,美国应该就此事向苏联施加压力,并作为对苏联合作诚意的检验。见石斌:《杜勒斯与美国对苏战略(1952—1959)》,第 198 页。

论首脑会议中各方的开场白及各自可能提出的问题时,麦克米伦提出,艾登首相会提出欧洲非军事区问题,这便是杜勒斯极力加以反对并试图加以阻止的问题。法国皮内外长则指出,富尔总理可能提出关于裁军的新建议,他认为裁军的真正有效办法是对军事支出进行预算控制,建议四大国各拿出一定比例的军事支出设立一个四大国基金,以用于社会的和其他的积极目标。① 此建议美国显然也不予赞同。针对法国总理的建议,艾森豪威尔在四国首脑会晤开会前一天举行的美英法三国首脑碰头会上说明了他的反对意见,他径直指出,苏联的军事预算和开支根本没有办法去核实和控制。② 但在后来的首脑会议上,法国富尔总理还是抛出了他的预算控制的方案。实际上,就在艾森豪威尔和杜勒斯到达日内瓦的第一天,即7月16日晚上,杜勒斯就放心不下地建议艾森豪威尔总统,要提醒一下英国首相和法国总理,会议只讨论一些方法性问题而不进入实质性问题的讨论。③ 当然杜勒斯此举还有另外一个隐含的用意,即借以提醒艾森豪威尔本人也不要感情用事,不要禁不起俄国人微笑的诱惑。④ 而后来在首脑会议召开过程中则确实出现了杜勒斯所料想的情况。

---

① 法国方面极力向美英推销这一建议的合理性,认为该建议还可以为西方赢得舆论的支持以反击苏联5月10日裁军建议后在舆论上占据的主动性。关于美英法对该建议的较为详细的讨论,见7月17日美英法三方在首脑会议开会前夕召开的一次会议,FRUS, 1955-1957, v. 5, pp. 349-354.
② FRUS, 1955-1957, v. 5, p. 350.
③ Memorandum of a Meeting With the President, President's Villa, Geneva, July 16, 1955, 8: 30 p. m., FRUS, 1955-1957, v. 5, pp. 340.
④ 这是杜勒斯在前往巴黎准备参加首脑会议的前期外长会议和准备工作之前一次谈话时表示的担忧。见 C. D. Jackson Log Entry, Monday, July 11, 1955, FRUS, 1955-1957, v. 5, p. 301.

第六章 走向日内瓦:苏联的决策

1955年初,随着马林科夫的辞职,赫鲁晓夫正式成为苏联国家最主要的党政领导人。秉承着共产主义信仰以及斯大林为苏联营造的国际地位,赫鲁晓夫在与西方打交道时具备强大的精神资源和道义力量作为支撑,他大胆地应对西方的挑战。而且随着热核武器的发展,苏联在可资用于同西方对抗的武器和力量上取得了标志性的增长,苏联的外交政策也因此体现出更具主动性的特点。在赫鲁晓夫的领导下,苏联推行了一系列被西方看作是旋风式的外交行动,大大提升了苏联的外交政策灵活性,赢得了国际舆论的广泛支持,也提升了苏联在国际社会的影响力。正是在这样一种精心的准备之下,赫鲁晓夫接受着来自美国和西方对苏联的挑战,同时也挑战着美国和西方的主导性地位,自信满怀地走向日内瓦首脑会晤。

第一节 欧洲集体安全体系倡议与华约组织建立

1953年下半年以来,苏联一方面加紧发展包括核武器在内的各种实力,同时也在外交政策上对西方的"实力地位"政策予以揭露和抨击。基于这样的考虑,苏联结合欧洲公众要求减缓冷战紧张局势的呼声①,把缓和与军备控制以及德国问题联系起来,提出建立欧洲集体安全体系的问题。苏联新领导人的想法是,这样既符合了苏联的和平共处政策设想,而且还可以制约美国军事力量在欧洲的发展,并且有助于打击美国重新武装西德的计划。

自1954年初苏联在柏林会议上提出欧洲集体安全条约草案以后,苏联政府就建立欧洲集体安全体系问题提出了一系列倡议。1954年日内瓦外长会议结束之际苏联政府发表的政策声明中称,日内瓦外长会议的结果确认了苏联政府的信念,即不管社会制度如何,当前没有任何国际歧异不能够通过旨在加强国际安全、削弱国际紧张局势以及确保国家间和平共处的谈判和协定来解决。并且宣称,促成停火和恢复印度支那和平的日内瓦协议,通过致力于减弱国际紧张局势,也创造了解决其他亚洲和欧洲重要、突出国际问题的有利环境,这些问题中首要的有:结束武器竞赛和禁止核武器,组织欧洲集体安全以及在和平民主的基础上解决德国问题等等。苏联政府宣称,他们将全心全意地去努力达到上述这些问题的解决。② 这表明,在远东态势稍稳以后,苏联的外交政策主要精力集中到欧洲事务方面,裁军、欧洲集体安全以及德国问题成为苏联政府对外政策关注的三大重点内容。

应该说,在1954年夏,也就是法国国民议会表决《欧洲防务共同体条约》之机,苏联政府对于西方阵营的不和,尤其是法国对德国重新武装的担心曾一度寄予希望。事实上,苏联政府这一时期的外交工作取得了成效,并一度乐见《欧洲防务共同体条约》于1954年8月30日在法国国民议会讨论表决时受挫。

---

① 例如在1954年3月,奥地利举行和平大会。会议通过决议,指出只有建立欧洲各国的集体安全体系,才能保障和平与奥地利的独立。
② "Statement of the Soviet Government on the Geneva Conference in Pravda 23 July 1954," in H. Hannak, *Soviet Foreign Policy since the Death of Stalin*, pp. 51 – 53.

然而1954年9、10月间,西方为西德重新武装找到新的替代方案,并于10月23日达成新的《巴黎协定》。在这期间,尽管苏联作了大量的外交工作,但到1954年底,苏联认清了美国和西方各国政府在重新武装西德问题上所持的共同立场,逐渐放弃了对西方的幻想。苏联外交工作的重点也开始转移到加强社会主义阵营的共同安全上来。在与中国进行磋商之后,1954年11月13日,苏联政府发出召开全欧安全会议的倡议,邀请欧洲23个国家和美国参加11月29日举行的会议,讨论建立欧洲集体安全体系的问题。实际上这是一次苏联政府的单方面行动,旨在与西方签署《巴黎协定》的行动相对抗,因为苏联明确地预感到,西方国家会拒绝参加这次会议。果然,11月29日,西方国家对苏联政府复文指出,在《巴黎协定》批准之前,关于欧洲安全问题,它们决定不作进一步讨论。

苏联倡议的这次全欧安全会议如期在1954年11月29日于莫斯科召开,但只有苏联和东欧八个国家参加,中国作为观察员参加了会议。在这次会议上,莫洛托夫指出,"对西方帝国主义国家目前的计划,不仅要特别警惕,而且要采取实际步骤来保证自己的安全"。"这就要求参加这次会议的国家在组织武装部队及建立司令部方面采取共同措施,并且采取其他措施,以便可靠地保护我们这些国家人民的和平劳动,保障我们的国境不受侵犯,并且防止可能的侵略。"①参会各国一致同意,如果《巴黎协定》通过,要重新检查形势,着眼于采取可信措施以维护它们的安全,维护欧洲的和平,即组织统一司令部。② 很明显,这是一次加强社会主义阵营团结和统一立场的会议。而且苏联外交部并称,中华人民共

---

① 莫洛托夫在1954年莫斯科会议上的讲话,引自罗宾·艾莉森·雷明顿:《华沙条约》,第15页。
② Joseph L. Nogee, Robert H. Donaldson, *Soviet Foreign Policy Since World War II*, p. 107.

和国也支持这个意见。① 显然,苏联以此有效显示出整个社会主义阵营的力量,向西方施压。

12月30日,《巴黎协定》在法国国民议会获得通过,剩下的只是最后的生效手续问题了。欧洲的局势出现了朝着苏联不希望的方向发展的情况。1955年2月8日最高苏维埃联盟院和民族院联席会议上,莫洛托夫作了关于国际形势的报告。在这次报告中,莫洛托夫第一次详细说明,参加1954年11月底至12月初莫斯科会议的八个国家拟订立一个友好合作互助条约,是苏联意在对抗西德加入北大西洋公约组织的相应措施之一,并提到关于这样一个条约的协商"已在进行之中"。②

1955年5月5日《巴黎协定》生效,5月6日西欧联盟建立,欧洲的局势因为西德重新武装并且纳入西方阵营而加剧了东西方之间的对立。随后苏联针锋相对地采取了应对措施,5月11日苏联和东欧等八国在波兰华沙召开了缔结华沙条约的会议,14日《华沙条约》签订。华沙条约的文本由11项条文组成,规定了成员国之间的相互关系,特别是在遭受侵略时的相互关系,并规定了成员国对联合国和对非成员国的关系。

条约首先重申了缔约国各方"在欧洲所有国家(不问它们的社会制度和国家制度如何)参加的基础上建立欧洲集体安全体系,以便联合它们的努力来保障欧洲和平"的愿望,同时指出《巴黎协定》生效后欧洲地区面临的战争危险加剧的形势。条约规定:以和平方法解决一切争端;参加所有旨在保障国际和平和安全的国际行动,努力争取同其他国家达

---

① "中苏关系大事记之二(1955)",中华人民共和国外交部档案馆,档案号:109-01353-01(1),第16页。
② 1955年2月8日莫洛托夫关于国际形势的报告,见1955年2月9日《真理报》。引自罗宾·艾莉森·雷明顿:《华沙条约》,第13页。虽然这时赫鲁晓夫和马林科夫的政治斗争刚刚以马林科夫辞职而结束,莫洛托夫在这一斗争中支持赫鲁晓夫。但该报告中莫洛托夫在苏南关系方面的一些强硬态度,即认为只有南斯拉夫放弃原有立场才有苏南关系改善的可能,赫鲁晓夫显然是不同意的,3月11日的苏联《真理报》和《消息报》也登载了铁托对莫洛托夫这些主张的批评,此后莫洛托夫在对外政策上与赫鲁晓夫之间的分歧越来越大,莫洛托夫在对外政策上的地位也日益下降。

成协议,采取普遍裁减军备,禁止原子武器、氢武器和其他大规模毁灭性武器的有效措施;就一切有关它们共同利益的国际问题彼此磋商;根据联合国宪章第51条行使单独或集体自卫权,当缔约国之一遭到武装进攻的威胁时,为保证联合防御立即进行磋商;设立武装部队联合司令部和政治协商委员会;不参加与华沙条约相违反的任何联盟或同盟,不缔结与华沙条约相违反的任何协定;增进缔约各方经济和文化交往。关于对非成员国的关系上,条约写道,"凡表示愿意通过参加本条约来促进爱好和平的国家的共同努力以保障和平及国际安全的任何国家,不论其社会制度和国家制度如何,均得参加本条约"。条约期限虽规定为二十年,但指出若缔结全欧集体安全条约并生效,则条约立即失效。[1]

同时,华沙条约各缔约国还通过了关于建立武装部队联合司令部的决议。决议规定:有关加强防御力量和组织缔约国联合武装部队的总的问题将由政治协商委员会审议;联合武装部队的总部设在莫斯科,苏联元帅伊·斯·科涅夫被任命为联合武装部队总司令;各缔约国国防部长或其他军事领导人员被任命为联合武装部队副总司令,负责指挥各该国武装力量;联合武装部队将根据联合防御的需要和这些国家的协议在缔约国领土上驻扎。该决议同时规定,东德参加联合司令部的武装部队的措施问题留待以后进行研究。[2]

如何看待华沙条约组织成立在苏联对外政策中的作用呢?在当时看来,华沙条约组织在很大程度上是苏联用以同西方进行对等谈判的一种策略性和宣传性工具,或者说是一种谈判筹码。当时在华沙条约组织成立会议上,布尔加宁在讲话中虽然表示,《巴黎协定》生效后的国际形势要求苏东国家之间进行比现行的双边条约更大的协调,但他似乎并没有指出华沙条约在军事上的意义。并且,他说,联盟的成立也并不意味

---

[1]《国际条约集(1953—1955)》,第459—464页。
[2] 同上。

着苏联关于缔结一个全欧安全条约努力的结束。① 有学者分析认为,苏联组建华沙条约集团,不仅仅是对西德加入北约的一种反应,而是赫鲁晓夫旨在重组欧洲安全结构的更大计划的一部分。② 事实上,赫鲁晓夫执政期间,一直未曾授予华沙条约实际的军事意义。赫鲁晓夫提议,同时废除北约和华约,代之以一个欧洲集体安全体系。赫鲁晓夫此后一直通过各种形式来推进他的这一计划。在苏联为日内瓦首脑会议所拟的欧洲集体安全条约草案中写到,全欧集体安全条约生效后,经过一段有限的时间,华沙条约、巴黎协定、北大西洋公约将同时停止生效,而由一个全欧集体安全体系所代替。③ 在公开的宣传中,苏联也只强调华沙条约组织的防御性质。④ 除苏联外,中国、阿尔巴尼亚、保加利亚、罗马尼亚、匈牙利、东德、波兰、捷克斯洛伐克等社会主义国家也都一致认可华约组织的防御性。⑤

  这种策略性也体现在华沙条约反映的苏联对德国政策之中。在《巴黎协定》5月初生效之后,西德重新武装并且加入北约已经成为事实,苏联一方面通过《华沙条约》公开表明对德国政策的转变,向西方展示一种针锋相对的态度,使西方感受到苏联政策的压力。另一方面,苏联继续通过诉诸欧洲舆论和德国人迫切要求统一的愿望,打击西方的重新武装西德政策,造成一种有利于苏联的欧洲舆论,并且在欧洲营造对苏联所提全欧集体安全方案的支持。因此,苏联的这种政策转变又体现得非常缓慢,或者说留有余地。这可从华沙条约组织对东德成员国地位的界定中看到。虽然东德参加了华沙条约,但东德参加联合司令部一事却一直

---

① Speech by Bulganin, May 11, 1955, quoted from Vojtech Mastny, "NATO in the Beholder's Eye: Soviet Perceptions and Policies, 1949 – 1956," CWIHP Working Paper, No. 35, p. 67.
② Vojtech Mastny, "Did NATO Win the Cold War: Looking over the Wall," *Foreign Affairs*, May/June, 1999.
③ Proposal of the Soviet Delegation: "General European Treaty on Collective Security in Europe," FRUS, 1955 – 1957, v. 5, pp. 516 – 519.
④ 《华沙条约》,第19—23页。
⑤ "1955—1958年对华沙条约的态度",引自《华沙条约》,第254页。

被推迟,而且,苏联和德意志民主共和国双方的发言人都强调东德退出华沙条约组织而成为一个统一的德国的可能性。东德总理奥托·格罗提渥在华沙条约会议的讲话中,强调"华沙条约让德意志民主共和国有完全的自由为和平的重新统一而进行协商"①。东德部队只是在1955年9月苏联东德双边条约签订后才被接纳进联合司令部。实际上,东德到1956年1月才建立了自己的国防部。

当然,通过《华沙条约》,苏联也加强了东欧各国军队与苏军装备、训练和指挥的一体化,从而使社会主义阵营军事力量得到了加强。1953年,东欧军队的兵力达到150万人左右,有65—80个师,其中一半的训练和装备比较好。此后华约以苏军为标准在军事一体化方面取得很大进展,统一了武器和各地区武器生产的规格,采取苏联军队的组织形式和野战理论,规定了各个成员国军队的军事任务。

《华沙条约》的签订和通过还使苏联取得了在东欧驻军的合法化地位。1947年,苏联以在奥地利驻军的需要而与匈牙利和罗马尼亚两国签订了在其领土上驻军的双边协议,但驻扎期限以签订对奥和约后三个月为限。《华沙条约》的签订使苏联在这两个国家的长期驻军得以合法化。华约的成立还使苏军的活动范围扩大到阿尔巴尼亚。这时驻扎在东欧的苏联军队主要包括驻德苏军和驻波苏军。除了正式的华约机构,苏联国防部还派代表常驻各华约组织成员国的武装部队。

由于华沙条约组织旨在对抗西德重新武装后的侵略危险,因此也确实符合当时东欧国家的利益。对波兰来说,该约是支持奥德-尼斯河边界线的一大后盾;对民主德国而言,该约是保障其独立和主权的坚强支柱;对东欧其他国家而言,苏军的存在为当地的共产党政权提供了有力的支持。②

---

① "1955—1958年对华沙条约的态度",引自《华沙条约》,第24页。
② 参见李兴:《从全面结盟到分道扬镳:冷战时期的苏联与东欧关系研究》,武汉大学出版社2000年版,第137页。

正如祖波克所分析,严酷的地缘政治现实成了难以解决的困境:是巩固这一地位还是谋求与西方大国进行妥协?也许需要离奇地结合梅特涅和俾斯麦的两种方略才能两全其美。① 很大程度上,此时苏联的对外政策结合了这样两种手段,华沙条约组织的建立就是一个体现。当然,在很大程度上,这种结合也是苏联国内两种外交路线的一种糅合,即莫洛托夫所代表的强硬外交和赫鲁晓夫所代表的灵活外交两种路线混合在一起的产物。

第二节　奥地利国家条约:扫清四国首脑谈判障碍

如果说赫鲁晓夫1954年下半年通过加强中苏同盟而进一步巩固了社会主义阵营的力量,并加强了其国内政治地位的话,在欧洲事务上却因为西德重新武装而使苏联外交政策受到挫折。很大程度上,赫鲁晓夫开始把在欧洲的这种挫折归咎于莫洛托夫对外交事务的僵硬立场。华沙条约组织的建立则是苏联对其在欧洲外交挫折的一种补救。1955年后,赫鲁晓夫明显把外交工作的主要精力放到了欧洲事务上。无疑这里也是苏联和西方进行外交斗争的主战场,涉及美苏争斗的一系列核心问题。

长期以来,莫洛托夫形成了比较保守的外交政策理念,反对或者避免使用"和平共处"这一概念。② 作为外长,莫洛托夫的外交政策理念显然与赫鲁晓夫的策略性缓和思想不相符合。在赫鲁晓夫看来,这将日益导致西方对苏联外交政策作出错误的判断。1955年2月马林科夫辞职,

---

① Vladislav Zubok, Constantine Pleshakov, *Inside the Kremlin's Cold War*, p. 108.
② 1950年3月10日莫洛托夫在一次演讲中曾经使用过这一概念,只不过是以一种否定性的特别方式:"我们全都赞成列宁-斯大林主义关于两种制度和平共处、和平竞争的思想。但我们非常熟知这一真理,即当帝国主义存在时,也就存在着新的侵略威胁,在帝国主义及其掠夺性计划存在之时,战争是不可避免的。"Pravda, March 11, 1950, p. 3. Quoted from David Holloway, *Stalin and the Bomb*, p. 441, note 118.

203

而同时莫洛托夫则通过多种场合向西方发出了接二连三的严正警告:如果西欧联盟被批准的话,那苏联将会推动建立类似的条约组织。由于在反对马林科夫问题上,莫洛托夫和赫鲁晓夫是立场一致的,因此这给西方一种错误的印象,认为莫洛托夫的外交政策反映了赫鲁晓夫的外交思想。

确实当时西方不少人士认为,马林科夫去职后苏联很快就有恢复实行更严厉政策的迹象。① 美国中央情报局局长艾伦·杜勒斯在国家安全委员会会议上指出,马林科夫下台,赫鲁晓夫已在苏联权力结构中处于支配地位,与之关系密切的军方势力随之臻于极盛,苏联对外政策会变得强硬起来。艾森豪威尔也认为赫鲁晓夫将扮演大棒角色。国务卿杜勒斯则在另外的场合表示,马林科夫主要关心苏联人民的福利、安全和伟大,赫鲁晓夫却希望把苏联和它的力量主要用作国际共产主义的工具,用作实现他的世界范围内的野心的一种手段。② 西方国家对赫鲁晓夫的这种判断当然不利于赫鲁晓夫在国内外的政治地位和影响力,也不利于他的对外政策理念的实践。对赫鲁晓夫来说,尽管在2月初莫洛托夫还支持了他对马林科夫的斗争,但他还是觉得有必要在外交政策上公开和莫洛托夫拉开距离。奥地利条约问题则正好成为赫鲁晓夫可以用来表明自己对外政策态度的一个问题,在赫鲁晓夫看来,它并非东西方之间的一个关键性问题,然而它的解决却能起到关键性作用。

如前所述,斯大林去世后马林科夫也曾经希望在奥地利问题上有所突破,但他没能推动莫洛托夫的行动。实际上,奥地利问题是东西方二战后在欧洲地区对峙和斗争的具体体现之一。自1947年以来,这一问题一直悬而未决。奥地利学者沃尔夫刚·穆勒(Wolfgang Mueller)依据

---

① Hollis W. Barber, et al., *The United States in World Affairs, 1955*, New York: Published for the Council on Foreign Relations by Harper & Bros., 1957, pp. 36 - 37; quoted from Ronald W. Pruessen, "Beyond the Cold War-Again: 1955 and the 1990s," p. 63.
② FRUS, 1955 - 1957, V. 24, pp. 26 - 27;《战后世界历史长编 1955 年》,第 223—224 页。

新近发现的一些俄罗斯档案材料对斯大林去世之前的苏联对奥地利政策进行了分析，认为奥地利由于其面积小而且地处苏联势力范围的边缘，因此对于斯大林而言从来就不是一个优先考虑的问题。① 实际情况是，美苏之间多次就奥地利问题进行谈判，但都没有取得结果。莫洛托夫的立场是，苏联不应在奥地利条约上签字，除非在德国问题上达成协议。② 但是随着美国和西方在西德重新武装问题上表现出自始至终的坚定立场以及《巴黎协定》的通过，西德重新武装并且纳入西方阵营将要成为事实，苏联若再将奥地利问题与德国问题相联系很大程度上已经失去意义，因此需要适应形势的变化而作出新的考虑。

其实德国问题和奥地利问题发生联系是在1952年3月份以后。当年3月10日斯大林就德国问题向西方发出了著名的照会，提议建立一个中立的统一的德国；而西方在3月13日就奥地利问题向苏联提出了一份"简要条约草案"，主要内容为各方从奥地利撤出军队，恢复奥地利的主权和独立，此举意在向苏联施加舆论压力，同时也避开当时西方不想与苏联谈判的德国问题，因为当时西方各国正围绕《欧洲防务共同体条约》紧密磋商。斯大林接到西方3月13日照会后并没有立即答复，因为他等待着西方对其3月10日照会的答复。这样，双方都在等待对方

---

① 沃尔夫刚提出，斯大林去世前，苏联在奥地利的政策意图大致包括这样五个方面：第一，苏联把奥地利重建为独立国家的政策在很大程度上是作为斯大林削弱德国目标的一个副产品而提出的；第二，斯大林要建立一个维也纳临时政府的决定以及苏联对该政府的政策，都是旨在加强苏联和共产主义在奥地利影响力的人民阵线战略的一部分；第三，在影响奥地利国内发展方面，苏联在1946至1953年间一直努力让共产党人重新上台，并且重建人民阵线；第四，斯大林拒绝任何包括分裂奥地利或在奥地利发动起义的政策；第五，在斯大林眼中，与苏联要在中东欧驻军以及建立一个中立化德国的愿望比起来，奥地利国家条约显然是个不重要的问题。Wolfgang Mueller, "Stalin and Austria: New Evidence on Soviet Policy in a Secondary Theatre of the Cold War, 1938–1953/55," *Cold War History*, vol. 6, no. 1, February 2006, pp. 63–84.
② 见邢广程：《苏联高层决策70年》（第三分册），第62页。而赫鲁晓夫回忆录中却没有把莫洛托夫坚持将奥地利问题与德国问题相联系的立场说出来，赫鲁晓夫只是一再强调的里雅斯特问题已经解决，对奥地利和约不再有障碍。《赫鲁晓夫回忆录》（第三卷），第1821—1834页。

答复,也就开始将德国问题和奥地利问题联系起来。西方于是宣称,这份关于奥地利的"简要条约"是对苏联关于德国重新统一并且非军事化的倡议是否具有诚意的一个测试,也是苏联提议的召开德国问题的四国会议的一个前提。为了避免分散国际社会对德国问题的注意力,斯大林对西方的该份照会直到5个月后才予以回复,拒绝了西方提出的"简要条约"草案。这场"照会之战"就此结束。结果出现的僵局则影响到奥地利和德国问题两者的解决。尽管斯大林1952年底宣称,只要奥地利接受永久中立,苏联准备从奥地利撤军,但双方还是没能找到解决德国问题和奥地利问题的方法。西方仍然坚持他们提出的"简要条约",而苏联则避免正面回应,闪烁其词。西方因此坚持,如果斯大林提出要德国重新统一并且中立化,那就要先讨论奥地利问题。而苏联方面则越来越把奥地利问题看作他们手中的一张牌,希望以此来影响德国的公众并对西方施加压力,以求在德国问题上达成一个有利于苏联的最终解决。苏联方面这一相互联系的主张在斯大林之后被莫洛托夫继承,并一直坚持到1955年二三月间。①

而且,奥地利虽然对苏联有一定的战略利益,但此时已经更多地成为一种政治上和经济上的包袱。从政治上说,苏联在奥地利的名声非常差,苏联支持的奥地利左翼政党在其几次选举中均遭遇失败,苏联加强在奥地利政治影响力的努力收效甚微,无法改变其主流社会的反苏、亲西方思想。而1952年斯大林在对待西方5月13日所提"简要条约"的建议的态度上又处置失当,并使德国问题和奥地利条约问题连到了一起,这也损害了苏联解决德国问题的能力。

在经济上,一方面是奥地利共产党不断向苏共中央寻求财政上的支持,据不完全统计,从1946到1955年间,苏共中央向奥共提供了至少约

---

① Wolfgang Mueller, "Stalin and Austria: New Evidence on Soviet Policy in a Secondary Theatre of the Cold War, 1938 – 1953/55," p. 76.

6 890万先令(约265万美元)的财政支持,当时奥共是受苏共中央财政支持最多的外国共产党之一①;另一方面,在奥地利苏占区,苏联从原德国资本家手中没收过来的一些工厂现在设备老化,工艺水平落后,又没有技术和管理经验,生产经营效率低下,无法与西方资本家经营管理的工厂相竞争,严重影响到苏联以及社会主义制度的形象。如赫鲁晓夫所说,"资本主义现代化企业拥有新式设备,具有进行高水平经营所必需的种种条件,将社会主义国家所属企业的劳动条件与之进行对比,可能会在舆论界造成不利的印象"。②

在这种情况下,赫鲁晓夫希望在奥地利问题上打开僵局,以此为突破口改变莫洛托夫外交给苏联带来的被动局面,也为东西方之间围绕德国问题的谈判减少不必要的障碍。但莫洛托夫仍然顽固坚持自己的立场。于是赫鲁晓夫决定将这一问题提交苏共中央主席团进行讨论。③ 在中央主席团会议的讨论中,赫鲁晓夫在米高扬以及中央主席团大多数成员的支持下,压制了莫洛托夫的反对,提出了确保达成奥地利问题双方妥协的让步。据称,自那时起,赫鲁晓夫指示苏联外交部官员,不要把莫洛托夫当成是最高的苏联国务活动家,他们的指导方针应该来自党的第一书记。④

作为外交部长,莫洛托夫当然要执行苏共中央的决定。1955年2月8日,莫洛托夫在最高苏维埃所作的关于国际形势的报告里,在奥地利问题上,莫洛托夫宣称,苏联准备在奥地利中立和占领军撤出该国的基础上与奥地利签订条约。⑤ 在2月9日的《红星报》上,莫洛

---

① Wolfgang Mueller, "Stalin and Austria: New Evidence on Soviet Policy in a Secondary Theatre of the Cold War, 1938 – 1953/55," p. 70.
② 《赫鲁晓夫回忆录》(第三卷),第1822—1823页。
③ 同上,第1828—1829页。
④ 赫鲁晓夫回忆录并没有说明讨论对奥地利条约的苏共中央主席团会议召开的具体时间,但是据后来莫洛托夫2月8日的报告和9日的文章,这次全会很可能是1955年1月25日召开的苏共中央全会。
⑤ H. Hannak, *Soviet Foreign Policy since the Death of Stalin*, p. 54.

托夫撰文指出,苏联高度重视奥地利问题,为了维护和加强欧洲和平需要完全恢复民主奥地利的国家独立。他并且说,"苏联政府认为,在签订奥地利条约上的任何拖延都是无理由的……但奥地利必须同意不参加任何联盟"①。

随后,1955年2月25日至3月2日,莫洛托夫和奥地利大使在莫斯科举行会谈,苏联方面在会谈中指出:以前苏联政府所坚持的"奥地利问题的解决要取决于德国问题的解决,只不过指出了存在于这两个问题之间的必然联系而已。同时,苏联政府尤为注重的是各国须就防止德奥重新合并的措施达成协议"。"在柏林会议上,苏联代表团曾坚持从奥地利撤退外国军队的事须待对德和约缔结以后;苏联方面现在提议,不再等待缔结对德和约,四大国即从奥地利撤出它们的军队。"苏联政府同时也强调指出,"奥地利不得加入任何联盟或军事同盟。……奥地利的领土不得用来建立外国的军事基地"②。

急切于实现国家独立的奥地利方面,除强调"只有在有关国家都参加并且奥地利也出席的会议上才能达成最终解决奥地利问题的方案"以外,接受了苏联的倡议,双方就一些重大问题达成了协议。随后,苏联在西方观望迟疑之际,采取进一步的直接行动,同奥地利进行直接谈判,加快解决奥地利问题的进程。4月11日,奥地利总理朱丽叶斯·拉布博士接受莫斯科邀请访苏。4月12日至15日,莫洛托夫为首的苏联政府代表团与拉布率领的奥地利政府代表团进行了会谈。会谈中,奥地利确认,将按照1954年1月柏林会议声明的精神,奥地利不加入任何军事联

---

① Molotov, V. M., "About a World Situation and Foreign Policy of the Government of the USSR.," Krasnaya Zvezda, Feb. 9, 1955, p. 3. quoted from Alexander Fedorov, "Austrian Issue in the Mirror of Russian Media (1945 - 1955)," *Medienimpulse*, number 50, Dezember 2004, p. 38, http://www.Mediamanual.at/en/pdf/50_fedorov_engl.pdf, 2009.02.11.

② 杰弗里·巴勒克拉夫、雷切尔·F·沃尔著:《国际事务概览1955—1956年》,上海译文出版社1985年,第160页。

盟或者将土地借给外国作为军事基地；奥地利将追求独立政策。苏联政府同意，在《奥地利国家条约》生效后，四国应在1955年12月31日前从奥地利撤出军队。苏联和奥地利签订了双边协议，为在奥地利永久中立的条件基础上签订奥地利条约扫清了道路。双方表示，应以最快速度缔结关于恢复奥地利独立和民主的和约。①

苏联的主动行动得到西方国家的支持和欢迎。美苏英法四国外长随后在维也纳同奥地利进行会谈，在《华沙条约》签订的次日，即1955年5月15日签署了《重建独立和民主奥地利的国家条约》，恢复了奥地利的战前边界，确立了奥地利的永久中立的国际地位，强调了四大国于1955年底之前撤军的承诺。奥地利政府则承诺为永久中立完成国内立法。②

《奥地利国家条约》的签署为国际局势的进一步缓和奠定了基础，使美国政府高层对国际局势的判断出现重要的转折性变化，从而为即将举行的东西方首脑会晤创造了必要的氛围。

第三节 改善苏南关系与赫鲁晓夫确立外交主导权

在解决奥地利问题的同时，赫鲁晓夫还在改善苏联和南斯拉夫关系上采取行动，此举进一步体现了赫鲁晓夫的灵活外交，通过南斯拉夫在东西方关系、中立主义运动以及第三世界的特殊地位向国际社会传递了明确的信息，在国内则通过进一步挑战莫洛托夫的外交政策权力而确立了他对外交事务的绝对领导地位。

苏南关系是1948年破裂的，其主要原因在于苏联的大国主义和大党主义。斯大林企图强迫南斯拉夫完全追随苏联的政策以同美国为首

---

① H. Hannak, *Soviet Foreign Policy since the Death of Stalin*, pp. 55 – 56, Document 3: Soviet-Austrian Communique of the Austrian Government Delegation to Moscow, 12 – 15 April 1955.
② 10月24日和26日奥地利下院和上院分别通过了关于永久中立的法律，并于11月5日开始生效。10月25日，奥地利举国欢庆重新确立完全的政治和经济独立。

的西方阵营进行对抗，把社会主义阵营变成受苏联绝对领导的铁板一块。而对于铁托和南斯拉夫而言，他们在二战中主要依靠自己的力量取得胜利并建立了人民民主政权，在战后又在东欧率先走上社会主义道路，因此在东欧深孚众望，与东欧各国间建立了良好的双边关系，甚至和保加利亚擅自达成了建立联邦国的协议。南斯拉夫的独立自主行动自然挑战了苏联对东欧的绝对控制，越来越为苏联所不能容忍。于是苏联制造借口，捏造罪名，诱迫东欧国家和它一起对南斯拉夫进行围攻，攻击南斯拉夫走复辟资本主义的道路，甚至号召南斯拉夫人民起来推翻铁托政府，并把南共联盟开除出九国共产党和工人党情报局，还试图通过各种手段除掉铁托。苏南两国关系由此陷入严重的敌对状态。但这种关系严重损害了社会主义阵营的力量，也严重损害了苏南两国的政治、经济利益。

在苏南分裂问题上，斯大林无疑是最主要的决策者，但莫洛托夫也是主要策划者和执行者，签署了当初导致苏南分裂的一系列文件。斯大林去世后，苏联和南斯拉夫双方都希望能改善两国关系。对苏联来说，改善两国关系有利于瓦解西方对南斯拉夫的拉拢，有利于社会主义阵营力量的增强，便于苏联增强对东南欧地区的控制；而且，南斯拉夫的独立自主精神和不结盟态度在第三世界具有较高的声望，通过改善苏南关系也便于苏联加强对第三世界的交往，有助于苏联扩大在亚非新兴国家以及整个第三世界的影响。①

在这种背景下，斯大林去世后不久，苏联主动向南斯拉夫作出修复两国关系的表示，希望互换大使，恢复苏南决裂后事实上降格的大使级外交关系。此举很快得到南斯拉夫的响应。但是，苏联和南斯拉夫之间的党际关系仍然没有恢复的迹象，而且苏联官方仍然习惯上把南斯拉夫当成资本主义国家。1953年7月31日，苏共中央主席团批准的给苏联

---

① 《国际事务概览 1955—1956 年》，第 170 页。

驻保加利亚大使的指示中这样写道:"苏联同南斯拉夫的外交关系目前正在往正常化方面进行。然而,我们把南斯拉夫看作资产阶级国家。"马林科夫在1953年8月的讲话中也仍然把南斯拉夫与资本主义国家排列在一起。① 莫洛托夫支持重建与南斯拉夫的外交关系,但也仅止于此。在莫洛托夫看来,南斯拉夫绝对不是一个社会主义国家,让铁托重新回到社会主义阵营之中将会在东欧其他国家中鼓励类似的"修正主义",因此,要保持苏联阵营的团结,便不能对铁托进行安抚,而是展示苏联的力量。② 莫洛托夫坚持苏联不能在南斯拉夫问题上承认错误,认为否则就会在东欧国家引起连锁反应。

但赫鲁晓夫很清楚,苏联人认为南斯拉夫在搞资本主义的观点很大程度上是"自己凭空杜撰,自己却信以为真"③。赫鲁晓夫希望恢复苏南两党关系。1954年2月,苏共中央主席团曾讨论提升与南斯拉夫的外交关系,但遇到莫洛托夫、伏罗希洛夫、苏斯洛夫等人的反对。赫鲁晓夫则得到了米高扬的支持。

赫鲁晓夫遂提议中央委员会任命一个专家委员会研究苏联和南斯拉夫两国之间尴尬处境形成的初始原因,以及可能的解决办法。委员会以德·谢皮洛夫为首,成员中包括经济学、政治学、历史学、哲学和法学等多领域的著名专家和学者。委员会在调研了各种材料之后认为,没有任何根据说南斯拉夫是资本主义国家,生产资料、大型商业和银行均掌握在国家手中,农村也有集体农场,国家的权力在人民手中,国家依靠的是工人阶级专政。结论是,南斯拉夫是一个社会主义国家,而不是什么斯大林时期所称的"军事-法西斯专政"国家。这样,"作为冲突基础的全部指控不攻自破了"④。苏共决定与南斯拉夫重新恢复和发展两党间的

---

① 《赫鲁晓夫执政史》,第51—52页。
② William Taubman, *Khrushchev: The Man and His Era*, pp. 267-268.
③ 《赫鲁晓夫回忆录》(第三卷),第2371—2372页。
④ 同上,第2372页。

友好关系。苏共还就此广泛征询并得到了各社会主义国家以及英国、法国、意大利等国共产党的支持与赞赏。①

此后,对南斯拉夫的宣传攻击停止了。赫鲁晓夫也更加坚定地要求立即改善苏南关系。莫洛托夫这时虽不再坚持原先的立场,但又不想承认自己过去在南斯拉夫问题上所持观点的错误,他说,"我们也要看南斯拉夫的态度。在最近几年里,南斯拉夫显然在某种程度上离开了它在第二次世界大战后头几年里所走的道路"②。也就是说,莫洛托夫虽然承认有改善苏南关系的必要,但不想采取主动,也不想认错。在恢复与南斯拉夫关系问题上,莫洛托夫要求南斯拉夫人到莫斯科来进行谈判,但赫鲁晓夫坚持反对。赫鲁晓夫认为,"是我们首先向南斯拉夫人发起攻击的……如若南斯拉夫冒险派代表团前来我国,而又未能在立场上达成一致,这看上去倒好像南斯拉夫前来向我们讨好,而我们却不领情。南斯拉夫人为防止这种情况发生,是不会先走这一步的。应当由我们这个大国和大党采取主动才对"③。同时,南斯拉夫方面也积极准备同苏联即将进行的会谈。1955年春,南斯拉夫外交部起草了同苏联代表团进行谈判的方案,南共领导人并在5月中旬对该方案进行了讨论和确定。

在赫鲁晓夫的坚持下,1955年5月14日,即《华沙条约》签署的当天,苏联公布了赫鲁晓夫将率团访问南斯拉夫的消息。苏联在此时机宣布同南斯拉夫举行最高级会晤,显然有借此加强社会主义阵营内部协调的考虑。在南斯拉夫方面,铁托的反应是小心谨慎甚至是持有保留态度的。铁托在第二天的回应中提出,"我们希望在平等的基础上会谈,我们希望作为一个独立国家进行会谈,我们希望今后跟现在一样,在我们各

---

① 但是,这个委员会的报告有意回避了造成苏南冲突原因及其实质这类要害性问题。参见王家福:《赫鲁晓夫传》,吉林文史出版社1991年版,第450—451页。
② 莫洛托夫1955年2月在最高苏维埃会议上的讲话。引自《赫鲁晓夫执政史》,第53页。
③《赫鲁晓夫回忆录》(第三卷),第2373页。

方面的行动中完全保持独立,我们希望谁也不来干涉我们的内政,我们的内部制度问题完全是我们自己的事情,我们不会允许任何人,不论它来自东方,还是来自西方"①。南斯拉夫还预先向西方国家及希腊和土耳其通报了苏联领导人即将来访的消息,同时还极为坚决地保证苏南会谈决不影响南斯拉夫的外交政策。②南斯拉夫坚决地表明了它将不参加任何集团的立场。5月18日,苏联《真理报》发表文章,在承认两国对于社会发展的一些重要问题在理解上有重大分歧的同时,强调指出,南斯拉夫同苏联恢复正常关系并不意味着南斯拉夫同其他国家关系的恶化,重要的是苏联人民同南斯拉夫人民之间存在着广泛和全面合作的坚实基础。③ 这说明,由于南斯拉夫方面对苏联的戒心、怀疑和保留态度,苏共中央已经认识到,改善苏南关系,已经不可能把南斯拉夫再归入到社会主义阵营中来,新的目标是不必再恢复意识形态的团结,而在于为"和平共处"奠定基础。通过与南斯拉夫恢复关系,并以此作为某种桥梁式的联系加强同西方集团的和解。④

1955年5月26日至6月2日赫鲁晓夫和布尔加宁的南斯拉夫之行,是对莫洛托夫外交事务权力的最后一击,也被西方国家认为是展示苏联理性的旋风外交的继续。苏联代表团成员还包括米高扬、葛罗米柯等人。而曾直接卷入过1948年苏南冲突、反对苏南修复党际关系的外交部长莫洛托夫则被撤除在这一代表团之外。赫鲁晓夫在访问中,比较明确地承认了苏联以往的态度在导致苏南关系破裂上的责任。此举达到了改善苏南两国关系的效果。但是,对于赫鲁晓夫所希望的在两党之

---

① 铁托在普拉的讲话,见《泰晤士报》1955年5月16日,引自《赫鲁晓夫执政史》,第54页。
②《泰晤士报》1955年5月16日,引自《国际事务概览 1955—1956年》,第171页。
③《真理报》1955年5月18日,引自《国际事务概览 1955—1956年》,第171页。
④ 苏联还设想以奥地利和南斯拉夫为一端,以芬兰和瑞典为另一端,建立起一个贯穿欧洲的中立国地带。南斯拉夫则对这种可能的设想表示同意。《国际事务概览 1955—1956年》,第172页。

间"建立起相互信任的关系"的愿望,南斯拉夫方面则显得比较冷淡和迟疑。①

在整个会谈期间,南斯拉夫《战斗报》的报道始终强调,会谈是在两个独立国家之间进行的,而非共产党之间的内部事务。最后两国政府签署的公报中,承认和发展国家间的和平共处,而不问其思想体系的不同和社会制度的不同。按照南斯拉夫的观点,公报指出,在相互关系中,必须做到"互相尊重和互不以任何经济上的、政治上的或思想意识性质的理由干涉内政。因为国内的组织结构问题、社会制度的不同和发展社会主义的具体形式的不同是各国人民自身的事情"。同时,苏联也得到了南斯拉夫对关于中国获得联合国席位问题、限制军备问题,以及在遵照有关人民的"意愿和合法权利"的情况下解决德国和台湾问题等方面政策的支持。② 苏联还同意,免除南斯拉夫欠苏联的 3 420 万英镑的债务。之后双方还宣布加强贸易往来。

无论如何,苏南关系的改善是西方,尤其是美国所不愿见到的,美国只得以继续增加对南斯拉夫的援助力度来确保其与西方之间的关系。更重要的,南斯拉夫通过赢得来自苏联和美国两个超级大国的尊敬,促进了不结盟政策在国际社会的可行性和受欢迎程度,促进了更为广泛的缓和国际局势的运动和呼声,并为国际社会提供了以新的途径解决冷战争端的可能性。

而在苏联国内,莫洛托夫对改善苏南关系的反对并未平息,南斯拉夫对苏联的怀疑和戒心在很大程度上反而加强了反对改善苏南关系的

---

① 在这次双方会谈中,赫鲁晓夫面对南斯拉夫对斯大林的攻击,不得不一再为斯大林进行辩解。因此从政治上,赫鲁晓夫并未为此行作好充分准备,在关键性问题上处于被动地位。虽然早在赫鲁晓夫访问南斯拉夫之前,他即派人调查斯大林时期的肃反工作,但是这项工作此时尚没有得到政治局和中央全会的认定。因此南斯拉夫之行使赫鲁晓夫更加坚定地要反对斯大林的个人崇拜,消除它的政治后果。只有这样,苏联才能在国际共运中重新取得主动权。参见王家福:《赫鲁晓夫传》,第 458 页。
②《国际事务概览 1955—1956 年》,第 173 页。

力量。在1955年7月4日至12日苏共召开的中央全会上,莫洛托夫开始强调,这将降低苏联的威望,等于说苏联之前犯错误了;并且他说,南斯拉夫领导人是"叛逆者,反马克思主义者,和滑入社会民主党阵营的堕落者"。结果,莫洛托夫与赫鲁晓夫进行了辩论。赫鲁晓夫也对莫洛托夫大加批判,甚至以"我们开始了朝鲜战争"为例,指责莫洛托夫推行的外交政策导致了世界与苏联作对。① 在与莫洛托夫的辩论中,赫鲁晓夫得到了所有其他中央主席团成员的响应,莫洛托夫则遭到了其他中央主席团成员的轮番批评。米高扬说他"只是生活在过去,受过去他在苏南争吵时的积怨所驱使",布尔加宁则说他是个"绝望的教条主义者"。② 甚至马林科夫也加入到炮轰莫洛托夫的行列。卡冈诺维奇则极为奉承地说道:"赫鲁晓夫同志做工作,……集中精力,毫不动摇,积极,有胆识,确实称得上是列宁式的布尔什维克和中央委员会的第一书记。"③在众人的批驳之下,莫洛托夫除了为自己进行辩护,也不得不承认,"我认为主席团正确地指出了我在南斯拉夫问题上的立场错误……我要诚实、积极地工作来纠正我的错误"④。之前,苏联领导人指责1948年苏南分裂是贝利亚—阿巴库莫夫帮导致的结果。但在7月中央全会上,赫鲁晓夫突然声称苏南破裂的责任落到斯大林—莫洛托夫身上。这次会议通过了一项决议,"谴责莫洛托夫在南斯拉夫问题上的错误政治立场。……莫洛托夫同志的立场导致强化了与南斯拉夫的不正常关系,把南斯拉夫进一步推向帝国主义阵营"⑤。虽然赫鲁晓夫表示还将努力与莫洛托夫协力工作,"利用他的知识和经验以增强我们的力量"⑥,但此后莫洛托夫的影响力已经大大降低,赫鲁晓夫也完全确立了他在对外事务上的领导地位。

---

① Quoted from William Taubman, *Khrushchev: The Man and His Era*, p. 268.
② David Holloway, *Stalin and the Bomb*, p. 340.
③ William Taubman, *Khrushchev: The Man and His Era*, p. 269.
④ Ibid.
⑤ Quoted from Günter Bischof, Saki Dockrill, *Cold War Respite*, p. 58.
⑥ William Taubman, *Khrushchev: The Man and His Era*, p. 269.

事实上，赫鲁晓夫之所以决心改善苏南关系，最现实的原因是他最担心美国可能会利用南斯拉夫迫使苏联及其盟友后退，并继续向东推进北约。而1955年5月赫鲁晓夫的南斯拉夫之行，无疑正可以用来减弱这种担心，并借此加强社会主义阵营在欧洲的地位。从1953年5月以来，赫鲁晓夫在面对丘吉尔等人提出的东西方首脑会晤时，一直担心由于苏联处于弱势地位而被西方敲诈，直到1955年中，赫鲁晓夫才开始感到更为自信。奥地利国家条约的成功缔结在心理上是非常重要的，因为它给予苏联新任领导人赫鲁晓夫对自己的政治才能以足够的自信。苏联军备项目主要是核武器和导弹项目的快速进步，同样也有利于增强苏联新领导人对自身力量的信心。有学者在分析了50年代中期苏联的政治社会发展情况以及意识形态以后指出，赫鲁晓夫之所以在1955年春夏发动新一轮"和平攻势"，根本原因之一在于他对苏联社会主义发展必然胜过资本主义的高度自信。① 但无论如何，赫鲁晓夫通过一系列主动行动，在国内取得了最主要的政治权力地位，包括掌管外交政策，在国外打破了美国和西方阵营对苏联的政治孤立，改善了国际社会对苏联政策的评价，大大提高了苏联在国际舆论中的形象。通过这些主动行动，苏联也为国际社会热议之中的东西方大国首脑会晤做好了准备。

另外，赫鲁晓夫由于改善苏南关系而大大加强了苏联在第三世界的影响力。② 正是在这一时期，苏联大大加强了和第三世界资产阶级激进

---

① 亚历山大·佩日科夫著：《"解冻"的赫鲁晓夫》，新华出版社2006年。例如该书第308—309页提到赫鲁晓夫在苏共二十大上所说的一段话："苏维埃国家目前正处在急剧上升的阶段。如果形象地说，我们已经登上了那座山，到达了那样的高度，从这里可清楚地看到通向最终目标——共产主义社会的道路上的广阔地平线。"

② 斯大林时期，苏联对第三世界采取了较为谨慎的政策，认为亚非国家获得独立仅仅是形式上的，并不意味着他们真正脱离了资本主义的世界体系。对于印度、巴基斯坦、泰国、缅甸和印度尼西亚这些不久前摆脱殖民附庸而独立新生的国家，苏联与其关系均不太紧密，而且摇摆不定，斯大林一直倾向于把这些国家的政府都看成是傀儡政权。斯大林去世后，苏联对第三世界采取了积极的政策。苏联新领导集体都同意停止武装干涉，加强与第三世界国家的关系，尤其强调发展政府间的关系。

派政权之间的关系,例如印尼的苏加诺、埃及的纳赛尔、印度的尼赫鲁政权等。1955 年 6 月印度总理尼赫鲁访问了苏联,苏共的主要理论杂志《共产党人》(Kommunist)还发表了赞许尼赫鲁著作的评论文章,对印度圣雄甘地也作了更为肯定性的分析。① 1955 年赫鲁晓夫、布尔加宁等人先后到印度、缅甸和阿富汗等国访问。在南亚,赫鲁晓夫强调,苏联愿意在经济上和军事上与第三世界的非社会主义国家合作。赫鲁晓夫指出,世界上,殖民主义和帝国主义是他们共同的敌人。② 通过积极改善和加强与第三世界的关系,苏联加紧了对两大阵营之外的第三种势力的争夺,进一步强化了苏联对世界的影响力。无疑,这对于提升苏联在与西方对话中的政治地位是非常有益的。

第四节 苏联参加首脑会议的基本政策立场

1955 年初,赫鲁晓夫以苏联参加首脑会议的人选问题作为直接原因,最终达到了撤换马林科夫的政治目的。这场和马林科夫的政治权力斗争最终以赫鲁晓夫取得完全胜利而告终。也正是从这时期开始,赫鲁晓夫充分地发挥了他在外交事务上的领导能力。通过 1955 年春以来苏联所展现的令人耳目一新的一系列主动外交行动,苏联彻底改变了以往被德国重新武装问题牵着走的被动局面,打开了苏联外交的新局面,并且出现了加拿大外交官所说的"苏联展示甜蜜理性的旋风"③。出访南斯拉夫、奥地利国家条约的签订,这些都引起美国政府的高度关注。甚至

---

① H. Hanak, *Soviet Foreign Policy since the Death of Stalin*, p. 70.
② 对印度的重视一方面缘于印度在 50 年代国际关系中的显著地位和作用,另一方面可能也是由于尼赫鲁宣称印度也在走社会主义国家之路,"尽管对社会主义的理解不同",但赫鲁晓夫还是认为这是非常好的事情,并欢迎这一声明和这样一种纲领。Khrushchev's speech in Bombay, 24 November 1955, in H. Hanak, *Soviet Foreign Policy since the Death of Stalin*, p. 71.
③ 27 May 1955, FO371/116653, PRO, quoted from Ronald W. Pruessen, "Beyond the Cold War-Again: 1955 and the 1990s," p. 63.

新建立的华沙条约也在很大程度上被认为是一种外交姿态,被用于在关于欧洲安全的谈判中作为一种讨价还价的筹码,而非一种新的冷战举措。在这种情形下,苏联在国际舆论中无疑具有更为有利的道义上的地位,具有更为强大的影响力,赫鲁晓夫等苏联领导人迎接西方挑战的信心大大增长。苏联参加四国首脑会议正是在这样一种背景下进行准备的。

但需要强调的是,赫鲁晓夫等苏联领导人虽然看重这次日内瓦首脑会晤,但并不指望这次会议取得重大突破。苏联领导人同美国艾森豪威尔总统相似,主要指望最高级会晤能创造一种较和缓的政治气氛,使得某些重大争执有可能朝着达成比较有利于己的解决方向发展,而不是企求短时间内出现东西方关系获得实质性进展的奇迹。5月26日,苏联在对西方三国关于举行四国政府首脑会议的5月10日照会的答复中,阐述了对这次会议任务的看法:"四大国最高级会议的任务是要缓和国际紧张局势,增强国与国之间的相互信任。"①1955年7月15日,苏联政府代表团启程赴日内瓦前在记者招待会上发表的声明中再次指出,"如果认为在这次会议上我们能够解决所有复杂的国际问题,那就太天真了"②。赫鲁晓夫自己也对美国人公开表态说,这次会议的主要目的是挑出目前有分歧的各种问题,先处理那些可进行合理谈判的问题,而对那些明显不能解决的问题则留待以后去解决。③ 这种试探性态度跟美国总统的观点有很大相似性。

赫鲁晓夫为什么持这样一种试探性的观点呢? 首先,这与赫鲁晓夫等苏联新领导人所持的基本意识形态立场有关。简单地说,虽然赫鲁晓

---

① "苏联政府就举行四国政府首脑会议事复法(美英)政府的照会(1955年5月26日)",《四国政府首脑日内瓦会议文件汇编》,世界知识出版社1955年10月版,第7页。
② "苏联政府代表团启程赴日内瓦前在记者招待会上发表的声明(1955年7月15日)",《四国政府首脑日内瓦会议文件汇编》,第12页。
③ Memorandum of Conversations at the President's Dinner, President's Villa, Geneva, July 18, 1955, 8–10 p.m., FRUS, 1955–1957, v.5, p.378.

夫提倡与资本主义国家和平共处,但并非没有原则、不讲意识形态的和平共处,而是旨在通过和平共处来发展苏联的实力和战略力量,从而最终胜过美国为首的资本主义国家。

早在1954年初苏联最高苏维埃选举中,苏联新领导层的言论中就开始出现"和平共处"。① 该年3月7日,赫鲁晓夫在《真理报》撰文对苏联外交政策予以阐述,明确地称苏联坚持和平共处的政策。② 除莫洛托夫以外,许多苏共领导人在选举演讲中都谈到了"和平共处"。但是,苏联领导人虽然提出"和平共处",却是主要着眼于在一个相对稳定的国际环境下大力发展苏联自身的经济和实力,而并不期望与西方资本主义国家在意识形态斗争上实现真正缓和。

在很大程度上,赫鲁晓夫正是做到了把意识形态和处理国家关系的实际政策相分离而取得了成功。在处理国家关系的实际政策中,赫鲁晓夫认识到核武器和核战争的毁灭性后果,主张通过实现和资本主义国家的和平共处,从而为此时苏联正在大力进行的农业增产和国内经济发展事业创造良好的外部环境。他不再说社会主义国家和资本主义国家之间的世界战争不可避免,而是承认有可能在不进行世界核战争的情况下实现社会主义的目标。但是,赫鲁晓夫决不同意和平共处意味着和资本主义国家之间在意识形态问题上的和平共处。他提出,在意识形态层面上要与资本主义国家进行和平竞赛。他相信,在和平竞赛中社会主义制度将证明优越于资本主义制度,资本主义国家的人民将最终选择社会主义,从而实现从资本主义到社会主义的和平过渡。赫鲁晓夫在回忆录中说道,"如果得出我们在意识形态斗争的问题上也站在和平共处立场上的结论,那就太荒唐了。这是影响人们头脑的问题。这方面是不能达成协议的"③。在这方面,赫鲁晓夫确实是位虔诚的共产主义信仰者,他甚

---

① David Holloway, *Stalin and the Bomb*, p. 335.
② 引自邢广程:《苏联高层决策70年》(第三分册),第60页。
③ 《赫鲁晓夫回忆录》(第二卷),第1466页。

至被人称为"最后一位真正的共产主义信徒"①。

但是,赫鲁晓夫对意识形态和现实政策的分离又是有限度的。要尽力防止发生世界核大战,但他并不是说核战争是不可能的或看来不会发生的。相反,他不仅认为核战争的威胁是现实的,而且显然还认为核战争是"很可能发生的"。而"一旦帝国主义者发动了两种社会制度之间的世界战争,那就将是两种社会制度之间的决战。在现代历史条件下,这场战争的结果必然是帝国主义失败和社会主义胜利"。所以苏联共产党给苏联武装力量提出的任务,是全面加强战备,提高警惕,为坚决打败侵略者而掌握一切必要的作战方法和兵器。②

因此,能否实现真正的和平共处,一个首要的关键问题还涉及双方的实力对比,尤其是核武库的力量对比。因此在苏联面临美国的核优势之际,谈论和平共处,意味着苏联必须多向美国人作出让步以避免核战争的爆发,这对包括莫洛托夫、赫鲁晓夫在内的许多正统的马列主义者来说都是不能接受的。赫鲁晓夫较早提到和平共处,不能排除其中有策略性的考虑,当然,他也是从一种积极的意义上来预计苏联核武器的发展和看待核武器在苏联对外政策中所具有的作用的。然而在冷战年代,真正的和平共处是建立在双方实力的大致对等和战略均势形成之后。在1955年11月苏联首次试验两阶段氢弹(所谓超级炸弹)成功之后,苏联的核实力大大提升。赫鲁晓夫终于可以硬着底气地说到,他希望这些炸弹永远也不要在战争当中使用。也正是在美苏初步形成战略核力量均势之后,赫鲁晓夫认为东西方和平共处的实力基础业已具备,他充满自信地在苏共二十大把和平共处提高到苏联对外政策总路线的高度,宣称和平共处意味着新的世界大战并非不可避免的。

---

① Robert Daniels, "Krushchev Unburied," *The New Leader*, September/October, 2003, pp. 21-22.
② [美]小约瑟夫·D.道格拉斯、阿莫雷塔·M.霍伯:《苏联核战争战略》,张雪涛译,新华出版社1980年版,第152—153页。

很明显，在1955年7月，赫鲁晓夫的和平共处设想还缺乏一些硬实力的支撑，苏联在面对美国和西方时在硬实力上仍然处于一种相对的弱势地位。在这种情况下，苏联当然难以拿出可以和西方有效抗衡的同等资源来进行谈判，因此先进行试探性接触并了解西方的谈判立场这不失为此时苏联应采取的一种最佳策略。

其次，赫鲁晓夫采取试探性观点，当然还有现实的政治原因。实际上，如果说这次首脑会议双方有共同点的话，那就是冷战双方都愿意在对抗之中进行对话，愿意通过谈判来缓和对抗，并通过试探性接触来探索局部和平交往的可能办法。这看似简单的共同点，在冷战高峰的年代，由于美苏之间的相互隔阂和战略猜疑、追求绝对安全的心理以及对抗性的策略运用，得来实属不易。

当时，美苏双方在一系列问题上存在着难以调和的根本性矛盾，尤其是双方在欧洲政治-军事格局的根本样式上存在着完全不同、针锋相对的主张，双方在各自的战略力量发展方面也基本不存在达成协议的可能性。在具体问题上，苏联在1954年下半年以来尤为关注的三大问题是裁军、欧洲集体安全和德国问题，然而在这三大问题上，苏联深知东西方之间存在着无法妥协的根本分歧。如果把消除这些不同立场当作会谈要实现的目标，就意味着一方要压倒另一方，这非但没有实现的可能，而且会根本取消会议谈判的空间。何况，苏联在即将进行的会晤中明显处于一种弱势地位，不用说实力对比，单单从参会国家的基本格局来看，苏联就处于1∶3的态势，即苏联一个国家对阵美英法三个西方国家。实际上苏联不是不想改变这种必然使自己处于劣势的谈判地位，在1954年夏就曾经成功地使新中国参加了当时的日内瓦大国外长会议，有效地改变了东西方谈判的结果。然而从1954年这次外长会议以后，美国正是认识到新中国的力量，再也不愿参加讨论远东问题的会议，根本拒绝讨论新中国参加大国首脑会晤的可能性。新中国领导人这时主要关注的是台湾问题，并不想实质性参与欧洲问题的讨论，因此苏联也就放弃了类似的提议。

从这样的认识出发,苏联一再强调最高级会晤的中心议题应是缓和国际紧张局势而不要求定出一个明确的议题。美英法在建议举行四国三阶段会议的 1955 年 5 月 10 日照会中,表示希望四国外长能预先争取就具体议题达成协议,然而莫洛托夫在 5 月 15 日签署奥地利条约时与西方三国外长会晤时对此予以拒绝。此后苏联正式同意举行四国三阶段会议,但主张让政府首脑们自己在会晤时确定具体议题。莫洛托夫虽然于 6 月下旬向西方外长当面表示苏联希望日内瓦会议讨论欧洲安全、裁军和东西方经济合作,但并未要求西方事先予以同意。

当然,试探性观点不等于说苏联政府不希望会议取得某种实效。事实上,赫鲁晓夫在 1955 年春主动采取一系列举措,频频向对方释放出实质性的缓和意愿,很大程度上正是本着为首脑会议创造良好氛围的目的。这也正表明,在实力对比中此时尚处于相对弱势地位的苏联,为了自身的安全与发展,更期待首脑会议能够取得一定成效,以改善国家外部环境,从而在和平共处、和平竞赛中赶超美国。在参会的具体政策上,苏联政府的立场主要表现在以下几个方面。

第一,在裁军问题上,提出并坚持 1955 年 5 月 10 日的裁军新建议。

在具体问题上,苏联政府希望在首脑会议上讨论的首要问题是限制军备和禁止核武器,即裁军问题。在裁军问题上,斯大林去世之后苏联新领导人一开始的政策原则是:禁止核武器;安理会五大常任理事国各将常规部队削减三分之一;取消在外国领土上的军事基地。这些原则在 1953 年 9 月 24 日苏联向联合国大会提交的裁军倡议之中得到体现。但这些裁军建议均被西方国家反对。

1954 年 6 月 11 日,英法两国提出联合建议,主张分两阶段将各国常规军备削减至 1953 年底的水平并予以固定,核军备则在常规军备削减完成后亦分两阶段先后予以冻结和销毁。① 苏联表示可以将英法建议当作讨

---

① Matthew Evangelista, "'Why Keep Such an Army?' Khrushchev's Troop Reductions", Woodrow Wilson International Center For Scholars, CWIHP, Working Paper, No. 19, p. 3.

论基础,但主张核军备的销毁与第二阶段常规军备削减同时进行,而不是待其完成后才开始。英法两国对此提出反对建议,将开始销毁核军备的时间定于常规军备削减已完成四分之三之际,条件是苏联同意西方国家在3月29日提出的各国武装部队最高限额(其中美苏中三国各100至150万人,英法两国各65万人),以及同意建立充分有效的国际裁军管制。

事实上,东西方在裁军问题上的不同建议,反映了东西方之间不同的军事力量结构。当时美国拥有显著的核武器优势,而苏联则拥有显著的常规优势,尤其在欧洲。因此他们各自的裁军建议也都旨在尽可能削弱对方的力量而保存自己的实力优势。西方希望最大程度地削减苏联的常规军备,而苏联则希望削弱美国的核优势。

然而,到1955年春,赫鲁晓夫决定改变苏联在伦敦的联合国裁军小组委员会中所持的强硬立场。苏联不再坚持对西方不利的按比例裁减常规军队,而是同意西方国家早先所建议的那样——进行不按比例的大规模常规军队削减。这在以前,毫无疑问是苏联不可能接受的。1955年5月10日,苏联政府向联合国裁军小组委员会提交了关于裁减军备、禁止原子武器和消除新战争威胁问题的提案。这是在赫鲁晓夫的提议下,由苏联外交部拟就的,尽管遇到了莫洛托夫的助手马立克的反对。

该提案建议:1956、1957年内分两个阶段把苏联、美国和中国的武装力量人数裁减到100万至150万人,把英国和法国的武装力量人数裁减到65万人,其余国家的武装力量人数裁减到世界裁军会议所规定的水平。至于有关原子武器和氢武器,在裁军的第一阶段,只规定禁止使用和停止试验这类武器;在裁军的第二阶段,则禁止生产,并从各国军备中除去这类武器。裁军必须在国际监督下进行。①

---

① [苏]阿赫塔姆江等编:《苏联对外政策编年史(1917—1978)》,中译本,商务印书馆1983年版,第128—129页。有西方学者认为,苏联领导人更关心的是如何使宣传效果最大化。苏联5月10日照会建议的所有常规兵力削减都要与禁止核武器相联系,这就使计划的失败成为必然。苏联领导人在该项建议宣布之前,便有信心地通知中国称,不用担心西方会包围苏联秘密军事基地,因为英美集团不会同意消除原子武器并禁止这些武器的生产。参见 Günter Bischof & Saki Dockrill, *Cold War Respite*, pp. 63 - 64。美国政府内部对苏联5月10日裁军建议的关注,见第四章第四节美国国家安全委员会会议关于四国首脑会议政策的讨论。

该建议吸收了英国和法国此前 1954 年 6 月所提建议的主要内容，如放弃在常规部队方面按比例裁减的观点而接受了英法所提议的设定限额的主张；同意设立永久性的控制，而且国际控制机构的监督员可以在任何时候对所有控制目标进行不受阻碍的检查；建议在所有相关国家领土上的主要港口、铁路联轨站、高速公路、机场等地建立控制点，以便察看，使之不会为突然袭击而进行陆、海、空军力量的危险集结；等等。当时苏联参与该份文件起草的罗申（A. A. Roshchin）写到，苏联的 5 月 10 日建议是认真的，它构成了赫鲁晓夫希望改善国际氛围的一种新的方式，这实际上代表着苏联部分接受了西方国家立场。对此，英国和法国的最初反应是积极的，但美国不久就清楚地表明它的反对，尽管美国一开始对英法的那份联合建议是支持的。对此，苏联外交部下属的情报委员会在 1955 年 7 月 7 日的一份报告中指出，苏联的这份裁军建议让美国特别为难。①

5 月 10 日裁军提案构成了此后一直到 1957 年苏联离开联合国裁军小组委员会期间苏联方面谈判立场的基石。在日内瓦首脑会议期间，苏联再次提出这一裁军方案与西方国家进行磋商。在二战后苏联外交记录中，这是苏联最为认真的一次谈判减少欧洲常规兵力的努力。沈志华编译的《苏联历史档案选编》提供了该时期苏联方面有关裁军问题、核武器问题等方面的史料。其中，有关 50 年代后半期苏联党和政府关于裁减武装力量人员的 19 件决议和报告说明，苏联在这一时期执行缓和的对外政策及落实与西方达成的裁军协议方面是认真的、积极的。② 依据新近解密档案材料对赫鲁晓夫时期有关裁军问题的政策立场和实际行动的分析也说明，赫鲁晓夫的大规模裁军虽然有其他方面的动因，但毫

---

① Quoted from David Holloway, *Stalin and the Bomb*, p. 341.
② 沈志华编撰：《苏联历史档案选编》，第 26 卷，社会科学文献出版社 2002 年版，第 587—611 页。

无疑问是有着缓和国际局势和美苏关系的实质性考虑的。①

第二,在欧洲集体安全机制问题上,强调承认和维持欧洲政治版图的现状。

苏联政府希望在日内瓦首脑会议上进一步讨论欧洲集体安全问题。实际上,欧洲集体安全问题1954年以来就一直是苏联对欧洲外交政策的重点之一。苏联政府提出欧洲安全问题的基本意图是,借助西欧国家,包括其政府和公众,要求缓和欧洲东西方对抗的紧张局势的普遍要求,迫使美国放弃其武装西欧对抗苏联的基本政策意图,通过讨论西欧联盟建立后的欧洲安全形势,建立起至少暂时性的相互妥协机制,承认和维持欧洲政治版图的现状,弱化北约作为冷战对抗的政治军事功能和美国对西欧的控制,减弱西方国家对所谓"苏联威胁"的宣传,化解相互安全威胁,为苏联的对欧政策提供更大的空间,为苏联社会主义经济建设提供一段较长时间(苏联所提草案中条约有效期为50年)的安全保障。

苏联政府拟议的《全欧集体安全条约(草案)》的要点有:

所有欧洲国家和美国,不管其社会制度如何,均可加入该条约。两德均可加入并拥有与其他成员国同等权利;条约各国承诺不相互侵略,不在国际关系中诉诸武力或武力威胁,以和平手段和不危及国际和平及欧洲安全的方式解决它们之间出现的任何争端;条约各国认为存在侵略危险时应相互协商,并采取有效措施消除危险、维护欧洲安全;任何一国或国家集团在欧洲对条约各国的攻击都应被视为对所有条约国家的攻击。在这种攻击发生时,条约各国通过行使个体自卫权或集体自卫权,应尽其所能以协助受攻击国家;条约各方承诺不参加任何联盟或缔结违

---

① Matthew Evangelista, "Why Keep such an Army? Khrushchev's Troop Reductions," Cold war international history project Working paper, No. 39. 但是也有学者认为,苏联为日内瓦会议作准备的裁军建议部分程度上是军队现代化和核武器成为苏联军力主要部分的一个副产品。裁减军队是与赫鲁晓夫计划让尽可能多的年轻人参与经济建设相一致的。Günter Bischof & Saki Dockrill, *Cold war respite*, pp. 63-64.

背本条约目的的任何协定;条约各方承诺促进广泛的经济和文化合作,发展贸易和其他经济关系,扩大文化交流。

另外草案中还建议作出一些权宜性的安排:

在该条约实施的第一阶段,即两到三年内,依据该条约建立欧洲集体安全的措施不影响各条约国在以往条约下承担的义务;条约国承诺不采取进一步措施以提升在欧洲其他国家领土上的军事力量水平;条约各国同意在条约生效一段特定时间以后,《华沙条约》《巴黎协定》和《北大西洋公约》均应失效。①

很明显,如果这份欧洲集体安全条约草案能够实现,欧洲的安全环境将根本改善,欧洲乃至世界上东西方对抗的冷战局面也将不复存在。它以一种包容性、地区性的集体安全代替了两大阵营之间的相互对抗,显然带有理想化的色彩,在当时看来也是不可能实现的。然而,苏联政府提出这份条约草案,却反映了其希望缓和欧洲和世界冷战局势的根本愿望。至少,苏联希望阻止或限制西德武装的步伐,并且争取美军撤离设在苏东集团外围的前沿军事基地。苏联驻美大使扎鲁宾和其外交部美国司司长索尔达托夫在最高级会晤第二天私下向美国驻苏大使波伦交底说,苏联设想的是欧洲的某种权宜安排:维持两德分立和东西欧分立;东西方保证互不使用武力、互不增加驻在外国领土上的军队;美军完全撤离欧洲等。②

第三,在德国问题上,揭露西方立场的实质,承认东西两个德国的政治分立。

德国问题实际上是苏联政府在战后以来长期关注的问题。但在《巴黎协定》生效之后,苏联并不想与西方讨论德国统一的问题。苏联领导人当然明白,通过全德自由选举实现德国统一是西方在四国谈判中要谋

---

① "General European Treaty on Collective Security in Europe," FRUS, 1955–1957, v. 5, pp. 516–519.
② FRUS, 1955–1957, v. 5, pp. 386–387;《战后世界历史长编1955》(第十册),第256页。

求的首要具体目标,这在赫鲁晓夫看来,"实际上意味着将社会主义力量逐出德意志民主共和国"。因此,苏联要尽可能阻止西方提出所谓的德国统一问题。实际上,苏联不是不想讨论德国问题,但不愿意按西方的条件讨论德国问题。从1952年到1954年,苏联政府围绕德国统一、缔结对德和约等问题向西方政府发出了十余份照会,苏联的立场是希望实现一个统一的、和平的、中立的德国。甚至苏联决策层在1953年中、1954年底还短暂地有过同意德国进行自由选举以实现德国统一的念头,然而西德重新武装后苏联再也不可能恢复这样的想法,因为苏联即使让步,也是希望成立一个中立、统一的德国,而不是一个在西方阵营内的重新武装的统一德国。在《巴黎协定》生效后,苏联认识到,在西德已经重新武装并加入北约的这种情况下再来谈德国问题是无益的,而且西方会纠缠于所谓德国自由选举问题。因此,苏联提出,如果要谈德国问题,西方必须消除由于西德重新武装和西欧联盟的建立给苏联以及社会主义阵营带来的切实安全威胁,也就是把德国问题和欧洲安全结合起来进行讨论。

而且,在1955年5月《巴黎协定》生效后,苏联考虑到西方重新武装西德政策的现实后果,开始改变以往坚持的不承认西德、只承认东德的做法,逐渐认可事实上的两个德国的局面,显示出苏联的一种现实主义态度。苏联还希望通过同西德政府直接对话,来修复因西德重新武装、西欧联盟通过而给苏东社会主义阵营的安全带来的损害。早在1955年1月25日,苏联最高苏维埃就颁布法令,宣布解除苏联和德国之间的战争状态。5月13日和25日,苏共中央主席团会议两次讨论了发给西德的外交照会。6月7日,苏联正式向联邦德国方面发出照会,呼吁实现关系正常化,并邀请阿登纳在"最近的将来"访问莫斯科以便考虑建立外交和贸易关系并探讨相关问题。苏联的建议没有规定具体的时间表,也没有提先决条件。苏联政府照会称:"和平、欧洲安全以及苏联和德国的民族利益,均要求苏联和联邦德国实现关系正常化。""历史的经验表明,欧洲和平的维护和加强,取决于苏联和德国之间的正常良好关系。""苏联政府出于这样一种认识,即建立和发展苏联和联邦德国之间的正常关系将有助于解决涉及整个德国的突出问题,因此也必定有助于解决德意志民族的主要民族问题——重新建立一个统一、民主的德意志国家。"①苏联的这一做法当时被舆论称为是"外交上头等耸人听闻的事",显示了苏联在德国问题政策上的明显改变。② 另外可以说明这种改变的,还有苏联提交的欧洲集体安全条约草案。在这份草案中,对德国问题是这样说明的:"在一个统一、爱好和平、民主的德国形成过程中,德意志民主共和国和德意志联邦共和国拥有与其他成员的同等权利。"③

到1955年6月,苏联和美、英、法各国就首脑会议的日程和地点已经达成共识。苏联也就首脑会议上将要讨论的各项问题进行了精心的准备和讨论。参加首脑会议之前,苏联正式组建了出席日内瓦首脑会议的代表团。布尔加宁作为部长会议主席,因此担任苏联代表团团长。但是,布尔加宁毕竟刚刚上任不久,而且既不通晓外交政策,也不善于外交谈判,因此很难保证苏联代表团卓有成效地开展工作。而且布尔加宁的实权有限。领导层经过讨论后一致认为,赫鲁晓夫应该参加这个代表团,但赫鲁晓夫没有国家行政职务,唯恐以党的第一书记身份参加会议会令他人难以理解。最后找到一个两全其美的办法,赫鲁晓夫作为苏联最高苏维埃主席团成员参加会议。事实上,正如赫鲁晓夫自己所言,他是很想参加这次首脑会晤的,借此与美英法三国代表团成员结识,熟悉高层的国际政治活动,积累处理国际事务的经验。在得知美国政府把国防部长列入陪同人员名单之后,赫鲁晓夫也将苏联国防部长朱可夫列入

---

① Note to the Government of the Federal Republic of Germany of 7 June 1955, Inviting Adenauer to Moscow for talks, in H. Hanak, *Soviet Foreign Policy since the Death of Stalin*, pp. 57 – 60, Document 4.
② 《国际事务概览 1955—1956 年》,第 177 页。
③ FRUS, 1955 – 1957, v. 5, pp. 516 – 517.

苏联代表团成员。赫鲁晓夫考虑到，朱可夫在第二次世界大战期间与艾森豪威尔关系很好，这样会有助于苏联代表与美国代表进行更好的接触。

  至此，苏联政府内部对参加首脑会议进行了充分的讨论，并通过积极大胆的外交举措扫除了苏联领导人走向首脑会议谈判桌的障碍。作为二战结束以来和斯大林去世后第一次与西方主要领导人的会晤，赫鲁晓夫等苏联领导人对此无疑是非常重视的，而且也显然希望会议能够取得某种氛围上的突破或某种程度的成功。因此，在苏联政府代表团组建的过程中，苏联领导人极力强调要营造一种良好友善的苏联形象。很大程度上可以说，苏联领导人在坐上首脑会议的谈判桌之前，已经通过自身的主动行动明显地缓和了国际紧张局势，从而为争取首脑会议的某种成功打下了基础。然而，苏联所能做出的努力，毕竟是以不损害苏联党、国家以及社会主义阵营的根本、重大利益为前提的，因此也不可能在美苏争夺的地缘政治重心——德国问题上作出任何的让步。对苏联来说，《巴黎协定》生效后，既然不可能争取建立一个社会主义的统一的德国，那就不如承认两个德国分立的现实。从这个角度来看，日内瓦首脑会议的结果，实际上苏联领导人在参会之前就已经确切地预知到了。

第七章 日内瓦首脑会议：议题、争执与结果

从丘吉尔开始提出召开东西方首脑会晤的倡议以来，虽然较长时间内美国和苏联都对召开这种首脑会议犹豫不决，但很大程度上美苏双方又都为这次首脑会晤进行了直接或间接的各种准备。尤其关键的是，美苏双方都加强了自身以核武器为标志的战略性力量，各自阵营的协调一致和力量建设也得到大大加强。到1955年，举行首脑会议显然已经成为国际社会对缓和国际局势与美苏对抗的象征性期盼，国际舆论对东西方首脑会议的期望值也越来越高。在这种情况下，因应国际舆论的需要，出于美苏各自新的对外战略需求，以及试探对手的策略性需要，冷战之中的第一次东西方首脑会议得以最终召开。

第一节 谈判的氛围

1955年7月18日，美苏英法四大国政府首脑、外长及高官政要在瑞士日内瓦宏伟的万国宫济济一堂，举行冷战以来东西方第一次首脑会晤。美国参加会议的代表除了艾森豪威尔总统和国务卿杜勒斯以外，还有国家安全事务特别助理狄龙·安德森，美国驻苏大使查尔斯·波伦，国务院政策设计办公室主任罗伯特·博维等。苏联代表团则有布尔加

宁、赫鲁晓夫,外交部长莫洛托夫,还有国防部长朱可夫元帅。虽然四国代表团正式代表总数仅40人,但参加这次会议的四国总人数达到一千多人,还有数千名来自各国的记者。艾森豪威尔总统回忆,当他到达日内瓦时,他对在机场以及在到美国住所沿路两旁所聚集人群的规模和热情都感到大为吃惊。① 而对第一次参加这种大规模最高级国际会议的赫鲁晓夫来说,印象最深也是最感到难堪的事情是,在抵达日内瓦机场之时,美英法三国代表团乘坐的都是四引擎飞机,"看上去非常威风,尤其是美国,艾森豪威尔乘坐的是一架富丽堂皇的四引擎飞机,而苏联代表团乘坐的飞机却是很不起眼的双引擎伊尔-14。②

本来美国艾森豪威尔总统在会前反复强调过,首脑会议不涉及实质性问题讨论的基本方针,美国并且就此与英法进行了充分的沟通和反复的磋商。对英法方面表现出来的提出某些具体建议的积极性也不断加以压制和削弱,因此美国参加日内瓦首脑会晤并不期望会有什么实质性成果,美国也不会有实质性的提议。然而,实际情况表明,美国并未能完全控制住会议的进程,甚至主动提出了一些较有实质性意义的建议。

在7月18日,即会议第一天上午和下午的两次全体会议上,美法英苏四国政府首脑轮流发表各自的政策声明。美国总统作为四国领导人中唯一的国家元首首先主持该日会议议程并首先发言。艾森豪威尔说道,"我们是应一种普遍的要求而来到这里的,虽然我们无法在几天内解决世界所有问题,但是我们有必要在造成我们之间紧张局势的具体问题以及着手解决这些问题的方式上坦率直言"。艾森豪威尔接着提到他认为应该讨论的一些问题:"德国经由自由选举并考虑到所有相关各方合法安全利益基础上的统一"、"东欧各民族自由选择其政府形式的权利"、

---

① 据称,参加会议的四国总人数达到1200人。见《艾森豪威尔回忆录》(三),第90—94页。据意大利外交部分管政治事务的主任 Massimo Magistrati 称,云集日内瓦峰会的各国记者有1500多人。见 Günter Bischof & Saki Dockrill, *Cold War Respite*, p. 3.
②《赫鲁晓夫回忆录》(第三卷),第1853页。

231

东西方人员交流和接触、国际共产主义活动,以及裁军问题。他还谈到可怕的突然袭击的可能性以及对有效的相互监督的需要。最后,他还敦促为建设的目的而开发使用原子能。艾森豪威尔总统尤其强调了东欧国家政府组成以及国际共产主义活动的问题。这个问题也是此后美国总统和国务卿再三在各种场合向苏联代表提出的问题。

第二位发言的法国总理富尔作了一篇深入的演讲。他在演讲中首先花了三分之二的篇幅重点地谈到了法国人最为关心的德国问题。他的主要意图之一,则是反对通过德国的中立来解决德国问题的设想。富尔对德国中立的反对,完全出自于法国对一个统一的德国的担忧。在此次会议召开之前,英国首相艾登就表达了他仍然热心于通过德国的非军事化中立来解决德国统一问题的想法,法国在此问题上则有着全然不同的主张,因此一开始就先发制人地阐述了法国的观点。之后,富尔还提出了关于裁军的预算控制提议,尽管艾森豪威尔总统在会前与法国政府的会谈中不希望富尔提出这项建议。该提议主张,由一个国际秘书处通过监督预算的办法来限制军备,其原则为"参照前一年的预算逐年削减军费在年度预算中所占的百分比"。[①]

接着,在7月18日下午的会议上,艾登阐述了他那经修改后的"艾登计划"。艾登说道,"我们的目的是确保德国的统一及其自由地选择结盟均不会对任何人产生任何威胁。无疑有许多种方法"。首先,"我们将准备成为一个安全公约的成员,这个安全公约将包括所有这张桌子上的成员,统一的德国也将参加"。"其次,我们还准备讨论并试图就德国及其相邻国家各方的全部军事力量和武器达成协议。要做到这一点,有必要加入一个相互管控的体系以有效地监督这些安排。我们希望这里参会各方以及一个统一的德国都将加入。"艾登说道,为了相互给予某种进

---

① Delegation Record of the First Plenary Session of the Geneva Conference, July 18, 1955, 10 a.m., FRUS, 1955 - 1957, v. 5, pp. 366 - 367.

一步的保证,"肯定应该考虑的事情之一,就是应该准备考查在东西方之间建立一个非军事区的可能性"①。很明显,在修改后的艾登计划中,部分考虑了苏联所希望建立的欧洲安全机制的建议,但根本立场上仍然与苏联完全不同,因为艾登所建议的这些安全安排有一个前提,就是"德国的统一及其自由地选择结盟",换句话说,也就是德国在西方阵营内的统一。

在布尔加宁的发言中,他概要性地说明了苏联政府在裁军、欧洲安全和德国问题、中立主义政策等方面的立场,再次提到了5月10日裁军建议和建立欧洲集体安全体系的倡议,并支持、鼓励中立政策的发展。同时,他对美国总统所提到的所谓东欧"卫星国"以及国际共产主义活动等问题予以驳斥。②显然在第一天的会议中,苏联政府代表团并不准备与西方的观点进行公开的激烈辩论。

从第一天的全体会议来看,美苏双方基本上重复了以前所坚持的一些主要政策,并没有提出多少新颖的内容,正如美苏在参会前一再声明的试探性的基本态度。从英法发表的政策声明来看,也似乎没有明显反映出东西方两大阵营之分。法国和英国在会议上强调了各自的一些在西方阵营内颇有争议的具体政策建议。明显,法国最关心的是德国的威胁,因此极力反对可能导致有助于德国统一并且独立于西方阵营的中立化,英国首相艾登则提出了关于欧洲安全的计划,预示着英国和苏联之间在欧洲安全问题上的某种共同关心。

当然应该指出的是,在会前英法和美国政府代表团之间已经就会议第一天的政策声明进行了充分的交流。譬如对于英国所提建议中涉及的"非军事区"概念,艾森豪威尔就希望改用东西方之间的"间隙(gap)"的说法,但英国方面指出这一概念已经广为知晓,不好弃用,艾森豪威尔

---

① Delegation Record of the Second Plenary Session of the Geneva Conference, July 18, 1955, 2:45 – 5:21 p.m., FRUS, 1955 – 1957, v. 5, pp. 368 – 369.
② Ibid., pp. 369 – 370.

也就不再要求。①

更何况,按照西方的要求并且获得苏联政府代表团的同意,第一天会议中各方发表政策声明时都是对媒体公开的,旨在创造一种良好的会议氛围,英法政府自然也不能放弃这一讨好国内舆论的机会。② 因此,对于会议进程来说,这只是东西方大国之间的第一次接触形式,也意在给世界公众以及各国国内舆论提供一种值得的期待。更重要的当然还是后续的闭门磋商。

确实,对于参会的各国代表团成员来说,更为看重的是私下的交往和非正式的社交活动。艾森豪威尔在会前与法国代表团会谈时就指出,社会交往对于创造信任的氛围是非常有价值的。他说,在会议上不能让苏联有一种受到歧视和被区别对待的感觉,要创造一种信任的氛围,这将有助于以后更好的交往。"如果我们能在各国首脑之间形成一种恰当的精神,那就能令人满意地产生信任。"③艾森豪威尔总统在 7 月 18 日下午大会结束后与布尔加宁、赫鲁晓夫等私下谈话时打趣地说,如果你没见过某个人,你会想他是不是 14 英尺高,并且长着角和尾巴。④ 艾森豪威尔还乘机跟布尔加宁强调说,这里重要的是开始一个谈判的过程,而不是在突出问题上形成决定,但是,如果形成一种新的精神,那将大大地有助于这一过程。⑤

苏联代表团同样非常重视与西方首脑及外交高官的社交活动。赫鲁晓夫回忆道,"除了按照国际惯例举行正式会议之外,各代表团在晚间

---

① Memorandum of Conversations, President's Villa, Geneva, July 17, 1955, 4:30 p.m., FRUS, 1955–1957, v. 5, p. 357.
② Memorandum of a Conversation, Secretary's Villa, Geneva, July 17, 1955, 2:30 p.m., FRUS, 1955–1957, v. 5, pp. 355–356.
③ Memorandum of a Conversation, President's Villa, Geneva, July 17, 1955, 5:30 p.m., FRUS, 1955–1957, v. 5, pp. 359–361.
④ Memorandum of an Afternoon Meeting, Geneva, July 18, 1955, FRUS, 1955–1957, v. 5, p. 371.
⑤ Ibid.

还分别邀请其他国家代表团赴宴或共进晚餐……在宴会上,各代表团可以就它感兴趣的问题向来宾进行试探"①。会议还没开始,美国代表团就收到了来自苏联代表团的邀请,邀请美国代表团于7月18日晚到苏联代表团驻地赴宴。在7月17日下午与莫洛托夫的非正式会谈中,美国国务卿杜勒斯就向莫洛托夫解释说,因为美国总统作为国家元首,按照华盛顿规定不能接受官方宴请,但杜勒斯提出,艾森豪威尔总统希望由美国方面做东宴请苏联代表团的六位成员。②

很明显,美苏双方都想在这种社交活动中相互试探和摸底,表明自己的某些基本的看法,并向对方传递一些有用的信息。在7月18日晚于美国总统寓所举行的晚宴中,对于那些双方都心知肚明存在着重大外交分歧的问题,例如裁军、德国的统一或欧洲安全,双方都没有提及。③苏联代表团希望通过社交活动首先向美国和西方传递苏联的善意,如18日晚宴之前的谈话中,布尔加宁拍着胸脯告诉美国国务卿说,美国人应该相信苏联对美国是没有恶意的。其次,苏联还试图通过这些私下接触让美国人明白,苏联是强而有力的,不会屈从于西方的压力。例如,布尔加宁悄悄地告诉艾森豪威尔,"苏联并不虚弱。事实上苏联从来没有现在这样强大"。布尔加宁说,苏联的生产总值很高,军队强大而且装备很好,自然资源丰富,即使是在战略物资的引进方面也并不依赖贸易,农业生产在两年内也有很大的增长,苏联政府也从未像现在这样得到国内人民的坚定支持。而最近所做的许多事情则使他们更加提高了公众支持度。"因此,如果认为苏联虚弱或者由于虚弱而希望提升与美国的关系,

---

① 《赫鲁晓夫回忆录》(第三卷),第 1856 页。
② Memorandum of a Conversation, Secretary's Villa, Geneva, July 17, 1955, 2:30 p.m., FRUS, 1955-1957, v.5, p.356.
③ Memorandum for the Record of the President's Dinner, President's Villa, Geneva, July 18, 1955, 8 p.m., FRUS, 1955-1957, v.5, p.376.

那就是大错特错。"①赫鲁晓夫在与波伦的谈话中也强调了这一点。②后来在7月20日艾森豪威尔总统和朱可夫元帅的午宴中,朱可夫也向艾森豪威尔表示,苏联有一支强大的军队。③而美国代表团趁机向苏联人强调美国人对所谓东欧"卫星国"和国际共产主义活动问题的关心。艾森豪威尔以及杜勒斯都提出了东欧"卫星国"问题。他们俩都强调说,数百万祖籍中东欧地区的美国人甚为关心这一问题。宴会上,双方还就扩大相互人员交流交换了意见。④

关于远东问题,7月22日,苏联驻华使馆临时代办罗迈进面交周总理一份文件,文件中说,布尔加宁在日内瓦会议开幕时,曾建议讨论台湾和中华人民共和国在联合国的权利问题。艾森豪威尔反对会上讨论这些问题,并根本反对讨论亚洲和远东问题。布尔加宁考虑,美国这种立场受到英国的支持,所以他认为,在私下会谈中可以就亚洲和远东问题交换意见。中共中央在复信中说,"关于四国政府首脑会议,我们完全同意苏共中央的立场和估计"。"我们认为,远东问题应该成为四国会议的讨论对象之一。在台湾问题上,我们同意苏共中央的意见,认为应该把主要力量放在促成中美直接谈判上,因为这种方式的谈判的实现可能比较大。"⑤8月2日,罗迈进在面交刘少奇同志关于日内瓦会议情况文件中说,苏联代表曾同艾森豪威尔和艾登交换过意见。苏联主要注意的是台湾和中华人民共和国在联合国的权利问题。美国也谈到在中国的美

---

① Memorandum for the Record of the President's Dinner, President's Villa, Geneva, July 18, 1955, 8 p. m., FRUS, 1955 – 1957, v. 5, pp. 374 – 375.
② Memorandum of Conversations at the President's Dinner, President's Villa, Geneva, July 18, 1955, 8 – 10 p. m., FRUS, 1955 – 1957, v. 5, p. 378.
③ Memorandum of the Conversation at the President's Luncheon, President's Villa, Geneva, July 20, 1955, 12:30 p. m., FRUS, 1955 – 1957, v. 5, p. 409.
④ Memorandum for the Record of the President's Dinner, President's Villa, Geneva, July 18, 1955, 8 p. m., FRUS, 1955 – 1957, v. 5, pp. 372 – 373.
⑤ "中苏关系大事记之二(1955)",中华人民共和国外交部档案馆,档案号:109 – 01353 – 01(1),第24页。

国飞行员和其他美国人的问题。艾森豪威尔在发言中指出,现在美国不能解决台湾问题和中华人民共和国在联合国的权利问题,并说,为了解决这些问题美国需要时间。苏联的印象是,美国国内主张同中华人民共和国的关系正常化的力量正在增长着。艾登关于中华人民共和国的发言,意思跟艾森豪威尔是大致相同的。①

更重要的,美苏双方就核时代战争问题交换了看法。艾森豪威尔总统非常强调他对核战争的看法。他特意让波伦大使重复了他早前说过的话:过去是"外交失败之时,便是战争来临之日",而现在则"战争已经完全行不通了,外交家们必须走出来"。艾森豪威尔总统颇为急切地告诉布尔加宁,虽然处在核武器的时代,他却是一个传统的军人。他说,当代武器的发展使得真正要使用这些武器的国家将冒着毁灭自身的危险。②

经过初次交往以后,美国代表团确实感受到来自苏联方面的诚意。杜勒斯说,从布尔加宁到最低级别的安全人员,苏联代表团都似乎有极大的渴望要形成一种友好和善意的氛围。他认为,虽然这不是自发的,而是有计划的行动,但这确实有它的意义。关于布尔加宁在第一天大会上的政策声明,杜勒斯也认为,苏联方面有意缓和语调,莫洛托夫曾经表明苏联会提出的三个问题(即世界经济会议、反对战争的具体行动、远东六国会议),结果在其政策声明中没有出现,在对德国的态度上也是闪烁其词,虽然苏联旨在通过大量先决条件"埋葬"德国统一,但也避免了直接冲突。③

---

① "中苏关系大事记之二(1955)",中华人民共和国外交部档案馆,档案号:109-01353-01(1),第25页。
② Ibid., p.376.
③ Telegram from the Secretary of State to the Department of State, Geneva, July 19, 1955, 11 a.m., FRUS, 1955-1957, v.5, p.382.

第二节 欧洲安全与德国问题

欧洲安全与德国问题是这次会议讨论中最核心的内容,这也是东西方不同立场的一次正面交锋。7月19日上午,四国外长开会决定会议议题。美国和西方提出会议应讨论的问题依序为德国统一、欧洲安全、裁军、东西方交流。苏联方面提出的主要议题大同小异,只是排序有变化,依次为裁军、欧洲安全、德国问题、东西方交流。但侧重点有不同。例如美国方面认为东西方交流指的是知识和信息的交流。而苏联方面则主要指经济和文化的交流。最后按西方的说法正式向首脑会议提出。7月19日下午召开首脑会议第三次全体会议,艾登提出了类似洛迦诺公约式的、五国共同安全保障的"新艾登计划",由美苏英法和一个统一的德国来共同承诺进行欧洲安全保障,并试图以五国共同安全保障的方式来化解苏联对德国统一的安全担忧,即先按西方式的自由选举建立一个统一的德国,然后再有五国安全保障机制的建立。而苏联则提出,希望先依照现状达成一项全欧洲的安全协定,即建立起一种欧洲安全机制,然后再在此基础上逐步达成德国的统一。但正是在先有德国统一还是先建立欧洲安全机制的问题上,苏联和西方具有根本性的分歧,这一分歧在首脑会议召开前就一直存在,也一直贯穿在会议过程当中,并差点使会议陷于破裂。

布尔加宁在发言中明确指出,德国的统一取决于西德是否成为军国主义国家,是否参加军事集团。布尔加宁说,苏联不准备提出《巴黎协定》的问题或者西德脱离北约和西欧联盟的问题,因为这不现实,在这种情况下西方所说的德国统一只能是在西方军事集团范围内的统一。基于这一现实,因此,苏联提出,目前德国统一的条件尚不具备,先必须要承认两个德国的现实,应该逐渐地解决统一问题,通过缓和紧张局势和加强国家间的信任来创造统一的可能性。德国的任何一半或者全部德国加入任何一个针对其他国家的国家集团都不会有助于这种国家间的信任气氛的建立。

说到这,布尔加宁话锋一转,指向了英国提出的通过共同安全保障来化解对苏联威胁的提议。布尔加宁质疑道,能够通过安全保障来保证苏联的安全吗?他说,如果在军事上苏联是一个不能保卫自己的弱国,那么这说还可以理解;但苏联肯定不能把自己的安全建立在别人保障的基础之上。因此,布尔加宁强调,首先应该在集团之间减少紧张局势,最好各国之间就禁止使用武装力量并以和平手段解决争端达成协议。两个德国先撇开统一问题加入这样一个公约,将有助于为解决德国问题创造先决条件,缓解紧张局势。下一步再是解散现在的国家集团而代之以欧洲集体安全体系,从而消除由于西德加入北约而给德国统一造成的障碍。欧洲安全问题应该从与解决德国问题相联系的角度去看待。① 因此苏联一开始的立场是,在西德重新武装的现实情况下,反对深入讨论德国统一问题。② 苏联显然不会同意按西方的设想来统一德国,那样只会造成对苏联及社会主义阵营安全的更大威胁。

在德国问题上,美国的立场则是在西德重新武装的现实基础上,尽最大努力为建立一个西方阵营内的统一德国而从苏联那里取得让步,因此他们不愿意承认东德。他们指责苏联不愿让德国重新统一成为一个国家。在这个问题上双方各执一词,分歧是根本性的,结果正如赫鲁晓夫所说,"我们就这样将这个皮球在球场上,准确地说是在日内瓦聚会的各代表团之间的会议桌上,彼此踢来踢去"③。

对于英国来说,虽然其一直热衷的五国安全保障机制仍然是建立在

---

① Telegram from the Delegation at the Geneva Conference to the Department of State, Geneva, July 20, 1955, 10 a.m., FRUS, 1955 – 1957, v. 5, pp. 390 – 392;《赫鲁晓夫回忆录》(第三卷),第 1863 页。
② Telegram from the Secretary of State to the Department of State, Geneva, July 20, 1955, 9 a.m., FRUS, 1955 – 1957, v. 5, p. 403。
③《赫鲁晓夫回忆录》(第三卷),第 1863—1864 页。

西方阵营内的德国统一的基础上,但其立场与美国又有细微的差别,英国主张在北约和华约之间建立起包括德国部分领土在内的非军事区。而美国则反对此类非军事区的构想。7月19日晚英苏领导人共进晚餐并讨论了欧洲安全安排问题,尤其是建立一个包括北约和华约国家在内的欧洲国家互不侵犯公约的可能性。与美国相比较而言,英国在裁军、欧洲安全等问题上离苏联立场稍微接近一些,英苏双方均看重欧洲安全安排问题。显然苏联也希望通过同英国的接触来加强同西方的建设性讨论。通过与苏联领导人的私下接触,艾登似乎得出苏联领导人是出于国内政治压力而不敢同意德国统一的结论,麦克米伦外相也认为可以从苏联人那里榨取更多的让步。在欧洲安全问题上,英国领导人成功地使苏联代表相信,要达成一个全欧洲国家的安全协定是非常困难的,可在英国提议的五国机制基础上适当增加国家数量。而且,英苏代表之间还探讨了北约和华约国家同时加入诸如互不侵犯公约等某种形式的安全协定问题。[1]

  7月20日早上,英国艾登首相和美国艾森豪威尔总统共进早餐。在这次早餐会上,艾登显然是受到头天晚上和苏联领导人共进晚餐时某种信号的鼓舞,极力向艾森豪威尔建议,在德国统一问题上最好在这次会议上能够从苏联方面取得一定让步,否则好像西方接受了两个德国无限期拖延的局面,这会在西德方面产生不利的反应。艾登和艾森豪威尔就此达成共识,要在之后的外长会议上恢复德国问题的讨论,获取苏联在德国统一问题上的让步。而且,按艾登估计,在安全计划之下,西方是有可能从苏联那里取得某些更多的让步的。同时,在欧洲安全问题上,英国也取得美国的同意,要在这次会议上达成有关欧洲安全的某种普遍性原则。艾登极力劝说艾森豪威尔总统同意达成一个由东西方国家参加

---

[1] Memorandum of the Conversation at the President's Breakfast, President's Villa, Geneva, July 20, 1955, 8:30 a.m., FRUS, 1955–1957, v. 5, pp. 399–400.

的、适用于欧洲的、某种特定的军备控制和检查计划。① 由此可见,英国虽然是美国的紧密盟友,由于英国和苏联同样关注欧洲安全问题,虽然根本立场迥异,但艾登熟练灵活地运用了他的外交才能,以至于很大程度上在美苏之间扮演了某种桥梁的角色。

按照会议议程,英国是第三天即 7 月 20 日会议的主持国。英国利用其在第三天会议的主持身份,推进了有关欧洲安全安排问题的讨论。7 月 20 日下午 4 点,首脑会议第四次全体会议召开,讨论主题即是欧洲安全。苏联布尔加宁提出欧洲安全建设优先,并以其早先提出的两阶段计划为基础,即先缔结一个欧洲 26 国安全公约,然后再在安全公约的基础上逐步谋求德国的统一等问题的解决。美国总统则指出德国统一问题的优先性,只有先解决德国统一问题才能谈欧洲安全安排。英国艾登的发言中,则仍然提请各国继续考虑其早前提出的五国安全协定的建议,并照顾到苏联方面的建议,称参加这一安全协定国家的数目可增加,但不必欧洲所有国家参加,这样可减少苏联所建议的全欧洲国家达成一项安全协定的复杂性和困难程度。而且英国称,这一五国安全协定的工作可与德国统一的工作同时进行。② 很大程度上由于英国在欧洲安全问题上成功地扮演了某种美苏之间联系人的角色,英国提出的这一方案也最后被首脑会议接受,成为后续外长会议讨论的基础。

总的来说,在关于德国问题以及欧洲安全的讨论中,美国政府还是觉得对其是有利可图的。至少在议题顺序的安排上,美国代表团原本以为苏联会坚持裁军、欧洲安全、德国问题的顺序,但没想到苏联方面很快就同意了西方主张的德国统一、欧洲安全、裁军的顺序安排。虽然在后来的讨论中,苏联坚持两个德国以及欧洲各国先建立一个集体安全体

---

① Memorandum of the Conversation at the President's Breakfast, President's Villa, Geneva, July 20, 1955, 8:30 a.m., FRUS, 1955-1957, v.5, p.400.
② Telegram from the Delegation at the Geneva Conference to the Department of State, Geneva, July 21, 1955, 10 a.m., FRUS, 1955-1957, v.5, p.423.

系,然后再逐步谋求德国统一的主张,但杜勒斯还是不乏信心地表示:西方三国正协调一致,尽量挫败苏联的计谋。①

第三节 裁军问题与"开放天空"

裁军问题是国际舆论关注的焦点问题,然而一直以来西方在裁军问题上的主张逊色苏联一筹,尤其是苏联1955年5月10日的裁军方案提出以来。在这次首脑会议上,苏联再次将5月10日裁军建议提交大会作为苏联的裁军方案。另外,针对西德重新武装并加入北约、美英法军队继续留驻西德的现状,苏联在会议上还针锋相对地主张各国从国外领土上撤军,向美国施加压力。赫鲁晓夫回忆说,不能容许任何国家的军队驻扎在他国的领土之上,否则就不可能营造出正常的环境,消除紧张局势,确保不干涉这些国家的事务。为此,为了增加苏联立场的力度,不给美国授以把柄,据赫鲁晓夫回忆录称,正是在这次日内瓦首脑会议期间,他决心要解决苏联在芬兰的军事基地问题,并得到了布尔加宁和朱可夫的同意。他说:"既然芬兰还有我国的军事基地,我们又怎能让美国人从别国的领土上撤出他们的军队呢?"②

看重国际舆论的艾森豪威尔总统自然希望在裁军这个问题上有所建树,从苏联那里夺回主动权。基于此,美国政府内部在会前讨论参会立场和政策主张时,对裁军问题作了深入的讨论,并就强调监督检查达成了共识。美国政府准备在这次首脑会议上探讨双方可接受的监督体系问题。为此,艾森豪威尔总统还让总统裁军事务特别助理史塔生,以及提出空中监督建议的总统特别助理洛克菲勒在7月20日早上9点钟从巴黎赶到了日内瓦。但是在会前,美国政府并没有准备提出一项特定的计划,至少没

---

① Telegram From the Secretary of State to the Department of State, Geneva, July 20, 1955, 9 a.m., FRUS, 1955–1957, v. 5, pp. 403–404.
② 正是在这次会议上产生这种想法,并且得到布尔加宁和朱可夫的同意,苏联向芬兰政府提出进行谈判,后来到1955年9月19日,苏联和芬兰签署了苏军撤出波卡拉海军基地的协议。

有就这一问题形成决议。考虑到艾森豪威尔总统早已看到洛克菲勒等人6月上旬提出的空中监督建议,并且后来又听取了国家安全委员会会议关于美国裁军主张的讨论,艾森豪威尔对此问题应该有了比较充分的思考。在开会前一天与英法政府首脑的会晤中谈到裁军问题时,艾森豪威尔还指出,裁军离不开监督检查。他当时说,虽然有些是无法检查的,例如可以在一个小地方隐藏能够摧毁一个国家的爆炸性原料,但武器投送手段等方面是可以检查的,可以通过设计一种相互接受的检查办法,列出将接受检查的项目。他说,如果能够这样做,潜在侵略者发动突然袭击的能力就将大受限制。① 显然,虽然美国政府内部没有作出正式决议,艾森豪威尔还是心里揣着某种军备监督和核查计划来到日内瓦的。

7月20日的早餐会上,英美政府代表团就裁军问题进行了有益的讨论。英国外相麦克米伦指出,苏联言简意赅的"禁止核弹(Ban the Bomb)"的口号在国际舆论中影响很大。如何去反制苏联的主张呢?麦克米伦认为,最好的办法是强调苏联所提建议的监督体系的不完整和不适当之处。在讨论过程中,艾登似乎很迫切地想要艾森豪威尔总统同意接受一项适用于欧洲的关于军备限制和监督计划的具体安排。② 英国政府代表团的主张在很大程度上也更加坚定了艾森豪威尔对空中监督问题的思考。在艾登的建议之下,艾森豪威尔总统也同意建立一种适用于在欧洲对峙的东西方部队的有限的、测试性的检查计划。③ 他并且提出,检查可包括美国的军事基地,并可由美国和苏联相互进行飞越对方领空的空中检查。艾森豪威尔认为,苏联方面已经准确地获知了美国一些军事基地的位置及其大部分情况,因此这对美国方面来说也就无所谓什么损失可言。杜勒斯则担心这会影响到美国方面的军事演习和类似的军

---

① FRUS, 1955-1957, v.5, p.350.
② FRUS, 1955-1957, v.5, pp.401-402.
③ 英美双方并且就这一检查制度的具体内容进行了初步讨论:它不包括苏联,但包括东德和东欧的苏联"卫星国",东方阵营国家将可以检查除英国和美国以外的北约国家。然而7月20日下午6点钟美国代表团内部开会讨论裁军问题时,艾森豪威尔没有提到这点。

事演练活动,然而艾森豪威尔则说,他"宁愿让他们亲眼看到这些"①。无疑,在美国总统看来,如果苏联能够同意这样一种相互飞越领空的协定,那对美国是有利的,因为美国这时对苏联的军事基地知之甚少。②

在7月20日上午与朱可夫的会晤以及共进午餐的过程中,艾森豪威尔再次表示了在裁军领域这样一种检查计划的重要性,朱可夫虽然仍旧强调了苏联方面主张实质性裁军的立场,但也对监督问题的重要性表示认同。③ 很大程度上,艾森豪威尔的心态在此时已经与其参会前的心态发生了很大的变化。如果说在会前艾森豪威尔对会议所持的立场是非常谨慎的,反复声明他并不期望会议会取得什么成果。那么参会以来,通过感受会议的氛围,感受到会议上苏联代表的友善态度、苏联方面对西方各国代表释放的善意及其频繁举行的社交活动、对西方领导人发出的访问苏联的邀请,以及通过同朱可夫的私下会晤,还有英国首相艾登的从中推动,艾森豪威尔对会议的心态出现了某些积极性的变化。这是艾森豪威尔在裁军建议上要提出一项新的"开放天空"倡议的重要原因,希望借此达到对某种会谈成果的推动,并在世界舆论中压制苏联和平主张的影响而起到有利于西方的效果。艾森豪威尔的这种变化可以从7月20日晚他指示国务卿杜勒斯发回美国国内的电报中可以看出。这份电报中,艾森豪威尔称他感受到的苏联代表团的最大变化就是他们所表现出来的"明显的、坚定的友善态度及其对达成某些具体结果的明显愿望"。他认为苏联方面"急于建立某种改变,包括与其余世界更好的关系——至少在表面上是这样"。艾森豪威尔还对苏联在鼓励东西方人员和信息交流方面所表现的诚意予以相当的肯定。最后他指出,"在接下来的三天中,我们当然不能指望有多么大的成果,但是我们仍然希望

---

① FRUS, 1955 – 1957, v. 5, pp. 398 – 403. 其中关于裁军的讨论以及艾森豪威尔对相互空中检查的设想见第401页。
② Memorandum for the Record of a Meeting of the Delegation at the Geneva Conference, President's Villa, Geneva, July 20, 1955, 6 p.m., FRUS, 1955 – 1957, v. 5, p. 427.
③ FRUS, 1955 – 1957, v. 5, p. 412.

取得某些实际的进展"①。

正是基于这种微妙的心理变化,或者说是苏联人的微笑真的如杜勒斯所担忧的那样对艾森豪威尔产生了作用,艾森豪威尔越来越希望通过美国的主动行动来取得某些"实际的进展"。而在德国问题、欧洲安全及裁军问题这几个主要的会议议题当中,最受世界舆论关注的便是裁军问题。在这种情况下,结合7月21日会议将要讨论的裁军问题,艾森豪威尔总统决心要提出酝酿已久的"开放天空"倡议。

"开放天空"倡议源于前述1955年6月份洛克菲勒主持的匡恩提科"弱点小组"的研究成果,当时艾森豪威尔总统就对该项建议表现出浓厚兴趣。后来在6月30日国家安全委员会第253次会议上,杜勒斯也力荐美国在裁军谈判中应特别强调检查和监督。加上这时期美国U-2高空侦察机已经试验成功(该飞机在日内瓦首脑会议前不久已经试飞),美国更有特殊理由对这项空中监督计划感兴趣——即使这项提议被拒绝,它也是美国开始在苏联上空进行U-2高空侦察飞行之前提出来的,这一事实将有可能减弱因U-2飞机飞行而招致的批评。这一"开放天空"设想随后7月份还得到了参联会主席雷德福、总统裁军事务特别助理史塔生、副国防部长罗伯特·安德生以及北约总司令格仑瑟等人的进一步讨论和支持。史塔生来到日内瓦,即怀揣着一份关于裁军问题的建议草案。其中的亮点就是建议在美苏领空进行空中飞行侦察以作为一种监督方法。7月20日下午6点,艾森豪威尔总统在其日内瓦住所召集了美国代表团内部会议,讨论美国在裁军问题上的立场,实际上艾森豪威尔总统这时决心已下,只是就提出这项"开放天空"倡议在美国政府内部进一步凝聚共识并作出部署。会议上,美国总统再次强调了在任何裁军计划中有效的检查制度的重要性,讨论了早上和艾登共进早餐时所提的美

---

① Telegram From the Secretary of State to the Department of State,FRUS,1955-1957,v. 5, pp. 430-431.

苏相互进行空中监督的计划,并得到大家同意以在 7 月 21 日第五次全体会议有关裁军问题讨论的会议上提出该计划。① 但是这项计划当时还有许多地方有待完善和进一步讨论。②

为了达到最大的效果,美国政府代表团还决定在提出该计划之前对英法以及对美国国内均高度保密。7 月 21 日下午 2 点半,即在第五次全体会议开会之前 1 个小时,艾森豪威尔还会见了法国总理富尔,就美国即将可能提出的"开放天空"建议与法国方面进行协调,以防法国总理会再次坚持其"预算控制"建议而与美国的建议产生矛盾,影响美国建议的效果。③

在 7 月 21 日召开的第五次全体会议上,艾森豪威尔正式提出了"开放天空"的倡议。他说:

"我要对苏联代表说,因为我们两大国拥有,无可否认地拥有大量的这种新的和可怕的武器,这会使世界其他地方以及我们两国大大增加受到突然袭击的危险。因此我建议,我们采取实际的步骤,在我们两国之间立即达成协议。这些步骤包括:首先,每一方均向另一方提供其军事设施的全部蓝图,从这头到那头,从国境的一边到另一边,列出这些军事设施并把它提供给另一方。其次,还将我们国境内的军事设施提供给对方进行空中照相——我们将提供我们国境内的广大设施给你们进行航空侦察,你们可以按你们的选择进行充分的拍照并带回国内进行研究。你们也同样地把设施提供给我们进行细查。通过这些步骤,我们让全世界相信,我们在相互之间提供了防止大规模突然袭击发生的可能性,减少了这种危险,缓和了紧张的局势,使一种更为明确、全面和更好的监督

---

① Memorandum for the Record of a Meeting of the Delegation at the Geneva Conference, by Dellon Anderson, FRUS, 1955 - 1957, v. 5, pp. 425 - 427.
② Memorandum for the Record of a Meeting of the Delegation at the Geneva Conference, President's Villa, Geneva, July 20, 1955, 6 p.m., by A. J. Goodpaster, FRUS, 1955 - 1957, v. 5, pp. 428 - 429.
③ FRUS, 1955 - 1957, v. 5, p. 442 - 445.

和裁军体系成为可行,因为我所建议的,我们相信,还仅仅只是一个开始。"①

按艾森豪威尔回忆录所说,这个被称为"开放天空"的计划经过后来的补充,包括这样几个方面的内容:一是交换军事蓝图和地图,双方详细注明在本土或国外基地上每处军事设施的特征;二是在被视察区域,提供相应的检查手段和硬件设施上的方便;三是确立具体的检查方式、方法和规则。②

艾森豪威尔充满热情和期待的"开放天空"倡议在公共外交方面确实取得了巨大的成功,它极大地转移了人们对1955年5月10日苏联裁军建议的注意力。但是这一倡议并没有获得苏联方面的正式响应,尽管布尔加宁在会议发言中懵懵懂懂地对此表示出兴趣,但赫鲁晓夫会后随即表示反对该建议,这令艾森豪威尔总统非常沮丧。艾森豪威尔总统则试图说服赫鲁晓夫认识到开放天空方案的意义,但没有取得效果。赫鲁晓夫一语中的,强调这只是美国的间谍阴谋。而且苏联方面批评开放天空方案只是监督而不是裁军,苏联强调裁军内容应注重实质性的军备裁减。后来苏联方面不少分析也认为美国"开放天空"倡议背后的真正目的是为其此后不久单方面进行的秘密空中侦察活动埋下伏笔。虽然"开放天空"倡议的原初提出者不大可能知道极为秘密的"U-2"飞机计划,但无疑艾森豪威尔总统在日内瓦首脑会议上提出该项倡议时完全知晓并且已经授权开始运作这一空中情报侦察计划了。③

在裁军问题上的美苏分歧还不仅如此。在7月22日晚上召开的外长会议中,苏联与美英法之间在裁军问题的原则性讨论方面暴露了双方更多分歧:苏联坚持应实行包括常规武器和核武器在内的全面裁军,完全禁止核武器;美国只希望讨论裁减常规军备。在裁军讨论的场所方

---

① FRUS, 1955–1957, v. 5, pp. 452–453.
②《艾森豪威尔回忆录》(三),第104页。
③ See Raymond L. Garthoff, *Assessing the Adversary*, p. 11.

面,美国希望优先在联合国裁军小组委员会进行,而苏联则期望外长会议进行讨论。苏联方面认为裁军问题具有很大的政治重要性,应进行高层面的政治讨论,而联合国裁军小组委员会级别不高,仅把裁军问题提交给联合国裁军小组委员会讨论不能反映裁军问题的重要性。① 美国认为,苏联此举意在使外长会议充满裁军问题的讨论而阻碍对有关德国统一问题的讨论。②

除了苏联、美国的裁军建议,法国、英国也都提出了自身的裁军方案。法国富尔总理再次提出了通过国际组织进行预算控制的方案。③ 英国则提出,在东西欧两边达成协议的特定地区,经共同同意,设立联合监督组以建立一个尝试性的军事力量监督体制。④ 当然,比起苏联、美国的裁军建议,英法代表团提出的建议并没有得到会议认真讨论,法国的建议甚至一开始就不为美国所赞同,英国的建议也相对简单笼统,缺乏细节性考虑。

第四节 最后的妥协

从7月19日开始,首脑会议每天一个议题,接连讨论了德国问题、欧洲安全、裁军、东西方交流等四大议题。到23日,首脑会议的主要议题业经讨论,剩下的问题就是讨论确定下一步外长会议将要继续讨论的议程,即确定给予后续外长会议的指令。然而围绕这一问题,美苏双方在欧洲安全、德国问题、裁军问题的议题排序上争执不下。苏联坚定地要求以欧洲安全问题优先,裁军问题次之,最后讨论德国问题;西方尤其

---

① 这是7月23日上午朱可夫元帅在对艾森豪威尔总统拜访时表示的。见 FRUS, 1955 – 1957, v. 5, p. 491.
② FRUS, 1955 – 1957, v. 5, pp. 483 – 485.
③ Proposal of the French Delegation, Geneva, July 21,1955, FRUS, 1955 – 1957, v. 5, pp. 521 – 524; Proposal of the French Delegation, Geneva, July 22, 1955, FRUS, 1955 – 1957, v. 5, p. 525.
④ Proposal of the British Delegation, FRUS, 1955 – 1957, v. 5, p. 524.

是美国坚持德国问题优先。7月23日召开了首脑会议第七次全体会议，也是本次首脑会议的最后一次会议，由法国总理富尔主持。会议的主要内容就是讨论确定对下一步外长会议的指令内容。会议中尚待政府首脑们最后确定的问题，也恰恰反映了苏联和西方之间的主要分歧之所在。

第一项议题，即外长会议的议题排序，这是争论最激烈的问题，也是会议最具实质性的争论。鉴于美苏双方在前面的争论中已经相互摸底，因此艾森豪威尔总统在会议一开始就提出了新建议，即指示外长们建立机制以同时处理这些问题。这也是之前巴黎工作组会议时西方达成的一个基本立场，会议当中英国艾登首相也提出这一方案。但苏联方面一开始仍然坚持其按欧洲安全、裁军问题、德国问题先后排序的基本立场。会议在议题顺序的讨论中暂时陷入僵局并在上午的会议上暂时搁置下来。但在后面几项问题很快达成妥协之后，苏联布尔加宁提出了一项新建议，同意将苏联坚持的会议议程调整为欧洲安全、德国问题、裁军问题。德国问题的地位被稍微提前，苏联方面的主动让步给会议带来了进展，这给下午的会议讨论带来了转机。

第二项议题，即外长们怎样和联邦德国、民主德国以及其他国家代表协调立场的问题，最后美苏双方均接受了英国外相麦克米伦的建议，即"外长们将作出他们认为便于其他利益相关方参与或与其进行磋商的安排"。结果是避免提及了两个德国的名称，反映了西德尤其不愿民主德国的名称出现在会议指令中的主张。①

第三项议题是，关于裁军原则是否要写明苏联提出的禁止核和热核武器。最后苏联代表同意略去该项内容，这实际上是对美国的让步。在这一问题上，实际上美苏英法四国中，只有美国反对禁止核武和热核武

---

① FRUS, 1955–1957, v.5, p.499.

器,其他苏英法三方均同意该项内容。①

第四项议题是,裁军问题是提交联合国裁军小组委员会还是提交外长会议。在该问题上,艾登提出建议,在外长会议处理这一问题之前,先交由联合国裁军小组委员会处理。苏联方面表示同意。美苏双方达成了妥协。②

第五项议题,即最后一项是,裁军原则中是否载明美国提出的优先强调国际控制、检查、报告和透明度的问题。美国艾森豪威尔总统称其不再坚持此主张,这实际上等于是对苏联让步的回报。③

从美苏双方在裁军问题上的相互妥协和让步来看,双方通过会议进一步了解到彼此立场的差异,也并不期望取得重大的实质性协议,重要的只是尽可能试探对方的态度、阐明自己立场并得到国际舆论的支持。而且会议开到最后,美苏双方也都希望尽可能使会议获得如国际社会所期望的成功,即使是表面上的成功。

围绕德国统一问题,23日中午美国方面与西德代表进行了沟通。在西德方面知悉苏联不可能接受德国问题优先于欧洲安全问题之后,西德提出更重要的是在德国统一和安全问题之间建立联系,而不再在议题顺序上浪费时间。西德方面的具体目标是:第一,德国重新统一问题将是外长会议的议题;第二,德国统一和欧洲安全之间的联系得到认可;第三,避免提及德意志民主共和国的名称。④

由于西德在德国问题上立场的转变,下午的首脑会议加快了达成协议的过程。由于会议在前面的讨论中,各方已经就德国问题和欧洲安全问题之间的联系性达成了共识,因此各方同意在议题中把德国问题和欧洲安全捆绑为一个议题。但还是需要确定究竟是按苏联主张的"欧洲安

---

① FRUS, 1955 – 1957, v. 5, pp. 499 – 500.
② FRUS, 1955 – 1957, v. 5, p. 500.
③ Ibid.
④ Telegram From the Consulate General at Geneva to the Department of State, FRUS, 1955 – 1957, v. 5, p. 515.

全和德国问题"还是按西方主张的"德国统一和欧洲安全"来形成最后文本。这时由于排序问题已经不是西方强调的目标,所以经过反复讨价还价,最后在苏联主张的"欧洲安全和德国问题"的基础上达成了最后的文本。最后给予外长会议指令的序言中写道:"法国、英国、苏联和美国政府领导人,出于促进国际紧张局势的缓和、巩固国家间相互信任的愿望,指示他们的外长们,本着德国重新统一和欧洲安全之间具有紧密的联系以及成功地解决这每一个问题将有助于巩固和平的考虑,继续商讨以下在日内瓦会议上已经交流过观点的问题,提出有效的解决办法。"下面的具体议题则分别是:(1) 欧洲安全和德国;(2) 裁军;(3) 发展东西方之间的联系。在欧洲安全和德国问题上,指令的文本分成两段,第一段指示外长们"考虑各种各样的建议",包括苏联主张的欧洲安全公约在内;第二段规定"德国问题的解决和德国经自由选举之重新统一必须在符合德国人民的民族利益和安全利益的情况下完成"[1]。显然,最后给外长的指令以尽可能模棱两可的内容使各方的代表都有可能从中得到自己想要的解释。

第五节 共同的遗产

到 7 月 23 日下午,四大国首脑会晤完成了全部的任务。总体来看,虽然美国在日内瓦首脑会议召开前一直坚持只讨论程序性问题,而不讨论具体实质性问题。但是在首脑会议召开以后,西方的舆论期盼更为热烈,民众的希望更为增长,均望会议有所突破。在这种情况下,美国决策者也确确实实地感受到来自盟国以及自身公众和舆论的压力。

---

[1] Directive of the Heads of Government of the Four Powers to the Foreign Ministers, FRUS, 1955-1957, v.5, pp.527-528.

正是因为面对来自国内外舆论的巨大呼声和各种政治力量的支持①，以及通过会议切实感受到的苏联方面的友善态度，在参加日内瓦会议的过程中，美国对会议的态度经历了一种微妙的转变。这种转变可以从以下几个方面看到。

第一，会议之前艾森豪威尔总统反复说明这次会议不讨论实质性问题，只讨论程序性问题，只是一个开始，不要希望过高。但在会议召开之后，美国反而强调要达成一些具有实质性意义的进展，而且进行了不少具有实质性意义的具体讨论。

第二，关于会议时间，开会前艾森豪威尔多次推托说美国总统国内的职责不允许他离开太长时间，强调只有四天时间，但实际上从7月18日开始到23日结束，会议开了六天。而从他7月16日晚到日内瓦，到7月23日晚离开，前后一共花了整整七天时间。

第三，裁军问题上，开会之前美国内部虽然在强调裁军的监督和检查方面逐步达成了共识，但并未决定要正式提出具体建议，"开放天空"的倡议是在会议举行过程中艾森豪威尔总统根据当时的情况决定提出的。

第四，在欧洲安全问题上，本来艾森豪威尔的态度是非常勉强的。他自己也指出，本来这个问题他认为是超出会议议题范围的，只是在美国代表团内部人员的力荐下（可能指杜勒斯），他才同意接受讨论这一问题。在最终形成对外长会议的指示文本中，还是认可了欧洲安全问题的重要性。

但是，艾森豪威尔的热情在他的"开放天空"倡议受到冷遇以及苏联

---

① 艾森豪威尔在7月25日的全国广播和电视讲话中说，这次去日内瓦得到了国会两党近乎一致的支持，而且他在日内瓦会议期间，收到了国内数千份表示鼓励和支持的电报，有来自个人的，也有来自宗教、商业、劳工等种种组织的。Radio and Television Address to the American People on the Geneva Conference, *July 25 th*, 1955, John T. Woolley and Gerhard Peters, *The American Presidency Project* [online], http://www.presidency.ucsb.edu/ws/? pid=10316.

坚定地拒绝将德国问题置于外长谈判的优先地位以后,也很快就降温了。不过,正如担任艾森豪威尔总统翻译的弗农·阿·沃尔弗斯在其回忆录中所说,这次会晤虽然"没有取得什么实质性成果。但是西方领导人对于苏联领导人的特点及他们之间的复杂关系,却也有了较深刻的体验。这是西方世界对于统治苏联的那些人物进行的第一次仔细观察"①。因此,美国领导人还是获得了很多有益于东西方进一步交往的信息。回国后在与国会两党领导人的会议上,艾森豪威尔还是表示,这次会议的一个突出特征,就是苏联代表团表现出要在友好的氛围中讨论将来的世界问题以及愿意坐下来解决分歧的明显的、真诚的愿望。② 艾森豪威尔在写给弟弟米尔顿·艾森豪威尔的信中说,"此刻,我还不可能给日内瓦会议的最后成果以客观评价。我心里毫不怀疑,我们在那里的一些日子里,我亲身洞察和了解到舍此之外我是绝不可能得到的一些东西。我还认为,仅就在那里所建立的个人接触——在某些场合下,个人友谊——来看,也是不虚此行"③。以至于在1955年10月外长会议未能取得成功之后,艾森豪威尔仍然认为,这次日内瓦首脑会晤"不失为一次有限的成功"④。

赫鲁晓夫从日内瓦回国后也对这次会议感到满意。他在去日内瓦之前,担心西方国家会联手对苏联施以压力,以获得他们所需要的让步。会议虽然没有取得所期望的结果,但是赫鲁晓夫还是认为,这终究不失为一次有益的会晤,而且"我们已设法打破了先前存在于我们周围的隔绝状态"。赫鲁晓夫后来在回忆录中写道:"此次会晤的收获很多。……它为我们提供了同本人相识的机会。我们更好地了解了彼此的立场。"

---

① [美]弗农·阿·沃尔特斯:《沃尔特斯回忆录》,第308页。
② White House Statement Following Bipartisan Meeting on the Geneva Conference, John T. Woolley and Gerhard Peters, *The American Presidency Project* [online], http://www.presidency.ucsb.edu/ws/? pid=10315.
③《艾森豪威尔回忆录》(三),第113—114页。
④ 同上,第117页。

"评估了一番他们对问题的理解与自己有何不同。""这样就可以弄清,可以就哪些问题、在什么基础上达成协议,而哪些问题则不可能达成协议。了解人家,也就容易懂得该如何确立与那些和我们存在着争端的国家的相互关系。这具有重大意义。""总而言之,就认识伙伴、认识国际政治活动家和必须与之生活在和平或者战争之中的各国首脑这个角度而言,在正式和非正式会议上,尤其是在会晤时和晚宴、午宴上相互仔细了解、相互迎合,是大有裨益的。"①

通过会晤,苏联领导人也深切地感受到,西方国家也像苏联一样,急于避免核战争,这是尤其重要的一点。"我们的日内瓦之行再次让我们确信,当时并不存在临战的形势,我们的潜在敌人像我们害怕他们一样地害怕我们。因此他们同样以战争相威胁,尽量向我们施加压力,争取达成对他们有利的协议。另外,他们也知道他们不应超越的界限,而是谨慎从事,正视我们的反抗,明白靠实力、靠敲诈不可能获得他们所希望获得的东西。他们明白,必须将与我国的关系建立在另外的基础之上。这就是此行之所以有益的原因,虽然实际上并未给我们任何东西。"②

赫鲁晓夫回忆:"尽管我们没有达成任何协议,但弄清了在谈判桌上我们可以谈些什么。这是四大国首脑在战后第一次会晤。结果产生了所谓的'日内瓦精神',各国人民都松了一口气,大家都感到迫在眉睫的战争往后推迟了。正是从日内瓦开始了那条漫长而艰难的道路,指引我们走向缓和、缔结禁止核武器试验协定和签署其他重要文件。这条道路既不寻常也不轻松,还有许多事情有待于将来去做。然而也令人高兴地意识到,我们曾站在这条道路的起点,率先前所未有地探索保障和平共处的道路,从日内瓦国际联盟宫出发,沿着一条狭窄的小径前进。"③

---

① 《赫鲁晓夫回忆录》(第三卷),第 1865—1867 页。
② 同上,第 1870 页。
③ 同上,第 1856—1857 页。

对于苏联领导人来说,还有一点具有重要意义,就是这次会议意味着美国以及西方对苏联世界大国地位的承认。这种承认有利于提高苏联及其新任领导人在国际社会,尤其是在整个社会主义阵营中的威望。

但另一方面,对于苏联来说,通过这次东西方之间的相互摸底,也深切地感受到西方阵营的一致性和美国在西方的领导地位(参见图7-1)。在整个会场上,西方三国是联合作战,而苏联是孤军奋斗,力量的悬殊自不待言。

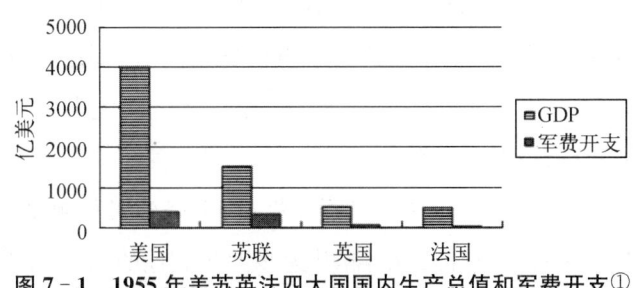

图7-1 1955年美苏英法四大国国内生产总值和军费开支①

尽管苏联频频举行社交活动,希望打破西方的联合阵线,但最终仍然不得不感受到西方在关键性议题上的统一立场。赫鲁晓夫曾经非常强调通过鼓励欧洲中立主义政策的方法来解决欧洲问题,希望在两个对立的政治军事集团之间建立一个中立"缓冲区",并且与北约国家逐渐建立起经济的乃至其他多种形式的和平合作,以求减缓或阻止北约在欧洲影响的逐步扩张。② 在裁军问题上苏联对英法立场的主动接近即是一例。但从日内瓦首脑会议的结果来看,这种政策的效果并不明显。鉴于此种教训,苏联此后更倾向于同美国进行双边接触,越来越希望获得同美国双边直接对话的机会。

通过这次首脑会议,苏联领导人还认识到,对经济杠杆的作用不宜

---

① 资料来源:《苏联和美、日、西德、英、法等主要资本主义国家国内生产总值的比较》,张宏毅主编《当代世界史资料选辑》(第一分册),第671页;《北大西洋联盟参加国的直接军费》,《资本主义国家经济情况1955》,第292页。
② Günter Bischof & Saki Dockrill, *Cold war respite*, p.63.

过分夸大。赫鲁晓夫和米高扬等曾经从30年代苏联领导人成功地吸引大批西方投资和技术援助的历史中,一厢情愿地得出启示,希望这种情况能够再次出现,而冷战则能逐渐平息。赫鲁晓夫天真地希望,大批的西方资本家将在苏联驻美国、德国以及东京的使馆门前排成长队。后来赫鲁晓夫本人也承认了这一错误估计:"我们当时夸大了与西方达成相互谅解的可能性。我们以为,在经历了这样一场大联盟共同对德鏖战之后,我们能够找到达成协定的一个合适基础。"①然而在日内瓦首脑会议上,西方根本不想与苏联讨论扩大东西方经济贸易问题,看来真正被夸大的是苏联在与西方交往中的经济杠杆的作用。因此通过这次与西方的直接接触和谈判,也更加坚定了赫鲁晓夫关于不能指望从美国和西方获得经济实惠的认识。

总的来看,这次会议仍然只是程序性的,但是通过接触加深了相互的认知。虽然所谓的"日内瓦精神"并无多大实质性的内容,美国国内的反共意识形态也并未因这次首脑会晤而显得缓解多少,美国决策者更未放松与苏联的实力争夺,冷战并没有因这次首脑会晤的召开而出现任何结束的迹象。但是,作为冷战对抗年代的第一次接触,对于双方领导人来说,这次会议的召开都有助于彼此了解对方。在两大对立阵营相互的力量认识和政策认知更为理性以后,两大阵营之间的关系机制也就更为复杂化,呈现敌对、竞争和谈判等多重关系,避免了冷战初期简单对抗一味紧张的局面,这或许是远比所谓的"日内瓦精神"更为真实的历史遗产,并且给后来的决策者提供了许多借鉴。事实上,在四五十年代的许多危机性事件和双方交往中,美苏双方都吸取了各种各样的经验教训,这些经验教训在很大程度上塑造了后来数十年中双方决策者处理国际问题的方式。

---

① Günter Bischof & Saki Dockrill, *Cold war respite*, p. 62.

第八章 转变的逻辑

东西方在冷战中举行首次高峰会议的历史过程，较为清晰地展现出特定时期内对抗中的大国交往的基本逻辑。这种逻辑不排除冷战国际关系这一特有历史形态本身的特殊性，然而，它也确实包含着对立性国家在发展相互关系时遵守的某种普遍性模式。

第一节 初次缓和实现的条件

作为冷战开始后东西方之间的第一次高峰会晤，日内瓦首脑会议的召开历经周折，是美苏双方从对抗隔阂、彼此战略猜疑而逐步走向试探对手并取得有限成果的过程，这一成果来之不易。

如何使处于冷战对抗高峰时期的双方走向谈判桌并且取得特定的成果？最根本的一点，当然在于美苏双方战略决策的主动性改变。然而，要达到这一点却是非常不易。经历40年代末到50年代初的冷战对抗以后，美苏双方已经基本上丧失了起码的互信，陷入了相互攻讦、完全敌对的状态，危机频频爆发，局部性热战已然发生，第三次世界大战的阴影笼罩着世界。也就是说，一种绝对的"安全困境"状态已经生成。

因此,在这样的相互关系状态下去寻求缓和,并达到某种程度的缓和效果,是一项特别艰难的事业。从东西方大国走向日内瓦首脑会议并且取得有限成果的历程来看,这一过程必须具备一系列因素的促动,包括国际社会、双边关系和国家内部三个层次环境的某种变动。在国家内部层面上,需要有决策层的变动、出现接近对方的意愿、具备谈判的力量基础等客观和主观条件;在国际层面上,要有得力的推动者,还需要广泛的舆论呼应;在双边关系层面上,则需要有明显制约对抗发展的因素存在,同时双方之间的对抗层级及相互敌意也要呈现减弱的态势。具体来说,主要包括以下五个方面。

第一,决策层及其战略认知的重大变化。

也就是说,存在着对立双方决策层的更替或者决策层面的明显变化时机。1953年春,美苏双方在前后仅隔两个月的时间里均实现了政权的更替,作为冷战起源时期的两国最高决策者杜鲁门和斯大林,一个离任,一个离世,相继离开政权,这给冷战的变化提供了绝好的机会。毕竟,在经历了40年代后期到50年代初东西方之间僵化的全面冷战和局部热战对抗之后,人心思变,东西方国家的民众均希望国际关系的紧张局势能够呈现和缓的状态。在这样的情况下,美苏两国的新领导人也都确实感受到这种时代变化的需要,因此都在大致相同的时间里对前任政府的政策进行反思,并作出新的对外政策决策,或采取了不同于前任政府的对外政策运作方式。

美国艾森豪威尔总统1953年1月上任之时,他面对的战略计划是前任杜鲁门政府1950年通过并得到施行的NSC68号文件。但艾森豪威尔不太同意这份计划,他尤其不同意68号文件导致的高额军费开支。当然,他也认为苏联共产主义对美国构成了严重威胁,但并不认为因此就要给国防部授予全权以同苏联进行军事对抗。相反,他在新政府内阁中财政部长汉弗雷和预算局局长道奇的支持下,坚持认为长期高水平的军事开支导致的经济削弱也像苏联的炸弹一样,会破坏这个国家。因此,艾森豪威尔政府上台伊始,就采取了一种不同于前任政府的对苏政策思路,即着眼于较长时期的与苏竞争,尤其是要与苏联进行最终争夺人心的竞赛,而不是短时间的军事解决。从这一角度出发,就可以解释艾森豪威尔刚上台时为什么短暂地有过愿意与苏联领导人进行对话的意愿。虽然艾森豪威尔一开始与苏联领导人对话的设想遇到了来自美国国务院的反对,但无疑艾森豪威尔确实相信谈判终将发挥重要的作用,包括杜勒斯在内,也都不希望发生与苏联的军事对抗。①

在苏联方面,斯大林去世后,新领导层在内政外交上迅即掀起一股改革的潮流。社会政治上的教条主义框框不断被打破,对外政策领域的改变之风也悄然兴起。确实,新领导集体试图通过缓和国内外的关系来巩固斯大林之后的苏联政权,并确立自身地位。对外关系上的变化是明显的,与此前斯大林深居简出相比,这几年苏联领导人频繁地出访一系列国家,并加大了官方代表团的交流。② 苏联的变化和社会生活的日益开放也引起了国外人士的兴趣,大量的各种级别的外国代表团纷至沓来。在1954—1955年,仅乌兹别克斯坦一地,就接受了59个国家的122个代表团前去参观访问。

对于1953年初的这段冷战历史来说,确实有着偶然的因素,大致同时发生的美苏政权更替给双方的接近提供了历史性的机会。当然,偶然性背后隐含着必然性的因素,这就是冷战对抗在经历了40年代后期到50年代初的急剧发展以后,美苏双方的政治精英和普通民众都对这种剑拔弩张的冷战对抗方式感到厌倦和担心。如果没有这种必然性,那即使政府的更迭也未必就会产生朝着和缓方向变动的可能性,

---

① Raymond L. Garthoff, *Assessing the Adversary*, p. 10. Also see John Lewis Gaddis, *Strategies of Containment: A Critical Appraisal of Postwar American National Security Policy*, Oxford University Press, 1982, pp. 160 - 161.

② 亚历山大·佩日科夫:《解冻的赫鲁晓夫》,第33页。

如果对抗中的一方顽固地拒绝这种和缓的可能性,局势的和缓最终也不可能实现。正是这种偶然性和必然性结合在一起,使得东西方谈判开始成为话题。美苏双方的新政府都很快认识到存在着进行谈判的必要性与可能性。

第二,存在着有力的国际协调者或推动力量。

国际社会存在着极力推动对话和缓和的主要国家和力量,这是促成对立双方较快地达成对话的重要因素之一。

就协调者或推动者来说,必须有相当实力和影响力的国家承担这一角色,而且这一国家与对抗双方,或至少一方具有较密切的关系,并且其立场得到对抗双方的尊重或重视。这样,协调或推动者作为对抗力量之间的一种媒介或协调者,就能较好地在对抗的力量主体之间发挥作用。在相互对抗的双方中,经常又可区分为对抗意愿强的一方和对抗意愿弱的一方。如果这一推动者同对抗意愿强的一方具有非常紧密的关系,那将会更好地发挥推动作用。

在首脑会议达成的过程中,英国首相丘吉尔的推动确实起到了特殊的作用。相当程度上,正是英国首相丘吉尔的极力推动,使美苏双方的新领导层在1953年上半年就不得不开始讨论东西方大国首脑会晤的问题。丘吉尔当然有提高自身的声望考虑以及维护大英帝国地位的意愿,但促进美苏缓和与对话符合了当时国际社会大多数民众的需要,因此丘吉尔的作法受到国际舆论的称道。在这一过程中,丘吉尔利用其与美国领导人的良好关系,不懈怠地敦促艾森豪威尔举行与苏联的首脑会晤。在丘吉尔1955年4月年迈退休之后,英国首相的继任者艾登同样担当了这样一种推动者的角色。艾登利用自己出色的外交技巧,在敦促美国同意召开首脑会议工作组会议以及最终举行首脑会议问题上都发挥了有力的作用。甚至,在1955年4月份以后,艾登在促成首脑会议的召开方面在西方国家中发挥了主导性的角色,艾登提出了旨在捆绑解决欧洲安全和德国问题的一揽子计划,即建立包括东德、奥地利、捷克、南斯拉夫等东欧国家在内的中欧非军事区的设想,并且就此与苏联、美国、法国、西德等各方都进行了紧密的磋商和联系。艾登确实有过这样的想法,即一方面利用英国与美国的紧密同盟关系,另一方面英国也与苏联之间在欧洲安全问题上有着某种程度上的共同关注,因此英国可以在对立的美苏之间担当某种协调者或桥梁的角色。事实上,艾登提出的中欧非军事区计划,虽然和苏联提出的全欧集体安全条约在德国问题的解决途径上具有根本分歧之处,但也还是有着某种程度的共性的,都有着缓和欧洲紧张局势的考虑。但是,也不得不提到的是,英国在这过程中所起的重要作用甚至有喧宾夺主之嫌,以至于美国政府并不赞同艾登所提的计划,并未给予英国的建议以足够的地位。对于苏联政府来说,更看重的是美国政府提出的观点,对于艾登提出的计划也并未给予多大的重视,这也在很大程度上说明了以英国为代表的推动者在两极结构当中所起作用的有限性。

尽管如此,英国的努力和桥梁角色在相当程度上推动了日内瓦首脑会议取得最后的特定成果。英国政府从联系的角度看待欧洲安全和德国问题的方法,提供了一种灵活的解决途径,为美苏在欧洲安全与德国问题孰先孰后的争论上取得程序性妥协成为可能。

除了英国作为国家层面的主要推动者,当时国际社会还存在着要求对话、缓解对抗以及举行首脑会议的广泛国际舆论,这也对美苏双方决策层,尤其是美国,施加了不小的影响力。

第三,存在着制约双方对抗性发展的明显要素。

也就是说,存在着明显制约双方对抗或者使双方希望避免对抗性局势进一步恶化的因素。在 50 年代初的美苏冷战中,这突出地表现在核武器的制约作用。核武器的发展已使其成为制约美苏双方对抗局势进一步恶化的重大因素,在核武器条件下走向全面战争几乎成为不可接受的事情,包括双方的决策者和公众在内的国际社会也都不愿意接受出现核对抗的风险,到 1955 年有 27% 的美国人相信,美苏之间的核战争将导致人类的完全毁灭。① 1956 年 4 月 17 日参谋长联席会议主席阿瑟·雷德福致总统的一份备忘录中也进一步强调:"我们必须强调美国政策的基本原则是阻止任何形式的战争——而不是挑起战争。"② 避免核对抗成为美苏双方政府政策考虑中一个非常重要的内容,为此进行对话也就成为必然的选择。

美国艾森豪威尔政府虽然在其军事战略中一直强调对核武器和核威慑的倚重,但反对发动核战争。虽然美国的核武库相比苏联占有优势地位,但是核武器大规模毁伤的特殊性能使它的威慑性及可能的使用效果均不取决于简单的数量或质量的优劣比较。尤其是苏联在 1953 年 8 月成功地打破了美国对氢弹的垄断后,当时美国国家安全委员会的成员声称,在面对苏联的进攻时,美国任何有效的防御体系在经济上和技术上都无法进行防御。艾森豪威尔由此认为,美国人第一次将自身的安全交到了苏联的手上。在这种互为人质的情况下,对于对抗的美苏双方来说,重要的不仅在于弄清楚谁拥有的核武器更多,还在于准确判断对方使用核武器的意图有多大,判断对方对己方的敌意有多深。尤其后者,这更是一个极其难以判断的问题。在美国政府,这也是每次美国国家安全委员会在制定基本国家安全政策时要考虑的首要问题。在美国国内反共主义盛行的情况下,夸大苏联的威胁总是避免出现政治错误的最好办法。而且,通过夸大苏联的威胁,军备建设和对外援助拨款都会更多地得到国会、公众的支持,美国也可以更好地让盟国保持立场的一致性。在很大程度上,这种对苏联威胁意图的夸大,又与核时代美国国家安全上存在的确确实实的脆弱性担忧相互结合在一起,给公众乃至决策者以

---

① Eugene R. Wittkopf, Charles W. Kegley, Jr., James M. Scott, American Foreign Policy: Pattern and Process,北京大学出版社 2004 年版,第 254 页。
② FRUS, 1955 - 1957, v. 19, pp. 290 - 296.

很大的迷惑性。① 然而,这种夸大苏联威胁的意图及其导致的对军备建设的过分强调,在根本上是无益于美国国家安全的,因为它可能会越来越加剧对手的进攻性意图,而且也不利于艾森豪威尔总统所推行的财政平衡政策。因此,艾森豪威尔在日内瓦首脑会议期间,反复试探苏联代表团成员对于预防性战争的态度,反复向苏联领导人强调核战争的威胁,清晰地向苏联领导人表明自己对核战争的态度,一个主要的目的当然是为了避免核战争,避免因误判而导致核对抗的发生。②

在苏联一方,由于在核武库以及战略运载工具上与美国相比较所处的相对劣势地位,更不希望发生与美国的核对抗。从贝利亚、马林科夫到赫鲁晓夫,在核武器和核战争上的立场都有共同之处,虽然表现方式各异,但都不希望爆发美苏之间的核战争。因此,斯大林去世后,新领导人一方面大力发展核武器,这当然是为了赢得和美国对抗的资本;另一方面,又都极力减缓国际紧张局势,避免造成美苏核对抗的可能性局面。在50年代初,在美国军事基地遍布苏联周围,且其核力量对于苏联居于绝对优势之时,一旦发生战争,苏联绝大多数的部队,还有苏联的城市,都将处于美国战略空军指挥部的飞机直接打击之下。在这种情况下,苏联领导人对核形势的判断,往往成为他们在国际舞台上采取谨慎和低姿态的一个很重要的背景因素。也因此,苏联政府在对外政策上一直强调要构建全欧安全机制,建立相互信任,要求美军撤出设在国外领土上的

---

① NSC 5442, June 14, 1954, FRUS, 1952－1954, Vol. 2, pp. 647－667; Technological Capabilities Panel(Killian) report, February 14, 1955, Office of the Staff Secretary Records, Eisenhower Library; NSC 5515, March 21, 1955, NSC series, OSANSA Records; Allen Dulles to Cutler, June 8, 1955, NSC series, Eisenhower Papers. Quoted from H. W. Brands, "The Age of Vulnerability: Eisenhower and the National Insecurity State", p. 974.
② 早在1953年3月31日召开的国家安全委员会会议上,在考虑削弱军事开支的初步措施时,杜勒斯国务卿就强调说,虽然力量是必需的,但"这种全球性战争的最大危险来自于苏联对美国意图的错误估计"。在地区性的入侵中也同样可见到这种危险,"再也不能有1950年春朝鲜那种混乱形势了,这导致苏联人对南韩采取行动"。FRUS, 1952－1954, vol. 2, pp. 265－266.

军事基地。

日内瓦首脑会议的最终召开无疑促进和提升了美苏双方之间的战略认知水平,使"冷战"趋于理性化,因为美苏双方通过这次首脑会议的交流,都认识到对方不想发动核战争,急于避免核大战。从这个角度来说,相互表明反对核战争的态度和看法,在双方之间达成关于核战争看法上的默契,这是这次首脑会议最大的目的,也是此行最大的收获。正是有了这样一种心理上的保证,再加上随后苏联在1955年11月超级炸弹试验的成功,美苏之间在力量上和心理上都愈益接近形成均衡,美苏双方冷和的局面也正式形成。

第四,双方均具备谈判的力量基础。

强固自身,然后方可与对手进行谈判,这是自古以来谈判制胜的基本原理。在这一点上,美苏双方领导人都体现出精细的战略智慧,着力打造自身力量的稳固和阵营立场的一致,都展现出着眼于自身力量发展的政策主动性。

对苏联来说,在参加首脑会议之前,苏联新领导层迅速达成共识,稳定了斯大林之后的政治局势,并进行一系列主动的政策改变,打开苏联内部经济建设和外交政策发展的新局面,大大改善和加强了苏联的内部力量和国际形象,加强了社会主义阵营的团结和实力。1954年下半年以后,以赫鲁晓夫为代表的苏联新领导层通过核武器、战略运载工具的大力建设和军事理念的调整,大大加强了以核力量为代表的苏联军事力量建设;通过大规模推进农业垦荒运动、改革工业管理体制、改组中央经济计划管理机构等一系列经济调整和改革举措,促进国民经济发展;同时在国外通过强化中苏同盟大大加强了社会主义阵营的力量建设。更重要的,赫鲁晓夫以权力斗争的手段和方式排挤了马林科夫,以自己的老朋友布尔加宁取代了马林科夫的部长会议主席职位,从而确立了自己在苏联党政系统中的最高权力地位,这大大增强了苏联政府决策的效率,有助于处于冷战激烈的国际斗争中的苏联适时决策和有效应对各种情况的变化。1955年春继华沙条约组织成立之后,赫鲁晓夫又相继在奥地利问题、苏南关系等问题上力压莫洛托夫的反对,采取大胆主动的外交举措,展示了"甜蜜理性的旋风",大力改善国际紧张局势,广泛赢得了国际舆论的支持和赞誉,排除了谈判桌上不必要的障碍和阻力。因此,可以说,在首脑会议召开之前,苏联已经加强了社会主义阵营的实力,并为缓和作出了精心的准备,在国际社会产生了巨大的声势和积极的影响。正如苏联领导人在参加日内瓦首脑会议时所认为,苏联在1955年春夏之交已经采取了一系列的主动行动,接下来就要看西方的态度了。

可从另外一个角度说明苏联领导人对自身实力非常敏感的一个事例。这便是赫鲁晓夫后来在不同场合反复回忆他乘飞机到达日内瓦时的场景,他的双引擎伊尔-14比起西方各国富丽堂皇的四引擎飞机显得落后而寒酸,这使他耿耿于怀,以至于随后赫鲁晓夫和布尔加宁到英国去访问时,干脆乘坐新式的巡洋舰去。虽然这些只是力量的外在表现形式,但在苏联领导人看来,任何可能的力量虚弱迹象对于苏联来说都是不利的,在国际舞台的斗争中,苏联要做到尽量在任何方面都不输于对手。

对美国来说,"实力地位"更是经常性地被总统、国务卿等高层决策者反复强调。这种"实力地位"政策的目的,在于增强西方阵营与苏联对抗和谈判的力量基础,增强美国在西方世界的领导地位,并削弱苏联在国际上的影响。当然,在这一政策执行的过程中,除了针对苏联这个最主要的对手,美国还要影响和控制其主要的西欧盟国。面对西欧主要盟国——英国和法国政府一再提出要召开东西方首脑会议的要求,尤其是英国首相丘吉尔在这个问题上的不断敦促,美国不断强调要以加强西方实力地位的建设为前提。这种实力地位的建设,在远东的局势得到暂时平稳以后,也就是要实现西德的重新武装并将其纳入北约。在这一目的未达到之前,美国坚决不同意与苏联举行高层首脑会晤。有学者指出,杜勒斯最擅长于通过长时间的、费劲的谈判去赢得最终的结果。① 在美国看来,当时苏联政府对西方屡次提出的外交照会的目的也正是要阻挠西德的重新武装及其加入北约。当美国政府极力推进的《欧洲防务共同体条约》遭遇法国国民议会反对之时,杜勒斯甚至扬言要对欧洲政策进行"痛苦的重新评估"。杜勒斯坚持,美国没有责任要为西欧国家的安全和经济发展承担义务,除非欧洲自己提高他们对北约的承诺并且同意德国进行重新武装。美国还希望一直敦促召开首脑会议的英国丘吉尔政府对法国施加影响。直到 1954 年底,当法国国民议会通过了作为失败的《欧洲防务共同体条约》的替代选择——《巴黎协定》之时,美国才开始考虑与苏联举行首脑会议。到 1955 年春,虽然在英法的强烈要求下,美国最终不得不同意启动关于为首脑会议作准备的西方三国工作组会议,但也是等到法国承诺了《巴黎协定》的最后生效日期之时。这样,对美国来说,既确保即将成立的西欧联盟免于受到苏联的分化离间,又通过拖延策略压使法国最终批准了《巴黎协定》,确保西德的重新武装。在这整个过程中,以艾森豪威尔总统为首的美国决策层对苏联新领导层的政策立场以及美国自身面临的形势进行了仔细的讨论和评估,并最大限度地凝聚西方阵营内部的共识,尽可能地维护、促进和增强美国和西方的战略利益。很大程度上,美国决策界在不同时期采取的有意拖延和主动性的策略变化都对首脑会议的召开过程产生了极大的影响。而且,美国希望得到的东西,实际上很大部分在会议召开之前就已经得到。

在经过一系列内政和外交的准备之后,美苏双方各自的政策实施都取得颇为积极的效果,美国的实力地位政策初见成效,在西德重新武装后,整个西方阵营正感到踌躇满志,觉得自身力量达到从未有过的强大状态;苏联此时也是政局稳定,军事、经济力量均正在大力发展之中,赫鲁晓夫自信满满,等待着西方大国的挑战。因此在 1955 年夏天,两大阵

---

① Frederick W. Marks Ⅲ, *Power and Peace: The Diplomacy of John Foster Dulles*, p. 52.

营的对垒态势非常明显,美苏双方政府决策层均对自身的力量发展态势颇为自信乐观。在这种情况下,双方都觉得具备与对手进行谈判的手段和资源。从这种地位出发,日内瓦首脑会议得以召开,并且美苏双方领导人都从会议中获得了较为满意的观感。

第五,敌意对抗心理的减弱和谈判意愿的建立。

也就是说,双方社会政治层面的相互对抗心理、猜疑程度有所降低,出现接近对方的意愿,这不仅表现在决策者层面,也要表现在公众层面。

当然,这种敌意的减弱对于相互对抗的两个国家来说殊非易事。当艾森豪威尔上台时,美国政府面对的是已拖了近三年的朝鲜战争。当时,以杜勒斯为首的美国共和党人批评杜鲁门政府的政策过于软弱以至于诱发了斯大林在朝鲜半岛的军事冒险,并且因害怕斯大林的军事干涉而造成战争的拖长。对于刚上台的共和党政府来说,它的首要任务便是迫使共产主义者重新回到谈判桌,结束这场旷日持久的战争。为此需要不惜采取更为强势的政策来压制苏联和共产主义,甚至公开扬言要动用核武器扩大战争。这种情况决定了艾森豪威尔上任之初美苏以及两大阵营之间在安全上的高度对抗状态。再加上麦卡锡主义运动正在美国社会猖獗一时,美国在社会政治上深陷反共的意识形态恐怖之中。这样,美苏双方虽未发生公开的直接军事对抗,但实际上处于全方位的对抗状态,双方之间的间谍战也盛极一时,美苏之间根本无任何缓和与对话的可能性可言。

斯大林去世后,苏联新领导层迅速地释放出善意,表示愿以和平的方式解决东西方之间存在的一切悬而未决的问题,同时放松对人员交流的控制,允许一些非俄国人的苏联妻子离开苏联。斯大林时期曾于1947年立法规定禁止苏联人和外国人通婚,现在也被悄悄地予以废除。在外交政策上,新领导集体采取一系列缓和性措施,并且几乎是在斯大林去世后就立即采取了主动措施以寻求结束朝鲜战争。苏联政策的改变是导致朝鲜战争于7月份签署停战协定的重要因素。苏联新领导集体采取的这些主动措施缓和了国际紧张氛围,为东西方冷战的"解冻"创造了条件。

朝鲜战争的停战固然是东西方之间缓和紧张局势的一个起点,但美苏双方之间的安全困境随着迅速展开的热核武器竞赛而愈显加剧。苏联在1953年8月份氢弹试验的成功,进一步加剧了美国人对自身安全的担忧。杜勒斯这时还对西方阵营因拖延欧洲防务共同体条约而表现出来的虚弱忧心忡忡。美国政府遂极力实行西德重新武装等"实力地位"的政策,美苏双方的战略对抗在表现形式上进一步加剧了,但同时美国人也不得不考虑规避核战争的风险,为此,既要加强对苏联的力量抗衡和核威慑,还要考虑与苏联进行对话,减少苏联对美国意图的战略误判。1953年12月,艾森豪威尔在联合国大会发表的"原子用于和平"的演说就提出了类似的谈判建议,姑且不论其意图。1954年初,间隔多年的东西方大国外长会议也终于得以在柏林重新召开。但对于美苏双方来说,这些试探都只能是象征性的。美国没有准备坐下来与苏联谈,苏联这时也没有做好与美国谈判的准备。

1954年夏日内瓦会议关于印度支那协议的达成,以及西方在《欧洲防务共同体条约》上遇到的挫折一度给苏联外交以很大鼓舞,苏联政府决心加大敦促西方与苏联进行谈判以解决欧洲问题的力度。然而,这时美国明显因西德重新武装问题面临阻挠而缺乏谈判的意愿。

直到美国成功地寻找到重新武装西德的替代性方法以后,国际形势的变动,西欧盟国的推动,苏联局势的变化,都使美国政府决心重估与苏联谈判的态度,通过谈判再次确立西方的主动地位,达到演变苏联的目的,这成为美国政府政策关于与苏谈判的新设想。而且,重要的是,美国的麦卡锡主义运动这时逐渐退潮,美国社会的顽固反共反苏心理稍有缓解,意识形态的敌对心理稍有放松,这也是艾森豪威尔总统能够参加与苏联首脑会晤的有利因素。而对于苏联来说,这时赫鲁晓夫开始掌控局势,虽然并不放弃根本上同美国的意识形态对立,但确实想通过谈判来促进国际形势和欧洲局势的缓和,达到和平共处,为苏联的国内发展提供一段长时间的战略缓和环境。

以上五个方面的因素基本说明了美苏双方领导人从高度对抗走向会晤的转变轨迹。从重要性上来说,这五个方面的因素依次加大;但从逻辑性上来说,这五个方面又是依次展开。虽然在一般情况下,国际关系中安全困境的化解总是一个绝对困难的话题,但通过对1955年日内瓦首脑会议得以召开和初次缓和得以实现过程的分析,还是可以发现些许有助于破解这一难题的启示。

第二节 缓和与转变的限度

尽管美苏走向日内瓦首脑会议的过程展现出部分破解冷战安全困境的意义,但同时也确实需要指出这次缓和的限度,并直接导致首脑会议最后成果的有限性。这种限度是当时冷战的大环境以及基于这种环境的双方政策所决定的。

从宏观层面来说,50年代中期冷战初次缓和的成果实际上主要局限在欧洲地区。经过20世纪40年代末的柏林封锁,到50年代中前期围绕德国问题的一系列外交斗争,到1955年,随着西德重新武装、两德的分裂态势固定化,以及华约与北约两大政治军事组织各自以东西两德为前沿确立在欧洲的对垒形态,美苏在欧洲争夺的态势也相对固定下来,在日内瓦首脑会议上,东西方也更清楚地试探和摸清了对方的底牌并相互间某种程度上认可了欧洲的现状,这因此避免了美苏双方因企图获得更大好处而招致的局势不稳定。而且,在美国对苏关系上,出现了较为理智的判断和主张。NSC162/2号文件实际上早已准确地预见出,苏联尽管有强大的军事力量,但不会主动攻击西方。包括乔治·凯南、查尔斯·波伦大使、沃尔特·乔治参议员、米尔顿·艾森豪威尔等人,都主张更为理智地看待对苏关系,支持与苏联进行有限度的接触和谈判政策,主张在与苏交往中顾及苏联本身的安全感受。美苏关系上某种程度的缓和因此具备了一定的现实基础,而作为冷战对抗重心的欧洲地区,自然首先、很大程度上也是最主要地反映出这种缓和的考虑。实际上,主张缓和的决策界人士主要的着眼点也是放在欧洲地区。

但是,在美国对华关系上,虽然在50年代中期新中国领导人响应了苏联政府的缓和政策,在台海问题上采取了主动的和缓姿态,中美之间也由此于1955年8月开始了在日内瓦的大使级会谈,甚至杜勒斯在这期间可能也有过改善中美关系并达成与新中国交往的某种安排的想法,但是由于朝鲜战争后,美国国内很难改变对新中国的敌视心理,而且支持台湾蒋介石政权的"中国帮"势力强大,因此美国政府仍然坚持敌视新中国的政策。中美大使级会谈在初期就双方平民遣返问题达成协议以后,中方代表曾迅即提出消除对华禁运和准备高一级会谈两个主题,希望通过消除禁运和外长会谈,寻求缓和台海地区紧张局势,促进两国来往,改善相互关系。但美国却提出先讨论在台湾地区除防御外不使用武力问题,妄图阻止中国人民解放台湾。美国并坚持只有对"放弃使用武力"的问题达成协议后,才能讨论禁运问题。正是由于美国的蓄意阻挠,此后的大使级会谈没有取得任何实质性成果。而且,结合整个冷战的大格局来考虑,离间中苏同盟也是美国政府重要的政策目标之一。NSC162/2号文件即预计到中苏之间可能会出现利益的不同。美国政府此时采取的相应政策便是促成中苏之间的矛盾和分歧。而具体的策略,则是通过对中国施压而与苏联谋求有限缓和,促使新中国更多地依赖和求助苏联,以造成新中国越来越多的要求使苏联难能满足的局面,从而使中苏之间出现更大的矛盾。

由于美国政府对新中国的根本敌视政策在50年代这次美苏缓和的过程中并没有缓解,新中国虽然支持也参与推动东西方的缓和进程,并向美方释放改善关系的诚意,但没有得到美方的相称回应,加上日内瓦首脑会议讨论的主要都是欧洲相关议题,这些都约束了新中国对于缓和的真正热情。因此构成远东态势核心的中美关系经过短时间相互试探后,迅速回归到针锋相对的较量,这决定了远东局势在此后相当长一段时期内仍然处于危机频发的境地,以至于美国最终对印度支那实施军事干涉。从50年代后期到70年代前期,欧洲除了发生第二次柏林危机外局势相对平稳,亚洲基本上取代欧洲成为美苏对抗的新热点地区。艾森豪威尔政府鉴于在欧洲的对抗趋向缓和,因此把战略关注重点转向非欧洲地区,包括中东和远东地区。苏联方面,在雅尔塔体系的战略边界以外,即所谓的"中间地带"获取苏联的新地缘战略利益,则是其在冷战时期的传统政策。双方由此在亚洲、中东、非洲等广泛地区展开了新的争夺。由此可以看出,冷战初次缓和的地缘局限性非常明显。

从具体政策层面来说,缓和的限度深植于美苏双方政策之中。对于苏联来说,首脑会议的召开主要是苏联新领导层对其缓和政策的一次检验。即使是到了1954年下半年赫鲁晓夫确立了在苏联的政治领导地位以后,苏联领导层内部尤其在对外事务上仍然存在着尖锐的意见分歧,并且经常呈现激烈的辩论。这突出地表现在赫鲁晓夫和莫洛托夫之间的分歧上。分歧的实质,其实在于这种谈判可以达到一种什么样的程度,或者说,缓和在多大程度上符合苏联党和国家的根本利益。莫洛托夫从列宁、斯大林那里继承了正统的意识形态信念。他对社会主义与资本主义世界作了清楚的区分,认为两种意识形态之间的竞争只能通过暴力斗争来解决。因此,他并不支持向资本主义国家进行妥协,认为任何这种妥协只会在未来的战争中削弱社会主义阵营本身。相应的,他的外交政策设想主要是加强苏联以及社会主义阵营力量,并通过和平的策略来发现、利用美国与其西方盟友之间的矛盾,鼓励资本主义国家内部的进步力量发挥更大的主动性。因此,他总是在坚定本身立场和原则的情况下,从斯大林时代的那些复杂的外交斗争中去寻找与西方打交道的方法、技巧和路线。

对于赫鲁晓夫等新一代领导人来说,他们习惯了快刀斩乱麻的行事方式,同时由于对外交事务又知之甚少,基本没有外交政策决策和实践的阅历和经验,因此不囿于传统的外交理论原则,主要依靠自身的感性认识来思考对外关系。而且,正因为他们不是专业的外交家,他们处理外交问题很少受制于传统的外交方式,也不遵循专业的外交模式,他们思考问题的出发点是国家的全局性政策,尤其是着眼于国内社会主义制度的建设。从国内的角度看外交,根本不同于外交家本身的思考。正是从苏联国内的政治经济和社会发展的角度,赫鲁晓夫感到需要迅速地采纳一种灵活的外交政策来缓和国际紧张局势,营造有利的国际环境。但在赫鲁晓夫执意于灵活的外交路线之时,来自于斯大林时代的传统意识形态观点仍然会制约他的主动性。毕竟,斯大林的遗产仍然是非常强大的。[1] 因此苏联新领导层采取的改革路线也往往是进一步,退半步,过程也就显得曲折和艰难。在这样的情况下,苏联政府内部的决策显得颇为敏感和脆弱,很容易受到外部因素的影响而引起争论。西方对苏联政策的反应往往被苏联决策者拿来检查自身政策的效果,并作为下一步政策决策的参考。所以在这种意义上,这次日内瓦首脑会晤的过程和结果,苏联方面主要把它看成是对赫鲁晓夫所倡议的政策路线有效性和可行性的一次检验,并不期待取得多大的实际成果。

对于美国及西方来说,首脑会议主要是试探苏联底线、向苏联施加更大压力并取得更大让步的机会。到 1955 年中,整个世界已经明晰地划分成两大阵营,即社会主义阵营和资本主义阵营。不过,在这一基本冷战态势中,凭借着强大的政治、经济和军事力量,美国和西方占据着相对优势的地位。很大程度上正是基于此种优势地位,美国政府在欧洲成

---

[1] A. Pyzhikov. 在其著作 *The Khrushchev Thaw*(Moscow, OLMA-PRESS Publishers, 2002)中提出,其实,赫鲁晓夫也并非是改革的先驱者,他的改革并不是自发的,而是源于战后 1945—1953 年的斯大林时期。他利用新解密的档案材料分析指出,共产主义建设的整个计划,以及其中的某些内容,如将无产阶级专政转变为全民国家、调整经济优先以发展消费品生产、在外交政策上发展和平共处以使得在资本主义包围下建造共产主义成为可能等等,这些在战后年代在理论上都是可行的,特别是在 1947 年 VKP(B)计划草案中得到具体体现。亚历山大·佩日科夫:《"解冻"的赫鲁晓夫》,第 2 页。

功地实现了西德重新武装之后,艾森豪威尔总统也更倾向于从一种长时间的角度来看待东西方之间的冷战,着眼于一种长时间的"赢得人心"的竞赛,不希望发生与苏联之间的核大战。简单地说,艾森豪威尔总统的基本态度就是:接受现实的冷战基本态势,避免核战争,同时保持对苏联的压力,渐进式地演变苏联和东欧国家。

在这种情况下,如何或者说在多大程度上保持美国在力量和政策上的警惕性以及对苏联的压力,必须保持对苏联内部情况的了解。而在隐蔽行动手段仍然存在着相当大的制约性的情况下,摸清苏联的内部力量发展情况,试探苏联决策层对美政策的真实态度及其军事准备情况,尤其是苏联有无对美发动突然核袭击的意图,这是美国人非常关心的问题。美国领导人一直在揣摩苏联决策层的意图。杜勒斯更是一直以自己对列宁斯大林著作的熟悉而自夸,希望通过马克思主义经典作家的著作研究而分析苏联的意图,认为社会主义国家的根本目标是统治全世界。然而,经典著作并未能解决现实政治中的难题,尤其是核武器导致的国际关系变化。

实际上正是在对苏联保持何种程度的压力方面,美国政府决策层内的观点也不乏歧异。艾森豪威尔在应对苏联威胁方面显得要从容一些,经常强调赢得"人心"的竞赛,要着眼于长时间的冷战,并且强调不能把美国变成一个军事化的国家,在具体的政策主动性上因此也显得比较谨慎,政策决定及政策的变化也比较慢。比起艾森豪威尔总统而言,杜勒斯国务卿显得更为急迫一些,更希望取得某些主动的胜利来增加对苏联的压力,增强西方的士气。在杜勒斯看来,艾森豪威尔总统显得有些"懒惰",在一些等待他作出最后决定的具体问题上总是不断拖延,以至于引起杜勒斯国务卿等高级官员的不满。① 在军界等主张对苏实施强硬政策

---

① H. W. Brands, "The Age of Vulnerability: Eisenhower and the National Insecurity State", pp. 963 - 989.

的人看来,艾森豪威尔总统显然也"懈怠"了,参联会多次提出这一问题,批评现行的政策,要求对苏更多采取有力度的、积极的政策,而少一些反应性的政策,实行强制政策而不是被动威慑。① 在与苏谈判问题上,崇尚现实主义的杜勒斯的态度也很值得玩味。一方面,为了赢得美国的主动性,并且满足盟国的极力要求,杜勒斯希望和苏联谈判,甚至包括一些艾森豪威尔以及军方强硬派不希望谈的欧洲安全机制的安排问题;但另一方面,即使赞成与苏联谈判,杜勒斯也强调要保持一种严肃的态度,并提醒艾森豪威尔总统在首脑会议上要不苟言笑,一本正经。在杜勒斯看来,保持与苏联的距离,维持西方社会对苏联的恐惧性认识,才是把西方联盟紧密团结在一起的黏合剂,确保西方国家具有一定的防务开支水平,而且可以防止苏联在外交中得分。② 而艾森豪威尔总统的表现则似乎正好相反,一方面,在与苏联举行首脑会晤前,反复强调要持谨慎的立场,不要抱多大的希望,强调会谈不要触及实质性问题,甚至提出由副总统或国务卿参会,即使自己参会的话时间上顶多也只有四天;另一方面,参会之后,艾森豪威尔则积极参加与苏联代表团的社会交往,还主动地提出了"开放天空"的倡议。当然,尽管观点有不同,政策的主动性有差异,但美国政府内部的歧异主要还是程度的问题,即对苏联通过何种方式、施加多大程度的压力,根本目的都在于增强美国的地位。

基于这种基本的意图,在具体议题上,美国政府通过设立与苏联相抗衡,或者苏联不大可能接受,或者根本拒绝苏联建议的谈判立场,在谈判桌上向苏联施加压力,试图从苏联方面取得更大让步。例如,艾森豪威尔和杜勒斯均认为苏联难以承受同美国军备竞赛的代价,认为苏联方面急需通过首脑会议与美国达成妥协。正是在这些方面,美国不断提高对苏联的要价。杜勒斯最初明确指出,除非苏联及其华沙条约集团从奥

---

① Raymond L. Garthoff, *Assessing the Adversary*, pp. 21 - 22.
② Frederick W. Marks Ⅲ, *Power and Peace: The Diplomacy of John Foster Dulles*, p. 49.

地利撤出军队以显示苏联的善意,否则这个问题不会列入美国的议事日程。在达到这一目标之后,艾森豪威尔和杜勒斯又强调裁军问题必须在联合国的框架下进行,因为这样可以大大减少对美国的压力。最终,苏联方面决定单方面裁减其军事力量,这正是美国方面求之不得的。

因此,由于美国政府的参会意图很大程度上在于试探苏联态度并压制苏联进行更多让步,以这样的想法去与强硬的对手进行谈判,会议最终能够取得的成果也肯定是有限度的。

事实上,这种限度在随后于1955年10月27日至11月11日在日内瓦召开的美苏英法四国外长会议上得到进一步印证。东西方又都回到各自的立场并且一直坚持下去。外长会议反复纠缠于"欧洲安全与德国"这一主题。苏联坚决主张欧洲集体安全体系,强调欧洲安全问题居于首要地位,认为只有这个问题解决了,才能谈德国的统一问题。而西方坚持,德国的重新统一是西方安全概念中不可或缺的前提,否则欧洲就不可能有稳固的和平。美苏各执一词,"互相观望,惟恐跨出一步即是鬼门关"[①]。结果,东西方关系不仅没有取得任何进一步的发展,甚至是陷入了进一步,退半步的怪圈。

当然,尽管转变有其限度,但两个完全敌对阵营的国家最高领导人在经历多年持续紧张对抗之后,终于能够实现高峰会晤,通过历时六天的面对面的谈判,达成有限意义的成果,实现了国际紧张局势的初步缓和。无论怎么说,这应该看作是冷战国际关系上一项了不起的成就。因为即使是就其本身的象征性意义来说,这也是对40年代末50年代初冷战对抗的巨大突破。

第三节 日内瓦首脑会议的冷战史意义

1955年后,美、苏、英、法四国首脑曾经准备1960年在巴黎召开第二

[①]《国际事务概览 1955—1956》,第218页。

次四国首脑会议,然而因为 U-2 飞机事件,会议几乎是一开始就破产了。因而从冷战的整个历史来看,由于偶然的和必然的历史原因,1955年7月召开的日内瓦首脑会议成为冷战史上第一次也是唯一的一次东西方四国首脑会议,这也使得这次会议在冷战史上占据特殊的地位,具有深远且重大的影响。

以日内瓦首脑会议的举行为高潮的东西方关系初次缓和,是冷战国际关系中两大阵营的唯一一次集体性缓和,也使冷战国际关系开始出现第一次结构性的变化。

如前所述,在日内瓦首脑会议召开前后,东西双方阵营均不同程度地表现出立场的一致性。美国和苏联都在最大限度上协调各自盟国的政策立场。在社会主义阵营这边,苏联提出实施缓和外交,中国也在1955年上半年积极配合,改变政策,结束第一次台海危机,实行缓和的对外政策,并开启同美国的谈判,东欧国家则更与苏联保持一致的立场。在西方阵营那边,美国则与英、法、西德等西方主要国家在走向日内瓦首脑会议之前进行了充分的协调,形成了颇为一致的基本立场。当然,美国最终走向首脑会议,除了要对苏联领导人进行试探和施压,也是对其盟国关于缓和国际局势和进行军备控制的强烈要求的一次交代。而苏联通过参加首脑会议,进一步探索与资本主义国家打交道的方法和途径,向美国表明苏联既敢于斗争又善于谈判的实力和勇气,也试图加强其在社会主义阵营中的领导地位。很明显,在这一过程中展现出来的东西双方阵营的行为模式,体现出一种僵化的两极结构之下的国际关系特点,即一种基于两强领导的集体性行动。然而,冷战国际关系的发展正是逐步打破这种僵化的两极结构而确立起松散的两极结构的过程。正是在这一意义上说,在冷战国际关系中,1955年日内瓦首脑会议既是作为两大阵营最后一次集体性行动的面目出现的,也是作为对这种集体性行动模式的破坏者面目出现的。

在冷战历史上,这既是第一次,也是最后一次美、苏、英、法等东西方主要大国政府首脑召开的多边会议。此后的冷战史上,无论是1959年赫鲁晓夫和艾森豪威尔的戴维营会谈,1961年赫鲁晓夫和肯尼迪的维也纳会谈,1967年柯西金和约翰逊的葛拉斯堡罗会谈,还是尼克松出任美国总统以后开始的以多次美苏首脑会晤为标志的东西方缓和进程,东西方首脑会议也都主要是美国和苏联双方的会议。在这个意义上说,日内瓦首脑会议后呈现出来的国际关系现实也正说明了二战后到50年代中前期僵化的两极结构的根本弱点,这种僵化性因此也必定要被国际关系本身的历史进程遗弃。此后的冷战历史则逐渐走向了松散的两极结构,国际关系的互动呈现相比起50年代中期以前更为复杂的状态,即使是美苏两极之间的关系,也远远不是简单的对抗关系,而是一种对立与对话并存、对立为主对话为辅的新型关系。

更准确地分析这种结构性变化的内涵有助于进一步阐明冷战国际体系这一更大范围的概念。霍尔斯蒂对国际关系的结构特征作了划分,他把国际关系结构分成五种类型:等级型、分散型、松散集团型(diffuse-bloc)、两极型以及多极型。他把1955年后的国际关系纳入为明显的松散-集团型结构,认为从1955年开始,日益增多的中立国家成功地打破了美国和苏联两极的军事-外交控制。这些国家成功地与其他国家发展了广泛的国家间关系。[①] 事实上,日内瓦首脑会议不仅仅展现出美苏两极之间关系的变化,从结构性变化的角度来看,它更重要地体现在美苏两大主要国家同对方阵营内部各次要国家之间的缓和,以及两大阵营内外各次要国家之间的较广泛互动。

结合霍尔斯蒂这一结构类型的划分,可以看出到1955年前后,冷战国际体系的基本结构得以确立并逐渐稳固,冷战国际体系也正式形成。在20世纪40年代末50年代初冷战的僵硬对抗状态下,国际社会分成明

[①] K. J. Holsti, *International Politics: A Framework for Analysis*, 3rd ed., Englewood Cliffs, N. J.: Prentice-Hall, 1977, pp. 86-87.

显对立的两大集团,美苏两强基本主导了国际社会的政治事务,而且两强之间只斗争不交往,在国际关系历史上,这很难称得上正常的国际关系体系,充其量只能算是一种过渡状态的国际关系体系。国际关系中的体系理论告诉我们,国际体系的存在至少需要具备两个方面的条件:第一,体系内各行为主体之间存在着相互联系的互动状态。这样,体系中一方面的变化能够确保引起其他方面的相应改变。这是体系的统一性内涵。第二,从总体上来说,体系的集体行为与体系内行为个体的期望及其关注的优先事项存在着差异性。这是体系内含的矛盾性含义。①

要具备这两个方面的条件,国际关系中的稳定体系至少要具备这样几个要素:(1) 存在两个以上具有相互政策的独立性,且具有为宣示政策采取行动所必需的力量;(2) 主要行为体之间存在着相互关系的互动状态,即存在着合作、竞争乃至一定程度的安全冲突等复杂的多层面关系;(3) 一定的行为规则的存在,足以保证体系本身在一段时间的延续性和稳定性,不至于发生破坏体系本身结构的大规模冲突,也就是说,主要行为体之间就体系的延续和维持存在着某种意义上的默契或共识。

40 年代末 50 年代初,由于美苏两强各自主导一己阵营并形成事实上的相互割裂局面,缺乏有效的信息沟通和传递渠道,隐蔽行动成为各自获取对方内部信息的主要渠道,正常、理性的外交互动关系极为缺乏,本来意在解决战后安排问题的东西方主要国家外长会议机制在 1948 年到 1954 年初之间完全停止。这就必然助长了相互妖魔化的印象。美苏双方相互视为极具侵略性的强敌,每一方都认为对方欲置己方于死地,极力将对方的决策阴谋化,并且由于局部性热战的发生,双方之间爆发第三次世界大战的危险性急剧增加,外交僵局、军备竞赛、军事对抗成为双方关系的基本特点。无疑,这种东西方两大集团高度对抗的国际关系

---

① John Lewis Gaddis, "The Long Peace: Elements of Stability in the Postwar International System," in Sean M. Lynn-Jones and Steven E. Miller eds., *The Cold War and After: Prospects for Peace*, pp. 22-25.

中,美苏两大行为体之间的关系明显不具备多层次性,而且国际关系极为脆弱,缺失基本的稳定性,核大战的危险使得国际关系的基本结构存在着随时倒塌的可能性。双方之间的敌对关系随着相互威慑力量的加强、敌意的加深而呈现不断螺旋升级的恶性发展。

在这种状态之下,一方的行动只会引起对方的高度警惕,即使是善意的举动,也被认为是某种阴谋的具体体现,无法引起对方的善意回应。"双方都好像在镜子里看对方,看到的都是反像",行为体之间正常的互动关系无法建立。而且,由于世界被分成两个截然对立的阵营,国际社会被机械地分成了两块,美苏两强是各自阵营的绝对领导者,这样两强的政策行为即分别构成东西方两大阵营的集体行为。由于两强的对抗性和相互猜疑,其政策本身也具有明显的对抗性,从国际社会的整体来说,无法建立最低程度的政策共识或集体行为共识。

由此可以说,40年代末50年代初的国际关系不构成国际体系的正常状态。而在斯大林去世后,美苏关系以及东西方关系上发生的一系列缓慢转变过程,使得50年代初期的高度对抗状态逐步化解,双方之间的互动有条件地渐趋良性发展,并且逐步确立起谈判的意愿,外长会议也在1954年初得以举行。由此,东西方国家之间的关系日趋复杂化,虽然安全对抗仍然是东西方关系的主要内涵,但至少在形式上,具备了对话、谈判、竞争、对抗等多重表现。

同时,美苏两大阵营内的其他力量主体也开始显现并活跃。西方阵营内的英国、法国,东方阵营内的新中国,在50年代上半期都开始成为国际关系中不可忽视的力量,并且在政策主张上程度不等地与各自阵营的主导者存在着差异性。在东西方两大阵营之外,第三世界的力量在这一时期也逐步显现出来,单独地和整体性地展示出其在两大阵营之外的独特作用,并且迫使美苏两超逐渐改变对这些第三世界国家的态度和政策。

50年代中期缓和的结果则使东西方阵营的各自界限和交往禁忌进

一步被打破，出现了多层次的东西方国家交往形式。苏联和英国、法国、西德的关系出现跨越性进展，美国和新中国之间也开始进行尝试性的大使级会谈，因此初次缓和酝酿的新型冷战交往模式大大便利了此后的国际关系缓和进程，尤其是为六七十年代之交的缓和作了一次提前的预演。

而且，日内瓦首脑会议的召开成为两大阵营内部意见分歧加剧的开始。随着美苏双方战略和心理均衡态势的渐次形成，双方对获得盟友支持的意愿相对减弱，对盟友支持力度也在缩减，这样再加上首脑会议并没有如双方盟国所期望的那样获得对他们有利的实际成果，这自然导致盟友的失望，双方盟友也对美苏不顾及盟国利益而相互妥协的怀疑日渐增大，从而加剧了两大阵营内部本来已经存在的意见分歧。

在社会主义阵营这边，尽管苏联政府代表团在首脑会议上多次向美国总统提到新中国在联合国合法席位等问题，并促进了美国和新中国政府之间的直接双边谈判的开始，然而对于新中国来说，并没有取得多少实在的成果。特别是当美国坚持敌视新中国，拒绝与中国讨论改善两国关系实质性问题之后，中国领导人开始转而质疑与西方缓和的政策，并径直对赫鲁晓夫提出的"三和"路线表示了不满。尤其是，与苏联强调通过议会道路实现从资本主义向社会主义过渡的"和平过渡"思想不同的是，中共在理论上更多地坚持通过暴力革命的道路来实现向社会主义的过渡。中苏之间的分歧在 1956 年苏共二十大召开以后很快就露出水面。

社会主义阵营内部的分歧加大还体现在苏联东欧关系的变化上。苏联通过一系列的主动行动改善了苏联的对外政策环境，同时也导致苏联和东欧国家关系上的变化。这种变化在日内瓦首脑会议之后越来越呈现发酵性的影响，影响到苏联对东欧国家的控制。

在西方阵营那边，在达成召开首脑会议的这一过程中，阵营内的离心倾向就已经逐步显露。这尤其体现在英国和法国方面。自艾登于

1955年4月份继任英国首相以后,英国和法国由于在地中海地区存在着共同利害关系,面临共同的挑战,彼此开始靠拢。英国新政府采取了偏向欧洲的更为保守的传统外交路线。从个人关系上说,英国新政府的外交大臣麦克米伦被认为具有亲法情感,而艾登首相与美国国务卿杜勒斯的私人关系不和也是众所周知。这时,美国普遍认为,阿登纳政府领导下的联邦德国是美国在欧洲大陆上唯一可靠的盟友,因为阿登纳成功地把西德重新武装并带进了西方的阵营。在对首脑会议的成果预期上面,欧洲人期望,在西欧联盟和西方的"实力地位"建立后,西方将可同苏联进行成功的谈判。然而,事实上的谈判结果并未如欧洲所期待的那样取得成果。主要盟国——英国和法国对美国一意孤行、力求控制和主导西欧的意图更显疑忌。到了1956年10月,英法联合以色列对埃及发动的苏伊士运河战争爆发,美国和英法更因立场迥异而一度分道扬镳。

首脑会议之后,连西德的阿登纳也开始追求自己的另外打算,他在1955年9月成功地摆脱了美国的干扰,实现了和苏联的建交。据称,阿登纳访苏期间,在与苏联达成建交协议的谈判过程中,美国驻苏大使查尔斯·波伦颇多干涉,对阿登纳施加压力。西德则向苏联表示,"希望趁波伦尚未见到最后文本之前赶快签字"。赫鲁晓夫也称其后来获悉波伦对阿登纳的立场大为恼火。①

当然,苏联方面的外交行动也进一步加大了西方阵营内的分歧。通过这次首脑会晤,苏联与英、法等领导人建立起良好关系。会后不久,赫鲁晓夫、布尔加宁即受艾登邀请访问英国。法国总理埃德加·富尔也与赫鲁晓夫建立起良好的私人关系。② 即使是被美国看好的西德,苏联也成功地与其建立起外交关系,在某种程度上培育了美国和西德关系的不和。

---

① 谢·赫鲁晓夫:《导弹与危机》,第86页。
② 同上,第82—83页。谢尔盖在书中说:"老成持重的艾登邀请父亲和布尔加宁前往英国进行国事访问,他在父亲心目中确立了良好的形象。""父亲对法国总理埃德加·富尔(他自称埃德加·伊万诺维奇)有一种由衷的好感。"

因此,在50年代中期以后,国际关系中具有独立性或者部分独立性的力量主体的数量有了明显的增加,国际关系的权势分布明显地分散化了,这根本不同于40年代末50年代初的僵化对抗时期。基于这种力量分散化发展的现实,美苏两超也就不可能再像冷战初期那样在各自阵营内唯我独尊、发号施令,两超不得不顾及阵营内外的各种不同声音,在制定和实行外交政策时不得不考虑盟国的要求和国际普遍舆论。

基于这种国际关系复杂性互动状态的确立和国际权势出现的分散化发展态势,冷战国际关系在经历了40年代末50年代初短暂的过渡状态之后,到50年代中期,真正的冷战国际体系才得以确立。而且,由于首脑会晤中,双方经过接触,形成了一种较为良性的相互认知,在某种程度上达成了对核战争危险性及避免核战争的共识,这为冷战国际体系在此后长时间的维系建立了新的基础。

这样,随着美苏对抗气氛的相对缓和,美苏以外的各种力量主体在国际社会权力结构中的地位获得进一步提升,国际关系的力量主体更为松散化,以美苏为首的各行为主体之间相互联系、相互矛盾的基本行为范式从此确立下来,并经历了此后三十余年的冷战沿革而没有发生大的变化。可以说,50年代的缓和所导致的国际关系结构性变化确立了此后冷战国际体系的基本内涵,这也是美苏在某种意义上达成的冷战共识,即,承认冷战长期性的现实;竭力避免核战争的爆发;保持对抗的压力,但也保持有限交往的灵活性。

第一,承认冷战长期性的现实。这基于美苏双方在意识形态上的对立性和双方实力上的渐趋对等性。意识形态对立是美苏冷战的基本因素。如果说,赫鲁晓夫等新一代苏联领导人在与美国和西方斗争的策略上与斯大林时代发生了根本性的变化,但在意识形态问题上则完全继承了斯大林的立场,表现出高度的意识形态坚定性,并且对社会主义制度最终战胜资本主义制度有着充分的自信,这成为他们与资产阶级国家维持长期冷战对抗的基本精神动力。基于这种坚定和自信,他们在外交斗争中也总是坚持着意识形态的原则。这种对意识形态立场的坚持,一直持续到20世纪80年代初,到葛罗米柯、乌斯蒂诺夫以及安德罗波夫时。正如祖波克写到,只有当这一代经历斯大林时代的政治领导人去世之后,华沙条约的解散以及德国的统一才可能实现。① 这种意识形态的坚定性当然不仅仅表现在苏联方面,也表现在美国方面,对共产主义制度的高度敌意和对资产阶级自由民主价值观的宣扬,同样是历任美国决策者和政策执行者们在与苏联和共产主义国家交往时秉持的基本心理态势。在这种基本的意识形态对抗心理的驱使下,双方的冷战关系也显得更为耐久。当然,这种冷战的持久态势也反映了美苏双方战略力量日渐对等的现实。实际上从50年代中期开始,由于苏联核力量以及战略运载工具的发展,尤其是1955年11月苏联300万吨级的两阶段热核弹的试验成功,美苏之间取得了渐趋对等的战略力量威慑效果。到50年代末,当赫鲁晓夫成功实现访美之后,苏联领导人更是觉得自身力量得到了美国的公开承认。在这种情况下,处于冷战状态的美苏双方实际上都并没有太多的回旋余地,在无法把对手击倒的情况下,把冷战在对抗与对话并存、紧张与缓和交替的一种可控的状态中继续下去,就成为双方面临的一种次好选择。

第二,竭力避免核大战的爆发。这当然是基于核武器的巨大破坏力和美苏双方的核恐怖平衡而言的,但这也成为美苏双方决策者考虑对外政策问题的一个基本出发点,这实际上是冷战体系能够得以长期维系的最主要支撑。在这种意义上说,50年代中前期美苏热核竞赛的升级,以及美苏在日内瓦首脑会议上围绕核战争问题达成的默契,在冷战国际关

---

① Vladislav Zubok, Constantine Pleshakov, *Inside the Kremlin's Cold War*, p.164.

系中确实具有特别的意义。① 尤其是,艾森豪威尔政府一开始就将其整个军事战略都建立在大规模报复战略的基础之上,而且公开宣称要在有限的战争情势下使用核武器。事实上在朝鲜战争、台海危机等地区性危机中美国都曾经威胁要使用核武器。随后,1957年亨利·基辛格的《核武器与对外政策》一书,更是强烈支持以核武器的战术性使用来维系美国对联盟承诺的可信性。苏联的一些战略理论家同样历来坚持在战争中核武器和常规武器都可同样使用。在这种情况下,整个冷战过程中尽管危机频频发生,仍然没有发生一次使用核武器的情况,这不能不具有特别的意义。究其原因,正是在于从50年代中后期开始,一大批的美苏战略理论家们重新思考热核武器条件下的战争问题,清醒如实地评估了核武器在实战中运用可能产生的后果,以及能否达成核武器使用者所期望的目标。美苏双方的深入研究,形成了殊途同归的共识,这使避免与核大国交锋这一原则终成为东西方军事战略理论中的"有限战争理论"的基本信条之一。美苏双方的战略决策者们在核武器使用问题上也日益谨慎和小心,并且最终使日内瓦首脑会议上达成的避免核战争的默契确定为长时间的一种冷战规则。

第三,建立某种形式的相互联系机制。这是美苏冷战共识的第三个方面,实际上也就是确保具有某种向对手传递压力和信息的有效渠道。一方面,美苏双方都希望尽可能地使用一切手段去扩大自身在世界上的影响力和对对手的优势,另一方面也都希望消除核战争威胁并寻求某种程度的和解。在这种情况下,如果能够最有效地在这两个最强大的对手之间进行协调,实际上成为美苏冷战关系的一块基石。当两国决策者1955年在日内瓦相互见面并长时间会谈以后,撇开意识形态和各自立场的差异,他们也发现彼此面临着许多共同的决策难题和困境,也有着许

---

① 关于核武器在冷战体系当中的稳定作用,参见 John Lewis Gaddis, "The Long Peace: Elements of Stability in the Postwar International System," in Sean M. Lynn-Jones and Steven E. Miller eds., *The Cold War and After*, pp. 22 – 25.

多共同的感受和判断。这增加了他们对相互交往效用的信心。通过日内瓦首脑会议,美苏双方决策层更加确信了相互直接联系、沟通和接触的必要性,确信首脑会晤具有无可替代的重要性。美苏双方都希望建立起公开的或秘密的,包括政治的、经济的、文化的、外交的等各种手段的有效联系机制。可以说,20世纪50年代是双方联系机制逐渐确立并显露作用的时期;60年代是联系机制的作用进一步突出的时期,其中古巴导弹危机尤其使美苏双方认识到最高层相互经常沟通和联系的必要性,这导致美苏首脑热线的建立;60年代末到70年代,也就是尼克松-基辛格和勃列日涅夫分别当政时期,美苏之间的联系机制已经日趋成熟,并且构成美苏缓和的重要内涵。当然这种相互联系机制还不仅仅存在于美苏之间,50年代中期后,美苏各自和另一阵营的主要国家之间,也都不同程度地存在着这种联系的渠道和机制,即使尖锐对立的中美两国在50年代末至60年代,也存在着时断时续的大使级会谈联系渠道。这为冷战国际体系的长期稳定发挥了重要作用。

总体上,50年代中期的缓和不仅仅在美苏决策界培育和加深了对缓和性政策的逐步认同,而且建立了有利于国际关系缓和的许多机制性的助力,这为此后的美苏关系缓和大大地减小了阻碍。事实上,正是在艾森豪威尔总统时期担任副总统的理查德·尼克松到60年代末当上美国总统以后,美苏之间才开始了冷战史上第二波真正的缓和与对话进程。同样还需要指出的是,作为冷战时期最早的一届共和党政府,艾森豪威尔政府的对外政策思维也培育了二战后一大批共和党的对外政策精英。正是在这一大批保守的共和党政治精英的谋划、引导之下,东西方冷战逐渐在曲折起伏中走向缓和,并最终结束。从这种长远的角度来看,以日内瓦首脑会议为高潮的50年代初次有限缓和确确实实对此后的冷战国际关系产生了深远且重大的影响。

参考文献

一、中外文档案文献

《德国问题文件汇编》,人民出版社 1953 年。
《国际条约集》(1953—1955),世界知识出版社 1960 年。
梅孜编译:《美国国家安全战略报告汇编》,时事出版社 1996 年。
沈志华编:《朝鲜战争:俄国档案馆的解密文件》,台湾"中央研究院"近代史研究所 2003 年。
沈志华编撰:《苏联历史档案选编》第 26 卷,社会科学文献出版社 2002 年。
《四国政府首脑日内瓦会议文件汇编》,世界知识出版社 1955 年。
中共中央文献研究室编:《周恩来年谱》(1949—1976),中央文献出版社 1997 年。
张宏毅主编:《当代世界史资料选辑》(第一分册),北京师范学院出版社 1990 年。
中共中央文献研究室编:《毛泽东文集》第 6 卷,人民出版社 1999 年版。
《中华人民共和国对外关系文件集》(1954—1955),世界知识出版社 1958 年。
中华人民共和国外交部档案馆编:《中华人民共和国外交档案选编(第二集):中国代表团出席 1955 年亚非会议》,世界知识出版社 2007 年版。
中华人民共和国外交部档案馆编:《解密外交文献——中华人民共和国建交档案(1949—1955)》,中国画报出版社 2006 年版。
周建明、王成至主编:《美国国家安全战略解密文件选编(1945—1972)》,社会科学文献出版社 2010 年版。
数据库:FRUS(Foreign Relations of the United States)。
数据库:DNSA(Digital National Security Archive)。

数据库：DDRS(Declassified Documents Reference System)。

数据库：Woolley, John T., and Gerhard Peters, The American Presidency Project [online]. Santa Barbara, CA：University of California(hosted), Gerhard Peters (database), http://www.presidency.ucsb.edu。

二、中文论著(含译著)

阿·阿列克赛也夫：《原子问题和美国的"实力地位"政策》，葛辛译，新知识出版社1956年版。

阿赫塔姆江等编：《苏联对外政策编年史(1917—1978)》，中译本，商务印书馆1983年版。

安德烈·马林科夫：《我的父亲马林科夫》，李惠生译，新华出版社1997年版。

保罗·肯尼迪：《大国的兴衰》，陈景彪、王保存等译，国际文化出版公司2005年版。

彼得·卡尔沃科雷西编著：《国际事务概览：1953》，季国兴、刘士箴译，上海译文出版社1989年版。

蔡佳禾：《双重的遏制——艾森豪威尔政府的东亚政策》，南京大学出版社1998年版。

戴超武：《敌对与危机的年代——1954—1958年的中美关系》，社会科学文献出版社2003年版。

德怀特·艾森豪威尔：《艾森豪威尔回忆录》，樊迪等译，东方出版社2007年版。

弗农·阿·沃尔特斯著：《沃尔特斯回忆录》，张毓文等译，商务印书馆1982年版。

哈罗德·麦克米伦著：《麦克米伦回忆录(三)·时来运转1945—1955年》，张理京等译，商务印书馆1980年版。

赫鲁晓夫：《赫鲁晓夫回忆录》，述弢等译，社会科学文献出版社2006年版。

赫鲁晓夫：《最后的遗言——赫鲁晓夫回忆录续集》，中译本，东方出版社1988年版。

华庆昭：《从雅尔塔到板门店》，中国社会科学出版社1992年版。

逄先知、金冲及主编：《毛泽东传》，中央文献出版社2008年版。

杰弗里·巴勒克拉夫：《国际事务概览：1955—1956》，曾稣黎译，上海译文出版社1985年版。

康拉德·阿登纳：《阿登纳回忆录(1953—1955)》，中译本，上海人民出版社1975年版。

科拉尔·贝尔：《国际事务概览：1954》，云汀、吴元坎等译，上海译文出版社1984年版。

李丹慧编：《北京与莫斯科：从联盟走向对抗》，广西师范大学出版社2002年版。

李华：《苏联史新论》，中国文联出版社2000年版。

李兴：《从全面结盟到分道扬镳：冷战时期的苏联与东欧关系研究》，武汉大学出版社2000年版。

罗宾·艾莉森·雷明顿:《华沙条约》,中译本,上海人民出版社 1976 年版。
罗斯·特里尔:《毛泽东传》,胡为雄、郑玉臣译,中国人民大学出版社 2006 年版。
刘同舜、姚椿龄主编:《战后世界历史长编》第 7—10 册(1952—1955),上海人民出版社 1989—1997 年版。
牛军主编:《冷战时期的美苏关系》,北京大学出版社 2006 年版。
帕维尔·苏多普拉托夫:《情报机关与克里姆林宫》,魏小明、陆柏春等译,东方出版社 2000 年版。
曲星:《中国外交 50 年》,江苏人民出版社 2000 年版。
让—巴蒂斯特·迪罗塞尔:《外交史(1919—1978)》下册,李仓人等译,上海译文出版社 1982 年版。
沈志华、张盛发:《从大国合作到集团对抗——论战后斯大林对外政策的演变》,《东欧中亚研究》1996 年第 6 期。
沈志华:《新中国建立初期苏联对华经济援助的基本情况——来自中国和俄国的档案材料》,《俄罗斯研究》,2001 年第 1 期、第 2 期。
沈志华:《对在华苏联专家问题的历史考察:基本状况及政策变化》,《当代中国史研究》2002 年 1 月,第 9 卷,第 1 期。
沈志华:《苏联归还旅顺海军基地内幕》,《百年潮》2003 年第 2 期。
沈志华:《毛泽东、斯大林与朝鲜战争》,广东人民出版社 2004 年版。
石斌:《杜勒斯与美国对苏战略(1952—1959)》,中国社会科学出版社 2004 年版。
师哲口述,李海文整理:《中苏关系见证录》,当代中国出版社 2005 年版。
汤季芳:《冷战的起源与战后欧洲》,兰州大学出版社 1987 年版。
唐朱昌等:《寻求美苏力量均势的努力:论赫鲁晓夫的对美政策》,上海社会科学出版社 1999 年版。
王家福:《赫鲁晓夫传》,吉林文史出版社 1991 年版。
王志亚回忆,沈志华、李丹慧整理:《回顾与思考——1950 年代中苏军事关系若干问题(之二·上)》,《国际政治研究》,2004 年 5 月,第 2 期。
王亚志回忆,沈志华、李丹慧整理:《回顾与思考——1950 年代中苏军事关系若干问题(之二·中)》,《国际政治研究》2004 年 8 月,第 3 期。
威廉·曼彻斯特:《光荣与梦想:1932—1972 年美国叙事史》,四川外国语大学翻译学院翻译组译,中信出版社 2015 年版。
沃捷特克·马斯特尼:《斯大林时期的冷战与苏联的安全观》,郭懋安译,广西师范大学出版社 2002 年版。
小约瑟夫·D. 道格拉斯,阿莫雷塔·M. 霍伯著:《苏联核战争战略》,张雪涛译,新华出版社 1980 年版。
谢·赫鲁晓夫:《导弹与危机——儿子眼中的赫鲁晓夫》,郭家申、述弢译,中央编译出版社 2000 年版。

邢广程著:《苏联高层决策70年——从列宁到戈尔巴乔夫》(第三分册),世界知识出版社1998年版。

徐隆彬:《赫鲁晓夫执政史》,山东大学出版社2002年版。

亚历山大·佩日科夫:《"解冻"的赫鲁晓夫》,刘明等译,新华出版社2006年版。

杨奎松:《毛泽东与莫斯科的恩恩怨怨》,江西人民出版社2006年版。

杨奎松:《毛泽东与两次台海危机——20世纪50年代中后期中国对美政策变动原因及趋向》,《史学月刊》2003年第11期。

章百家、牛军主编:《冷战与中国》,世界知识出版社2002年版。

张小明:《冷战及其遗产》,上海人民出版社1998年版。

张盛发:《斯大林与冷战》,中国社会科学出版社2000年版。

郑羽:《从对抗到对话:赫鲁晓夫执政时期的苏美关系》,中国社会科学出版社1998年版。

三、英文论著

Ambrose, Stephen E., *Eisenhower: The President*, New York: Simon & Schuster, 1984.

Barber, Hollis W., et al., *The United States in World Affairs*, 1955, New York: Published for the Council on Foreign Relations by Harper & Bros., 1957.

Bark, Dennis L. & David R. Gress, *From Shadow to Substance 1945 - 1963*, Cambridge: Blackwell Publishers, 1993.

Bar-Noi, Uri., *The Cold War and Soviet Mistrust of Churchill's Pursuit of Détente, 1951 -1955*, Sussex Academic Press, 2008.

Bischof, Günter & Saki Dock rill, *Cold War Respite: the Geneva Summit of 1955*, Louisiana State University Press, 2000.

Bowie, Robert R. & Richard H. Immerman, *Waging Peace: How Eisenhower Shaped an Enduring Cold War Strategy*, N. Y.: Oxford Univ. Press, 2000.

Boyle, Peter G., ed., *The Churchill-Eisenhower Correspondence, 1953 - 1955*, The University of North Carolina Press, 1990.

Brands, H. W., "The Age of Vulnerability: Eisenhower and the National Insecurity State", *The American Historical Review*, Vol. 94, No. 4, October 1989.

Buhite, Russell D., and Wm. Christopher Hamel, "War for Peace: The Question of an American Preventive War against the Soviet Union, 1945 - 1955," *Diplomatic History*, Summer 1990.

Daniels, Robert, Krushchev Unburied, *The New Leader*, September/October, 2003.

Dijk, Ruud Van, "The 1952 Stalin Note Debate: Myth or Missed Opportunity for

German Unification?" Woodrow Wilson International Center For Scholars, CWIHP, Working Paper No. 14.

Divine, Robert A., *Eisenhower and the Cold War*, New York: Oxford University Press, 1981.

Dockrill, Saki, Dealing with Soviet Power and Influence: Eisenhower's Management of U. S. National Security, *Diplomatic History*, Vol. 24, No. 2, Spring 2000.

Dunn, David H., *Diplomacy at the Highest Level: The Evolution of International Summitry*, Basingstoke, U. K., 1996.

Eden, Anthony, *Memoirs*, The Times Publishing Co. Ltd., 1960.

Evangelista, Matthew, "'Why Keep Such an Army?' Khrushchev's Troop Reductions", Woodrow Wilson International Center for Scholars, CWIHP, Working Paper, No. 19.

Fedorov, Alexander, "Austrian Issue in the Mirror of Russian Media(1945-1955)," *Medienimpulse*, number 50, Dezember 2004.

Gaddis, John Lewis, *We Now Know: Rethinking Cold War History*, Oxford University Press, 1997.

Gaddis, John Lewis, *Strategies of Containment: A Critical Appraisal of Postwar American National Security Policy*, Oxford University Press, 1982.

Garthoff, Raymond L., "Estimating Soviet Military Force Level: Some Light from the Past," *International Security*, v. 14, no. 4(Spring 1990).

Garthoff, Raymond L., *Assessing the adversary: Estimates by the Eisenhower Administration of Soviet Intentions and Capabilities*, Brookings Occasional Papers, the Brookings Institution, 1991.

Greenstein, Fred I., *The Hidden-Hand Presidency: Eisenhower as Leader*, New York: Basic Books, 1982.

Hanak, H., *Soviet Foreign Policy since the Death of Stalin*, Routledge & Kegan Paul Ltd., 1972.

Harries, O., "Faith in the Summit," *Foreign Affairs*, Oct. 1961, vol. 40, Issue 1.

Holloway, David, *Stalin and the Bomb*, Yale University Press, 1994.

Hoopes, Townsend, *The Devil and John Foster Dulles*, An Atlantic Monthly Press Book, 1973.

Immerman, Richard H., *John Foster Dulles and the Diplomacy of the Cold War*, Princeton University Press, 1990.

Jian, Chen, *Mao's China and the Cold War*, The University of North Carolina Press, 2001.

Knorr, Klaus, *NATO and American Security*, Princeton University Press, 1959.

Larres, Klaus & Ann Lane, eds., *The Cold War: The Essential Readings*, Blackwell Publishers Ltd, 2001.

Larres, Klaus & Kenneth Osgood, *The Cold War after Stalin's Death*, Lanham: Rowman & Littlefield Publishers, Inc., 2006.

Leffler, Melvyn P., *For the Soul of Mankind: the United States, the Soviet Union, and the Cold War*, New York: Hill and Wang, A division of Farrar, Straus and Giroux, 2007.

Lynn-Jones, Sean M. & Steven E. Miller, eds., *The Cold War and After: Prospects for Peace*, Cambridge, Mass.: The MIT Press, Expanded edition, 1993.

Marks III, Frederick W., *Power and Peace: The Diplomacy of John Foster Dulles*, Westport: Praeger Publishers, 1993.

Mastny, Vojtech, "Did Nato Win the Cold War," *Foreign Affairs*, May/June 1999.

Mastny, Vojtech, "NATO in the Beholder's Eye: Soviet Perceptions and Policies, 1949 – 1956," Woodrow Wilson International Center for Scholars, CWIHP Working Paper, No. 35.

Medhurst, Martin J., "Atoms for Peace and Nuclear Hegemony: The Rhetorical Structure of a Cold War," *Armed Forces and Society*, Summer 1997, vol. 23, no. 4.

Melanson, Richard A., David Mayers, *Reevaluating Eisenhower: American Foreign Policy in the 1950s*, University of Illinois Press, 1987.

Mueller, Wolfgang, "Stalin and Austria: New Evidence on Soviet Policy in a Secondary Theatre of the Cold War, 1938 – 1953/55," *Cold War History*, vol. 6, no. 1, February 2006.

Nogee, Joseph L., and Robert H. Donaldson, *Soviet Foreign Policy Since World War II*, 2nd ed., Pergamon Press, 1984.

Orwell, George, "You and the Atomic Bomb," *Tribune*, October 19, 1945.

Pichatnov, Vladimir O., "The Big Three after World War II: New Documents on Soviet Thinking about Post-War Relations with the United States and Great Britain", Woodrow Wilson International Center for Scholars, CWIHP, Working Paper No. 13.

Pruessen, Ronald W., "Beyond the Cold War-Again: 1955 and the 1990s," *Political Science Quarterly*, Spring 1993, vol. 108, no. 1.

Richardson, Elmo, *The Presidency of Dwight D. Eisenhower*, Lawrence: The Regents Press of Kansas, 1979.

Richter, James, "Reexamining Soviet Policy towards Germany during the Beria Interregnum," Woodrow Wilson International Center for Scholars, CWIHP Working paper no. 3.

Rostow, Walt W., *Open Skies: Eisenhower's Proposal of July 21, 1955*, Austin: University of Texas Press, 1982.

Smirnov, Yuri, and Vladislav Zubok, "Nuclear Weapons after Stalin's Death: Moscow Enters the H-Bomb Age," Woodrow Wilson International Center for Scholars, CWIHP, Issue 4, Fall 1994.

Taubman, William, *Khrushchev: the Man and His Era*, N. Y.: W. W. Norton & Company, 2003.

Ulam, Adam B., *Expansion and Coexistence: Soviet Foreign Policy, 1917–1973*, Thomson Learning, 1994.

Wittkopf, Eugene R., Charles W. Kegley, Jr., James M. Scott, *American Foreign Policy: Pattern and Process*, 北京大学出版社 2004 年版。

Weihmiller, Gordon R. and Dusko Doder, *U. S-Soviet Summits: An Account of East-West Diplomacy at the Top, 1955–1985*, New York, 1986.

Westad, Odd Arne, *The Global Cold War: Third World Interventions and the Making of Our Times*, Cambridge, N. Y.: Cambridge University Press, 2007.

Zubok, Vladislav, *A Failed Empire: The Soviet Union in the Cold War from Stalin to Gorbachev*, Chapel Hill: Univer. Of North Carolina Press, 2007.

Zubok, Vladislav, "Soviet Intelligence and the Cold War: The 'Small' Committee of Information, 1952–1953,"Washington, D. C.: the Woodrow Wilson International Center for Scholars, CWIHP Working Paper no. 4.

Zubok, Vladislav, and Constantine Pleshakov, *Inside the Kremlin's Cold War: From Stalin to Khrushchev*, Cambridge, Mass: Harvard University Press, 1996.

Zwick, Peter, *Soviet Foreign Relations: Process and Policy*, Prentice Hall, 1990.

后　记

借古知今，莫道后世之不可知。五十多年前的这段历史，在给我们勾勒描绘了当时的美苏及主要大国之间纷繁复杂的关系之余，也给现实的国际关系提供了不少富有裨益的启示。

第一，文武兼治，内外平衡，为国家善治立世之道。所谓文武兼治，是指国家必须强调社会经济发展和军事实力建设协调发展，不能偏废。所谓内外平衡，是指国家的内部力量和对外政策必须相称有度，对外政策是建立在国内力量的基础之上的。20世纪50年代的美国和苏联，实际上都面临着这两方面的问题。斯大林时代的苏联过于强调军事实力建设，忽视了基本的民生建设。在这种情况下，继任的苏联新领导着力改善苏联民生，强调国内政策调整、政治稳固和社会经济发展，并在这一基本背景下发展对外关系，改善对外战略环境，从而使苏联的内外战略处境有了较大的好转。对美国来说，艾森豪威尔上任总统以后，同样面临着纠正美国过于强调冷战军事对抗的必要性。按艾森豪威尔所说，不能因强调冷战对抗而把美国变成一个"军事化国家"，不能因军事实力建设而牺牲国内经济的发展。正是基于这样的思想，美苏初次缓和具备了基本的现实可能性。

第二,化剑为犁,亲盟善友,乃国家对外交往之理。即使在最紧张激烈对抗的冷战年代,意识形态的对立也难以持久地支配美苏之间和东西方之间的关系,国家基于生存、安全与发展需要的根本利益终究要超越意识形态和社会制度的对立,成为影响东西方国家间关系的主导性因素。美苏按照意识形态"你死我活"的零和规则进行对抗,只会导致"负和"的结局,双方均会陷入安全困境。出路在于双方在冲突中寻找利益的汇合,对立中探究彼此的共识,进行直接的接触联系,准确了解对方的实力和意图,在争夺和竞争中形成必要的妥协。为了实现上述要求,举行首脑会谈,建立高层会晤和经常性联系机制,就具有不可或缺、不可替代的重要作用。

由于实力、地位和环境的不同,利益和认知的差异,美苏和其盟国之间在处理东西方关系和其他重大问题上必然会产生这样或那样的分歧。如果美苏以盟主的心态,居高临下挥舞指挥棒,强求阵营内部达成"以我为中心"的步调一致,其结果往往会适得其反,只会促使联盟内离心倾向的发展。"二战"结束以来,主权国家谋求独立自主和平等地位,是不可抗拒的时代潮流。对于大国、强国而言,理应正确定位自己的身份,承担更多的国际责任而不是追逐绝对的权力,理应学会尊重他国的利益和意愿,注意倾听国际舆论和普遍呼声。任何大国如充当盟主,争夺霸权,必然要付出高昂的代价。美苏在走向日内瓦首脑会议过程中,尤其是美国,往往以自身的政策立场强加于盟友,强调阵营立场的一致性,反而损害了与盟友关系,这不可避免地造成了此后美苏两大阵营内离心倾向的发展。

第三,谈判有道,纲举目张,是国家处世应对之法。谈判是世界各国的国务活动家们拓展本国国家利益的一种有效手段,自古以来善谋者多用之,并兼有巩固自身政治地位之作用。美苏在50年代初政府更迭以后,出于不同的原因,不同程度上都以谈判作为一种现实选择,这大大增加了国际关系的灵活性,为初次缓和提供了空间。苏联新领导,尤其是赫鲁晓夫,通过逐步解决斯大林时代遗留下来的一系列问题,在主要问题上取得了主动,赢得了国际舆论的支持,达到了纲举目张的效果;艾森豪威尔上台后于1953年下半年制定的基本国家安全政策(NSC162/2文件),也体现了其欲与苏联缓和国际紧张局势,以及达到内外平衡,不以军备建设而牺牲国家经济发展的基本战略思想,但是艾森豪威尔在行动上的迟疑阻碍了这一基本战略思想功用的发挥,造成东西方谈判的一度拖延。美国"实力地位"建设的结果也最终使德国问题以及欧洲安全安排方面的谈判不可能取得突破。可见,有纲不举,必然会导致"纲"本身作用的局限性。因此,在国际交往中,如何能够以自身的战略思想、理念来有效地统领、贯彻到与对手谈判的全过程之中,这是最大限度地获取战略性好处的关键。

本书是在本人博士论文基础上修改而成的。书稿得以出版,首先得感谢解放军国际关系学院的院领导以及学院研究生处。正是学院领导对本书出版的高度重视,研究生处的张魁处长、雷勇参谋不厌其烦地叮嘱和督促,才使得本人能够尽快完成书稿的修改。因此,书稿的最终出版当然有他们的一份功劳。

在书稿即将付梓之际,回想起求学生涯过程中得到的众多帮助,感激涕零,虽然博士毕业已经七年有余,仍觉历历在目。最为感激的,当然是导师丁诗传教授。求学之际,先生以古稀之龄,不辞星夜案前之劳苦,孜孜教导于学生,每每明之以理,示之以文,不以学生愚钝而责之。如今先生仙逝经年,每每忆起此中情景,不禁唏嘘不已,感师恩难以回报。还有已故的朱听昌教授。朱教授从论文选题立意开始,就一直关心有加,常常给以启迪,予以敦促和指导,使论文得以尽早完成。此外,还要感谢翟晓敏教授、周桂银教授、宋德星教授、杨光海教授。翟教授宽厚仁爱,向来关心学生,激励和启发学生以思维。周教授、宋教授、杨教授以兄长之情,在学习和生活中总是倾力相助。诸位师长以行立言,以身示范,不吝赐教,深感有幸。还要感谢崔建树教授、张文茹副教授、孔刚副教授,以及董庆安、李高峰、胡二杰、储召锋、王伟伟、季慧、张静等各位同事,他们的非凡智识总是给我以特殊的启迪。

  本书的完成当然还要感谢许多院外的老师和朋友,他们的指导、帮助是我写作的巨大动力。华东师范大学的沈志华教授、戴超武教授,南京大学的洪邮生教授、蔡佳禾教授、石斌教授,他们以其渊博的学识给了我宝贵的指导,以其无私的学者情怀给了我太多的有益帮助。北京大学的杨跃平不辞辛劳,奔波于北京各大图书馆为我搜集资料,在我困顿的写作之初,给我寄来十余本艾森豪威尔和杜勒斯的研究专著,广州羊城晚报的钱克锦从国外为我搜罗图书。他们的关爱让我难以回报,感激不尽。感谢解放军国际关系学院图书馆、外交部档案馆、华东师范大学国际冷战史研究中心、南京大学图书馆、南京大学中美文化研究中心图书馆,正是这些地方的丰富学术资源成为本书写作的资料保证。

  诚然,一部淳厚的国际关系史,蕴涵的机理难以穷尽,仅抽取其中短暂的一小段,在强调精细的同时,往往也会失之于偏颇。太史公曰,"究天人之际,通古今之变,成一家之言",这是一种学者的理想境界,也意味着一种矢志不移的治学精神,以此作为对照,拙书差之甚远,还当永耕不辍而漫漫求索。

作 者

2016 年 7 月 9 日于金陵

凤凰文库书目

一、马克思主义研究系列
《走进马克思》 孙伯鍨 张一兵 主编
《回到马克思:经济学语境中的哲学话语》(第三版) 张一兵 著
《当代视野中的马克思》 任平 著
《回到列宁:关于"哲学笔记"的一种后文本学解读》 张一兵 著
《回到恩格斯:文本、理论和解读政治学》 胡大平 著
《国外毛泽东学研究》 尚庆飞 著
《重释历史唯物主义》 段忠桥 著
《资本主义理解史》(6卷) 张一兵 主编
《阶级、文化与民族传统:爱德华·P.汤普森的历史唯物主义思想研究》 张亮 著
《形而上学的批判与拯救》 谢永康 著
《21世纪的马克思主义哲学创新:马克思主义哲学中国化与中国化马克思主义哲学》 李景源 主编
《科学发展观与和谐社会建设》 李景源 吴元梁 主编
《科学发展观:现代性与哲学视域》 姜建成 著
《西方左翼论当代西方社会结构的演变》 周穗明 王玫 等著
《历史唯物主义的政治哲学向度》 张文喜 著
《信息时代的社会历史观》 孙伟平 著
《从斯密到马克思:经济哲学方法的历史性诠释》 唐正东 著
《构建和谐社会的政治哲学阐释》 欧阳英 著
《正义之后:马克思恩格斯正义观研究》 王广 著
《后马克思主义思想史》 [英]斯图亚特·西姆 著 吕增奎 陈红 译
《后马克思主义与文化研究:理论、政治与介入》 [英]保罗·鲍曼 著 黄晓武 译
《市民社会的乌托邦:马克思主义的社会历史哲学阐释》 王浩斌 著
《唯物史观与人的发展理论》 陈新夏 著
《西方马克思主义与苏联:1917年以来的批评理论和争论概览》 [荷]马歇尔·范·林登 著　周穗明 译　翁寒松 校
《物与无:物化逻辑与虚无主义》 刘森林 著
《拜物教的幽灵:当代西方马克思主义社会批判的隐性逻辑》 夏莹 著
《新中国社会形态研究》 吴波 著
《"崩溃的逻辑"的历史建构:阿多诺早中期哲学思想的文本学解读》 张亮 著
《"超越政治"还是"回归政治":马克思与阿伦特政治哲学比较》 白刚 张荣艳 著
《无调式的辩证想象:阿多诺〈否定的辩证法〉的文本学解读》(第二版) 张一兵 著
《马克思再生产理论及其哲学效应研究》 孙乐强 著
《希望的源泉:文化、民主、社会主义》 [英]雷蒙·威廉斯 著 祁阿红 吴晓妹 译
《后工业乌托邦》 [澳]鲍里斯·弗兰克尔 著 李元来 译
《未来考古学:乌托邦欲望和其他科幻小说》 [美]弗里德里克·詹姆逊 著 吴静 译

二、政治学前沿系列
《公共性的再生产:多中心治理的合作机制建构》 孔繁斌 著
《合法性的争夺:政治记忆的多重刻写》 王海洲 著

《民主的不满:美国在寻求一种公共哲学》　[美]迈克尔·桑德尔 著　曾纪茂 译
《权力:一种激进的观点》　[英]斯蒂芬·卢克斯 著　彭斌 译
《正义与非正义战争:通过历史实例的道德论证》　[美]迈克尔·沃尔泽 著　任辉献 译
《自由主义与现代社会》　[英]理查德·贝拉米 著　毛兴贵 等译
《左与右:政治区分的意义》　[意]诺贝托·博比奥 著　陈高华 译
《自由主义中立性及其批评者》　[美]布鲁斯·阿克曼 等著　应奇 编
《公民身份与社会阶级》　[英]T. H. 马歇尔 等著　郭忠华 刘训练 编
《当代社会契约论》　[美]约翰·罗尔斯 等著　包利民 编
《马克思与诺齐克之间》　[英]G. A. 柯亨 等著　吕增奎 编
《美德伦理与道德要求》　[英]欧若拉·奥尼尔 等著　徐向东 编
《宪政与民主》　[英]约瑟夫·拉兹 等著　佟德志 编
《自由多元主义的实践》　[美]威廉·盖尔斯敦 著　佟德志 苏宝俊 译
《国家与市场:全球经济的兴起》　[美]赫尔曼·M. 施瓦茨 著　徐佳 译
《税收政治学:一种比较的视角》　[美]盖伊·彼得斯 著　郭为桂 黄宁莺 译
《控制国家:从古雅典至今的宪政史》　[美]斯科特·戈登 著　应奇 陈丽微 孟军 李勇 译
《社会正义原则》　[英]戴维·米勒 著　应奇 译
《现代政治意识形态》　[澳]安德鲁·文森特 著　袁久红 译
《新社会主义》　[加拿大]艾伦·伍德 著　尚庆飞 译
《政治的回归》　[英]尚塔尔·墨菲 著　王恒 臧佩洪 译
《自由多元主义》　[美]威廉·盖尔斯敦 著　佟德志 庞金友 译
《政治哲学导论》　[英]亚当·斯威夫特 著　佘江涛 译
《重新思考自由主义》　[英]理查德·贝拉米 著　王萍 傅广生 周春鹏 译
《自由主义的两张面孔》　[英]约翰·格雷 著　顾爱彬 李瑞华 译
《自由主义与价值多元论》　[英]乔治·克劳德 著　应奇 译
《帝国:全球化的政治秩序》　[美]麦克尔·哈特 [意]安东尼奥·奈格里 著　杨建国 范一亭 译
《反对自由主义》　[美]约翰·凯克斯 著　应奇 译
《政治思想导读》　[英]彼得·斯特克 大卫·韦戈尔 著　舒小昀 李霞 赵勇 译
《现代欧洲的战争与社会变迁:大转型再探》　[英]桑德拉·哈尔珀琳 著　唐皇凤 武小凯 译
《道德原则与政治义务》　[美]约翰·西蒙斯 著　郭为桂 李艳丽 译
《政治经济学理论》　[美]詹姆斯·卡波拉索 戴维·莱文著　刘骥 等译
《民主国家的自主性》　[英]埃里克·A. 诺德林格 著　孙荣飞 等译
《强社会与弱国家:第三世界的国家社会关系及国家能力》　[英]乔·米格德尔 著　张长东 译
《驾驭经济:英国与法国国家干预的政治学》　[美]彼得·霍尔 著　刘骥 刘娟凤 叶静 译
《社会契约论》　[英]迈克尔·莱斯诺夫 著　刘训练 等译
《共和主义:一种关于自由与政府的理论》　[澳]菲利普·佩蒂特 著　刘训练 译
《至上的美德:平等的理论与实践》　[美]罗纳德·德沃金 著　冯克利 译
《原则问题》　[美]罗纳德·德沃金 著　张国清 译
《社会正义论》　[英]布莱恩·巴利 著　曹海军 译
《马克思与西方政治思想传统》　[美]汉娜·阿伦特 著　孙传钊 译
《作为公道的正义》　[英]布莱恩·巴利 著　曹海军 允春喜 译
《古今自由主义》　[美]列奥·施特劳斯 著　马志娟 译
《公平原则与政治义务》　[美]乔治·格劳斯科 著　毛兴贵 译
《谁统治:一个美国城市的民主和权力》　[美]罗伯特·A. 达尔 著　范春辉 等译

《论伦理精神》 张康之 著
《人权与帝国:世界主义的政治哲学》 [英]科斯塔斯·杜兹纳 著 辛亨复 译
《阐释和社会批判》 [美]迈克尔·沃尔泽 著 任辉献 段鸣玉 译
《全球时代的民族国家:吉登斯讲演录》 [英]安东尼·吉登斯 著 郭忠华 编
《当代政治哲学名著导读》 应奇 主编
《拉克劳与墨菲:激进民主想象》 [美]安娜·M. 史密斯 著 付琼 译
《英国新左派思想家》 张亮 编
《第一代英国新左派》 [英]迈克尔·肯尼 著 李永新 陈剑 译
《转向帝国:英法帝国自由主义的兴起》 [美]珍妮弗·皮茨 著 金毅 许鸿艳 译
《论战争》 [美]迈克尔·沃尔泽 著 任辉献 段鸣玉 译
《现代性的谱系》 张凤阳 著
《近代中国民主观念之生成与流变:一项观念史的考察》 闫小波 著
《阿伦特与现代性的挑战》 [美]塞瑞娜·潘琳 著 张云龙 译
《政治人:政治的社会基础》 [美]西摩·马丁·李普塞特 著 郭为桂 林娜 译
《社会中的国家:国家与社会如何相互改变与相互构成》 [美]乔尔·S. 米格代尔 著 李杨 郭
  一聪 译张长东 校
《伦理、文化与社会主义:英国新左派早期思想读本》 张亮 熊婴 编
《仪式、政治与权力》 [美]大卫·科泽 著 王海洲 译
《政治仪式:权力生产和再生产的政治文化分析》 王海洲 著
《论政治的本性》 [英]尚塔尔·墨菲 著 周凡 译

三、纯粹哲学系列

《哲学作为创造性的智慧:叶秀山西方哲学论集(1998—2002)》 叶秀山 著
《真理与自由:康德哲学的存在论阐释》 黄裕生 著
《走向精神科学之路:狄尔泰哲学思想研究》 谢地坤 著
《从胡塞尔到德里达》 尚杰 著
《海德格尔与存在论历史的解构:〈现象学的基本问题〉引论》 宋继杰 著
《康德的信仰:康德的自由、自然和上帝理念批判》 赵广明 著
《宗教与哲学的相遇:奥古斯丁与托马斯·阿奎那的基督教哲学研究》 黄裕生 著
《理念与神:柏拉图的理念思想及其神学意义》 赵广明 著
《时间性:自身与他者——从胡塞尔、海德格尔到列维纳斯》 王恒 著
《意志及其解脱之路:叔本华哲学思想研究》 黄文前 著
《真理之光:费希特与海德格尔论 SEIN》 李文堂 著
《归隐之路:20 世纪法国哲学的踪迹》 尚杰 著
《胡塞尔直观概念的起源:以意向性为线索的早期文本研究》 陈志远 著
《幽灵之舞:德里达与现象学》 方向红 著
《形而上学与社会希望:罗蒂哲学研究》 陈亚军 著
《福柯的主体解构之旅:从知识考古学到"人之死"》 刘永谋 著
《中西智慧的贯通:叶秀山中国哲学文化论集》 叶秀山 著
《学与思的轮回:叶秀山 2003—2007 年最新论文集》 叶秀山 著
《返回爱与自由的生活世界:纯粹民间文学关键词的哲学阐释》 户晓辉 著
《心的秩序:一种现象学心学研究的可能性》 倪梁康 著
《生命与信仰:克尔凯郭尔假名写作时期基督教哲学思想研究》 王齐 著

《时间与永恒:论海德格尔哲学中的时间问题》 黄裕生 著
《道路之思:海德格尔的"存在论差异"思想》 张柯 著
《启蒙与自由:叶秀山论康德》 叶秀山 著
《自由、心灵与时间:奥古斯丁心灵转向问题的文本学研究》 张荣 著
《回归原创之思:"象思维"视野下的中国智慧》 王树人 著
《从语言到心灵:一种生活整体主义的研究》 黄益民 著
《身体、空间与科学:梅洛-庞蒂的空间现象学研究》 刘胜利 著
《超越经验主义与理性主义:实用主义叙事的当代转换及效应》 陈亚军 著

四、宗教研究系列

《汉译佛教经典哲学研究》(上下卷) 杜继文 著
《中国佛教通史》(15卷) 赖永海 主编
《中国禅宗通史》 杜继文 魏道儒 著
《佛教史》 杜继文 主编
《道教史》 卿希泰 唐大潮 著
《基督教史》 王美秀 段琦 等著
《伊斯兰教史》 金宜久 主编
《中国律宗通史》 王建光 著
《中国唯识宗通史》 杨维中 著
《中国净土宗通史》 陈扬炯 著
《中国天台宗通史》 潘桂明 吴忠伟 著
《中国三论宗通史》 董群 著
《中国华严宗通史》 魏道儒 著
《中国佛教思想史稿》(3卷) 潘桂明 著
《禅与老庄》 徐小跃 著
《中国佛性论》 赖永海 著
《禅宗早期思想的形成与发展》 洪修平 著
《基督教思想史》 [美]胡斯都·L.冈察雷斯 著 陈泽民 孙汉书 司徒桐 莫如喜 陆俊杰 译
《圣经历史哲学》(上下卷) 赵敦华 著
《如来藏经典与中国佛教》 杨维中 著
《儒佛道思想家与中国思想文化》 洪修平 主编
《基督教神学发展史》(一)、(二)、(三) 林荣洪 著

五、人文与社会系列

《环境与历史:美国和南非驯化自然的比较》 [美]威廉·贝纳特 彼得·科茨 著 包茂红 译
《阿伦特为什么重要》 [美]伊丽莎白·扬—布鲁尔 著 刘北成 刘小鸥 译
《现代性的哲学话语》 [德]于尔根·哈贝马斯 著 曹卫东 等译
《追寻美德:伦理理论研究》 [美]A.麦金太尔 著 宋继杰 译
《现代社会中的法律》 [美]R.M.昂格尔 著 吴玉章 周汉华 译
《知识分子与大众:文学知识界的傲慢与偏见,1880—1939》 [英]约翰·凯里 著 吴庆宏 译
《自我的根源:现代认同的形成》 [加拿大]查尔斯·泰勒 著 韩震 等译
《社会行动的结构》 [美]塔尔科特·帕森斯 著 张明德 夏遇南 彭刚 译
《文化的解释》 [美]克利福德·格尔茨 著 韩莉 译

《以色列与启示:秩序与历史(卷1)》 [美]埃里克·沃格林 著 霍伟岸 叶颖 译
《城邦的世界:秩序与历史(卷2)》 [美]埃里克·沃格林 著 陈周旺 译
《战争与和平的权利:从格劳秀斯到康德的政治思想与国际秩序》 [美]理查德·塔克 著 罗炯 等译
《人类与自然世界:1500—1800年间英国观念的变化》 [英]基思·托马斯 著 宋丽丽 译
《男性气概》 [美]哈维·C. 曼斯菲尔德 著 刘玮 译
《黑格尔》 [加拿大]查尔斯·泰勒 著 张国清 朱进东 译
《社会理论和社会结构》 [美]罗伯特·K. 默顿 著 唐少杰 齐心 等译
《个体的社会》 [德]诺贝特·埃里亚斯 著 翟三江 陆兴华 译
《象征交换与死亡》 [法]让·波德里亚 著 车槿山 译
《实践感》 [法]皮埃尔·布迪厄 著 蒋梓骅 译
《关于马基雅维里的思考》 [美]利奥·施特劳斯 著 申彤 译
《正义诸领域:为多元主义与平等一辩》 [美]迈克尔·沃尔泽 著 褚松燕 译
《传统的发明》 [英]E. 霍布斯鲍姆 T. 兰格 著 顾杭 庞冠群 译
《元史学:十九世纪欧洲的历史想象》 [美]海登·怀特 著 陈新 译
《卢梭问题》 [德]恩斯特·卡西勒 著 王春华 译
《自足语义学:为语义最简论和言语行为多元论辩护》 [挪威]赫尔曼·开普兰 [美]厄尼·利珀尔 著 周允程 译
《历史主义的兴起》 [德]弗里德里希·梅尼克 著 陆月宏 译
《权威的概念》 [法]亚历山大·科耶夫 著 姜志辉 译
《无国界移民》 [瑞士]安托万·佩库 [荷兰]保罗·德·古赫特奈尔 编 武云 译
《语言的未来》 [法]皮埃尔·朱代·德·拉孔布 海因茨·维斯曼 著 梁爽 译
《全球化的关键概念》 [挪]托马斯·许兰德·埃克森 著 周云水 等译
《房地产阶级社会》 [韩]孙洛龟 著 芦恒 译
《政治创新与概念变革》 [美]特伦斯·鲍尔詹姆斯·法尔拉塞尔·L. 汉森 编 朱进东 译
《依赖性的理性动物:人类为什么需要德性》 [美]阿拉斯戴尔·麦金太尔 著 刘玮 译
《理解俄国:俄国文化中的圣愚》 [美]埃娃·汤普逊 著 杨德友 译
《留恋人世:长生不老的奇妙科学》 [美]乔纳森·韦纳 著 杨朗 卢文超 译

六、海外中国研究系列

《帝国的隐喻:中国民间宗教》 [英]王斯福 著 赵旭东 译
《王弼〈老子注〉研究》 [德]瓦格纳 著 杨立华 译
《章学诚思想与生平研究》 [美]倪德卫 著 杨立华 译
《中国与达尔文》 [美]詹姆斯·里夫 著 钟永强 译
《千年末世之乱:1813年八卦教起义》 [美]韩书瑞 著 陈仲丹 译
《中华帝国后期的欲望与小说叙述》 黄卫总 著 张蕴爽 译
《私人领域的变形:唐宋诗词中的园林与玩好》 [美]王晓山 著 文韬 译
《六朝精神史研究》 [日]吉川忠夫 著 王启发 译
《中国社会史》 [法]谢和耐 著 黄建华 黄迅余 译
《大分流:欧洲、中国及现代世界经济的发展》 [美]彭慕兰 著 史建云 译
《近代中国的知识分子与文明》 [日]佐藤慎一 著 刘岳兵 译
《转变的中国:历史变迁与欧洲经验的局限》 [美]王国斌 著 李伯重 连玲玲 译
《中国近代思维的挫折》 [日]岛田虔次 著 甘万萍 译

《为权力祈祷》　[加拿大]卜正民 著　张华 译
《洪业:清朝开国史》　[美]魏斐德 著　陈苏镇 薄小莹 译
《儒教与道教》　[德]马克斯·韦伯 著　洪天富 译
《革命与历史:中国马克思主义历史学的起源,1919—1937》　[美]德里克 著　翁贺凯 译
《中华帝国的法律》　[美]D.布朗 等著　朱勇 译
《文化、权力与国家》　[美]杜赞奇 著　王福明 译
《中国的亚洲内陆边疆》　[美]拉铁摩尔 著　唐晓峰 译
《古代中国的思想世界》　[美]史华兹 著　程钢 译 刘东 校
《中国近代经济史研究:明末海关财政与通商口岸市场圈》　[日]滨下武志 著　高淑娟 孙彬 译
《中国美学问题》　[美]苏源熙 著　卞东波 译　张强强 朱霞欢 校
《翻译的传说:构建中国新女性形象》　胡缨 著　龙瑜宬 彭珊珊 译
《〈诗经〉原意研究》　[日]家井真 著　陆越 译
《缠足:"金莲崇拜"盛极而衰的演变》　[美]高彦颐 著　苗延威 译
《从民族国家中拯救历史:民族主义话语与中国现代史研究》　[美]杜赞奇 著　王宪明 高继美 李海燕 李点 译
《传统中国日常生活中的协商:中古契约研究》　[美]韩森 著　鲁西奇 译
《欧几里得在中国:汉译〈几何原本〉的源流与影响》　[荷]安国风 著　纪志刚 郑诚 郑方磊 译
《毁灭的种子:战争与革命中的国民党中国(1937-1949)》　[美]易劳逸 著　王建朗 王贤知 贾维 译
《理解农民中国:社会科学哲学的案例研究》　[美]李丹 著　张天虹 张胜波 译
《18世纪的中国社会》　[美]韩书瑞 罗有枝 著　陈仲丹 译
《开放的帝国:1600年的中国历史》　[美]韩森 著　梁侃 邹劲风 译
《中国人的幸福观》　[德]鲍吾刚 著　严蓓雯 韩雪临 伍德祖 译
《明代乡村纠纷与秩序》　[日]中岛乐章 著　郭万平 高飞 译
《朱熹的思维世界》　[美]田浩 著
《礼物、关系学与国家:中国人际关系与主体建构》　杨美慧 著　赵旭东 孙珉 译 张跃宏 校
《美国的中国形象:1931—1949》　[美]克里斯托弗·杰斯普森 著　姜智芹 译
《清代内河水运史研究》　[日]松浦章 著　董科 译
《中国的经济革命:20世纪的乡村工业》　[日]顾琳 著　王玉茹 张玮 李进霞 译
《明清时代东亚海域的文化交流》　[日]松浦章 著　郑洁西 译
《皇帝和祖宗:华南的国家与宗族》　科大卫 著　卜永坚 译
《中国善书研究》　[日]酒井忠夫 著　刘岳兵 何英莺 孙雪梅 译
《大萧条时期的中国:市场、国家与世界经济》　[日]城山智子 著　孟凡礼 尚国敏 译
《虎、米、丝、泥:帝制晚期华南的环境与经济》　[美]马立博 著　王玉茹 译
《矢志不渝:明清时期的贞女现象》　[美]卢苇菁 著　秦立彦 译
《山东叛乱:1774年的王伦起义》　[美]韩书瑞 著　刘平 唐雁超 译
《一江黑水:中国未来的环境挑战》　[美]易明 著　姜智芹 译
《施剑翘复仇案:民国时期公众同情的兴起与影响》　[美]林郁沁 著　陈湘静 译
《工程国家:民国时期(1927-1937)的淮河治理及国家建设》　[美]戴维·艾伦·佩兹 著　姜智芹 译
《西学东渐与中国事情》　[日]增田涉 著　周启乾 译
《铁泪图:19世纪中国对于饥馑的文化反应》　[美]艾志端 著　曹曦 译
《危险的边疆:游牧帝国与中国》　[美]巴菲尔德 著　袁剑 译

《华北的暴力与恐慌:义和团运动前夕基督教传播和社会冲突》　[德]狄德满 著　崔华杰 译
《历史宝筏:过去、西方与中国的妇女问题》　[美]季家珍 著　杨可 译
《姐妹们与陌生人:上海棉纱厂女工,1919—1949》　[美]艾米莉·洪尼格 著　韩慈 译
《银线:19世纪的世界与中国》　林满红 著　詹庆华 林满红 译
《寻求中国民主》　[澳]冯兆基 著　刘悦斌 徐硙 译
《中国乡村的基督教:1860—1900江西省的冲突与适应》　[美]史维东 著　吴薇 译
《认知变异:反思人类心智的统一性与多样性》　[英]G.E.R.劳埃德 著　池志培 译
《假想的"满大人":同情、现代性与中国疼痛》　[美]韩瑞 著　袁剑 译
《男性特质论:中国的社会与性别》　[澳]雷金庆 著　[澳]刘婷 译
《中国的捐纳制度与社会》　伍跃 著
《文书行政的汉帝国》　[日]富谷至 著　刘恒武 孔李波 译
《城市里的陌生人:中国流动人口的空间、权力与社会网络的重构》　[美]张骊 著　袁长庚 译
《重读中国女性生命故事》　游鉴明 胡缨 季家珍 主编
《跨太平洋位移:20世纪美国文学中的民族志、翻译和文本间旅行》　黄运特 著　陈倩 译
《近代日本的中国认识》　[日]野村浩一 著　张学锋 译
《性别、政治与民主:近代中国的妇女参政》　[澳]李木兰 著　方小平 译
《狮龙共舞:一个英国人眼中的威海卫与中国文化》　[英]庄士敦 著　刘本森 译
《中国社会中的宗教与仪式》　[美]武雅士 著　彭泽安 邵铁峰 译 郭潇威 校
《大象的退却:一部中国环境史》　[英]伊懋可 著　梅雪芹 毛利霞 王玉山 译
《自贡商人:早期近代中国的企业家》　[美]曾小萍 著　董建中 译
《人物、角色与心灵:〈牡丹亭〉与〈桃花扇〉中的身份认同》　[美]吕立亭 著　白华山 译
《明代江南土地制度研究》　[日]森正夫 著　伍跃 张学锋 等译 范金民 夏维中 审校
《儒学与女性》　[美]罗莎莉 著　丁佳伟 曹秀娟 译
《权力关系:宋代中国的家族、地位与国家》　[美]柏文莉 著　刘云军 译
《行善的艺术:晚明中国的慈善事业》　[美]韩德林 著　吴士勇 王桐 史桢豪 译
《近代中国的渔业战争和环境变化》　[美]穆盛博 著　胡文亮 译
《工开万物:17世纪中国的知识与技术》　[德]薛凤 著　吴秀杰 白岚玲 译
《权力源自地位:北京大学、知识分子与中国政治文化,1898—1929》　[美]魏定熙 著　张蒙 译
《忠贞不贰?——辽代的越境之举》　[英]史怀梅 著　曹流 译
《两访中国茶乡》　[英]罗伯特·福琼 著　敖雪岗 译
《古代中国的动物与灵异》　[英]胡司德 著　蓝旭 译
《内藤湖南:政治与汉学(1866—1934)》　[美]傅佛果 著　陶德民 何英莺 译

七、历史研究系列

《中国近代通史》(10卷)　张海鹏 主编
《极端的年代》　[英]艾瑞克·霍布斯鲍姆 著　马凡 等译
《漫长的20世纪》　[意]杰奥瓦尼·阿瑞基 著　姚乃强 译
《在传统与变革之间:英国文化模式溯源》　钱乘旦 陈晓律 著
《世界现代化历程》(10卷)　钱乘旦 主编
《近代以来日本的中国观》(6卷)　杨栋梁 主编
《中华民族凝聚力的形成与发展》　卢勋 杨保隆 等著
《明治维新》　[英]威廉·G.比斯利 著　张光 汤金旭 译
《在垂死皇帝的王国:世纪末的日本》　[美]诺玛·菲尔德 著　曾霞 译

《美国的艺伎盟友》　[美]涩泽尚子 著　油小丽 牟学苑 译
《戊戌政变的台前幕后》　马勇 著
《战后东北亚主要国家间领土纠纷与国际关系研究》　李凡 著
《战后西亚国家领土纠纷与国际关系》　黄民兴 谢立忱 著
《民国首都南京的营造政治与现代想象(1927-1937)》　董佳 著
《战后日本史》　王新生 著
《衣被天下:明清江南丝绸史研究》　范金民 著

八、当代思想前沿系列
《世纪末的维也纳》　[美]卡尔·休斯克 著　李锋 译
《莎士比亚的政治》　[美]阿兰·布鲁姆 哈瑞·雅法 著　潘望 译
《邪恶》　[英]玛丽·米奇利 著　陆月宏 译
《知识分子都到哪里去了:对抗21世纪的庸人主义》　[英]弗兰克·富里迪 著　戴从容 译
《资本主义文化矛盾》　[美]丹尼尔·贝尔 著　严蓓雯 译
《流动的恐惧》　[英]齐格蒙特·鲍曼 著　谷蕾 杨超 等译
《流动的生活》　[英]齐格蒙特·鲍曼 著　徐朝友 译
《流动的时代:生活于充满不确定性的年代》　[英]齐格蒙特·鲍曼 著　谷蕾 武媛媛 译
《未来的形而上学》　[美]爱莲心 著　余日昌 译
《感受与形式》　[美]苏珊·朗格 著　高艳萍 译
《资本主义及其经济学:一种批判的历史》　[美]道格拉斯·多德 著　熊婴 译 刘思云 校
《异端人物》　[英]特里·伊格尔顿 著　刘超 陈叶 译
《哲学俱乐部:美国观念的故事》　[美]路易斯·梅南德 著　肖凡 鲁帆 译
《文化理论关键词》　[英]丹尼·卡瓦拉罗 著　张卫东 张生 赵顺宏 译
《齐格蒙特·鲍曼:后现代性的预言家》　[英]丹尼斯·史密斯 著　佘江涛 译
《公共领域中的伦理学》　[英]约瑟夫·拉兹 著　葛四友 主译
《文化模式批判》　崔平 著
《谁是罗兰·巴特》　汪民安 著
《身体、空间与后现代性》　汪民安 著
《时间、空间与伦理学基础》　[美]爱莲心 著　高永旺 李孟国 译

九、教育理论研究系列
《教育研究方法导论》　[美]梅雷迪斯·D.高尔等 著　许庆豫 等译
《教育基础》　[美]阿伦·奥恩斯坦 著　杨树兵 等译
《教育伦理学》　贾馥茗 著
《认知心理学》　[美]罗伯特·L.索尔索 著　何华 等译
《现代心理学史》　[美]杜安·P.舒尔茨 著　叶浩生 等译
《学校法学》　[美]米歇尔·W.拉莫特 著　许庆豫 等译

十、艺术理论研究系列
《弗莱艺术批评文选》　[英]罗杰·弗莱 著　沈语冰 译
《另类准则:直面20世纪艺术》　[美]列奥·施坦伯格 著　沈语冰 刘凡 谷光曙 译
《当代艺术的主题:1980年以后的视觉艺术》　[美]简·罗伯森 克雷格·迈克丹尼尔 著　匡骁 译
《艺术与物性:论文与评论集》　[美]迈克尔·弗雷德 著　张晓剑 沈语冰 译

《现代生活的画像:马奈及其追随者艺术中的巴黎》 [英]T. J. 克拉克 著　沈语冰 诸葛沂 译
《自我与图像》 [英]艾美利亚·琼斯 著　刘凡 谷光曙 译
《博物馆怀疑论:公共美术馆中的艺术展览史》 [美]大卫·卡里尔 著　丁宁 译
《艺术社会学》 [英]维多利亚·D. 亚历山大 著　章浩 沈杨 译
《云的理论:为了建立一种新的绘画史》 [法]于贝尔·达米施 著　董强 译
《杜尚之后的康德》 [比]蒂埃利·德·迪弗 著　沈语冰 张晓剑 陶铮 译
《蒂耶波洛的图画智力》 [美]斯维特拉娜·阿尔珀斯 [美]迈克尔·巴克森德尔 著　王玉冬 译
《伦勃朗的企业:工作室与艺术市场》 [美]斯维特拉娜·阿尔珀斯 著　冯白帆 译
《新前卫与文化工业》 [美]本雅明·布赫洛 著　何卫华 史岩林 桂宏军 钱纪芳 译
《现代艺术:19与20世纪》 [美]迈耶·夏皮罗 著　沈语冰 何海 译
《重构抽象表现主义:20世纪40年代的主体性与绘画》 [美]迈克尔·莱雅 著　毛秋月 译
《神经元艺术史》 [英]约翰·奥尼恩斯 著　梅娜芳 译
《实在的回归:世纪末的前卫艺术》 [美]哈尔·福斯特 著　杨娟娟 译
《德国文艺复兴时期的椴木雕刻家》 [德]巴克森德尔 著　殷树喜 译
《艺术的理论与哲学:风格、艺术家和社会》 [美]迈耶·夏皮罗 著　沈语冰 王玉冬 译

十一、中国经济问题研究系列
《中国经济的现代化:制度变革与结构转型》 肖耿 著
《世界经济复苏与中国的作用》 [英]傅晓岚 编　蔡悦 等译
《中国未来十年的改革之路》 《比较》研究室 编
《大失衡:贸易、冲突和世界经济的危险前路》 [美]迈克尔·佩蒂斯 著　王璟 译
《中国经济新转型》 [日]青木昌彦 吴敬琏 编　姚志敏 等译
《经济全球化与中国产业发展》 刘志彪 著

十二、艺术与社会系列
《艺术界》 [美]霍华德·S. 贝克尔 著　卢文超 译
《寻找如画美:英国的风景美学与旅游,1760—1800》 [英]马尔科姆·安德鲁斯 著　张箭飞 韦照周 译

十三、公共管理系列
《更快 更好 更省?》 [美]达尔·W. 福赛斯 著　范春辉 译
《公共行政的行动主义》 张康之 著
《美国能源政策:变革中的政治、挑战与前景》 [美]劳任斯·R. 格里戴维 E. 麦克纳布 著　付满 译

十四、智库系列
《经营智库:成熟组织的实务指南》 [美]雷蒙德·J. 斯特鲁伊克 著　李刚 等译 陆扬 校